개정판

Human Resources Management for the Hotel Tourism

글로벌시대, 글로벌기업의 인적자원관리

호텔관광 인적자원관리

김성용 저

백산출판사

머리말

최근, 지금까지 우리가 경험하지 못했던 코로나19, 4차 산업혁명을 기반으로 한 디지털 트랜스포메이션으로 인한 기업 내외부환경의 큰 변화 등으로 인하여 인적자원관리와 관련된 부분에도 많은 변화가 진행되고 있으며, 이러한 변화는 더욱 가속화될 것으로 예측되고 있다.

이러한 상황에서 기업을 경영하는 데는 물적자원, 인적자원, 자본, 정보, 경영전략, 기업가정신 등의 여러 가지 구성요소가 필요하다. 물적자원은 기업이 제품이나 서비스를 생산하는 데 직접적으로 사용하는 유형의 자원을 의미하고, 자본이란 기업을 창업하고 운용하는 데 필요한 재무적인 자원을 의미한다. 정보는 최근 들어 기업의 경쟁력을 좌우하는 가장 중요한 요소가 되었고, 제한된 경영자원을 배분하여 기업에게 경쟁우위를 창출하고 유지시켜 줄 수 있는 경영전략 또한 매우 중요한 요소이며, 위험을 감수하더라도 기업을 운영하려는 기업가정신이 없다면 기업의 운영이 어려워질 것이다.

이렇게 기업을 경영하기 위해서는 중요한 구성요소들이 많지만 그중에서도 가장 중요한 것은 인적자원이라고 할 수 있다. 위에서 언급한 기업을 운영하기 위한 구성요소들을 관리하는 것도 인적자원이기 때문이다. 따라서 인적자원이 없다면 기업이 존재하기 어렵다고 할 수 있다. 그만큼 인적자원은 기업 경영에 있어 중요한 자원이기 때문에 모든 기업들이 이에 대한 의존도가 높아지는 상황이다.

특히, 호텔관광산업의 경우 다른 산업과 달리 산업의 특성상 인적자원에 대한 의존도가 매우 높기 때문에 인적자원관리는 더욱 중요한 부분이라고 할 수 있다.

또한, 최근에는 글로벌화의 가속화로 인하여 많은 기업들이 국내뿐만 아니라 다른 국가에서도 사업을 운영하기 때문에 국제경영(international business)도 중요한 부분 중 하나라고 할 수 있다. 호텔기업이나 여행업과 같은 관광기업들도 대부분 국내경영뿐만 아니라 해외에서 글로벌경영을 하고 있다. 예를 들면 세계적인 브랜드 파워를 가진 Hyatt, Hilton, Marriott와 같은 체인호텔기업들도 모두 글로벌경영을 하고 있으며, 여행업의 경우 하나투어, 모두투어, 롯데관광과 같이 국내에서 시장점유율이 높고 규모가 큰 여행사들은 해외에 지점을 두고 사업을 운영하고 있다. 따라서 어느 산업보다 인적자원에 대한 의존도가 높고 중요한 호텔관광산업의 경우 국내의 인적자원관리 못지않게 글로벌전략적인 관점에서의 인적자원관리에 대한 중요성도 매우 높아지고 있다. 코로나19로 인하여 이전에 비해 많은 수요가 감소하기는 했지만 포스트코로나시대가 도래하면 호텔관광을 전공하는 학생들의 해외인턴십에 대한 수요가 다시 급속하게 증가할 것으로 예측되기 때문에 글로벌기업의 인적자원관리와 관련된 부분을 이해하는 것은 매우 중요하다고 할 수 있다.

따라서 본 교재에서는 인적자원관리의 기본적인 개념과 더불어 글로벌기업들의 인적자원관리에 관한 부분도 추가하여 빠르게 진행되고 있는 글로벌시대에 글로벌기업들의 인적자원관리에 대한 개념을 파악할 수 있도록 경영의 이해, 관리이론의 발전과정, 인적자원관리의 이해, 직무관리의 이해, 조직행동과 인적자원관리, 글로벌기업의 인적자원관리 등으로 구성하여 서술하였다.

저자 씀

차 례

제 1 장 경영의 이해 / 13

제 2 장 Management이론의 발전과정과 호텔관광인적자원관리 / 47

제 3 장 직무관리의 이해 / 67

제7장 복리후생관리, 이직관리 / 157

제 8 장 노사관계관리 / 165

제 9 장 국제호텔관광기업의 인적자원관리 / 181

제 10 장 호텔관광사업의 이해 / 227

제 1 장 경영의 이해

호텔기업, 여행사 등 관광기업의 인적자원관리에 대한 이해를 위해서는 먼저 기업과 경영(management), 경영자(manager) 등에 관한 이해가 선행되어야 한다.

이렇게 기업, 경영, 경영자 등에 관한 기초적인 부분은 어떠한 사업을 경영하든지 간에 공통적으로 적용되기 때문에 본 장에서는 경영, 경영자, 기업 등에 관한 기초적인 부분을 살펴보고자 한다. 경영의 기능은 어떠한 사업을 운영하는 기업인지와 관계없이 생산관리(production management), 마케팅(marketing), 인적자원관리(human resources management), 경영정보관리(management information system), 재무관리(financial management), 회계(accounting), 경영전략(strategic management) 등에 관한 부분으로 나누어서 생각해 볼 수 있다. 또한, 최근에는 글로벌화의 가속화로 인하여 많은 기업들이 국내뿐만 아니라 다른 국가에서도 사업을 운영하기 때문에 국제경영(international business)도 중요한 부분 중 하나라고 할 수 있다. 호텔기업이나 여행업과 같은 관광기업들도 대부분 국내경영뿐만 아니라 해외에서 글로벌경영을 하고 있다. 예를 들면 세계적인 브랜드 파워를 가진 Hyatt, Hilton, Marriott와 같은 체인호텔기업들도 모두 글로벌경영을 하고 있으며, 코로나19로 인해 현재는 어려움을 겪고 있지만 일정규모 이상의 여행업체의 경우도 대부분 해외에 지점을 두고 사업을 운영하고 있다. 따라서 어느 산업보다 인적자원에 대한 의존도가 높고 중요한 호텔관광산업의 경우 국내 인적자원관리의 중요성 못지않게 글로벌전략적인 관점에서의 인적자원관리에 대한 중요성도 매우 높아지고 있다. 또한, 포스트코로나에는 호텔관광을 전공하는 학생들의 해외인턴십에 대한 수요가 급속하게 증가할 것으로 예측되기 때문에 해외에 위치한 호텔기업에 빠르게 적응하기 위해서는 글로벌경영환경하에서의 글로벌기업의 인적자원관리에 대한 이해가 중요하다고 할 수 있다.

Ⅰ. 경영(management)

어떠한 기업을 운영한다, 관리한다, 경영한다는 의미를 내포하고 있는 Management의 어원을 살펴보면 프랑스어 lemain(손), 이탈리아어 mannegiaire(정돈하다), man-age-ment 등으로 다양하다. 아무튼 경영(management)이란 조직 내의 나누어진 일과 인적자원들, 그리고 그들이 사용하는 도구 및 원료 등의 모든 자원들을 잘 배치하고 연결하여 조직의 공동목표를 최대한 달성하게 하는 복잡한 활동이라고 할 수 있다.

기업을 예로 들면, 기업을 운영하기 위해서는 기술, 자본, 설비, 정보 등 수많은 자원들이 투입되고 상호작용을 통해서 어떠한 제품이나 서비스가 생산되어 고객들에게 공급된다. 이때 경영이란 이들 자원을 어떻게 연결시킬 것인가에 대한 계획을 세우고(planning), 계획한 대로 조직을 짜서(organizing), 그대로 실행되도록 진두지휘하고(directing), 서로 협조가 잘되도록 조정과 연결을 잘하며(coordinating), 마지막에는 계획대로 잘되었는지 조사·감독(controlling)하는 것이다. 이를 간략하게 줄여서 계획(plan)-실행(do)-통제(see)의 과정이 바로 경영이라고 할 수 있으며 이러한 일을 하는 사람을 바로 경영자(manager)라고 한다(임창희, 2002, p. 10).

영리조직(profit organization)은 이윤(profit)을 극대화하기 위하여, 또한 비영리조직(non profit organization)은 공공 고객에게 최대한의 편익을 제공하기 위하여 조직의 활동이 원활하게 운영되어야 하는데, 이렇게 비즈니스를 효율적으로 운영하는 것이 경영(management)에 있어서 중요한 점이라고 할 수 있다.

이렇게 조직을 효율적으로 운영하기 위해서 경영자들은 경영마인드(business mind)를 갖는 것이 필요한데, 경영마인드란 경영자가 조직의 목표를 달성하기 위해서 자원을 가장 효율적으로 활용하고 최대의 효과를 얻으려고 생각하며 노력하는 자세라고 할 수 있다.

특히, 글로벌화의 가속화, 정보통신기술의 발전, 무역장벽의 감소 등의 이유로 인하여 국제관광수요가 급증하면서 호텔관광산업의 비중이 매우 커지고 있는 상황에서 서비스업의 management와 호텔관광산업의 management는 매우 중요한 주제이며, 특히 호텔관광산업의 경우 인적자원이 그 기업의 서비스품질에 가장 큰 영향을 미칠 뿐만 아니라 인적자원에 대한 의존도가 매우 크기 때문에, 호텔관광기업들에게 인적자원관리는 기업의 전체적인 관점에서 볼 때 매우 중요한 부분이라고 할 수 있다.

1. 경영의 기능(management functions)

20세기 초 프랑스의 Fayol은 모든 경영자들은 plan(계획), organize(조직구성), command(지휘), coordinate(조정), control(감독) 등의 다섯 가지 기능을 수행한다고 하였다. 그 이후에 일반적으로 여러 학자들이 planning, organizing, staffing, directing, controlling 등을 경영의 기능으로 받아들이게 되었다. 본서에서는 경영의 기능을 planning(계획), organizing(조직구성), leading(지휘), controlling(감독) 등으로 나누어보았다.

1) planning

경영에서 planning의 기능은 조직의 목표를 설정(defining goals)하고, 목표를 달성하기 위해서 전체적인 전략을 수립(establishing overall strategy)하고, 종합적으로 단계별 계획들을 조정하고 통합하는 활동 등을 발전시키는 것(developing a comprehensive hierarchy of plans to integrate and coordinate activities)을 포함한다.

2) organizing

모든 경영자들은 조직구조(organization structure)의 디자인에 대한 책임을 가지고 있는데 이러한 기능을 우리는 organizing(조직구성)이라고 한다. organizing의 기능에는 어떤 업무를 수행할 것인가(what tasks are to be done), 누가 수행할 것인가(who is to do them), 업무를 어떻게 분류할 것인가(how the tasks are to be grouped), 조직구성원들 중 누가 누구에게 보고할 것인가(who reports to whom), 누가 의사결정을 할 것인가(where decisions are to be made) 등을 결정하는 기능을 포함한다.

3) leading

모든 조직들은 두 사람 이상의 인적자원들로 구성되어 있기 때문에 모든 경영자들은 이러한 조직구성원들에게 업무를 지시(direct)하면서 조직구성원들의 업무를 조정(coordinate)해야 한다.

이러한 기능이 leading(지휘)의 기능이라고 할 수 있다. 4가지 세부적인 leading의 기능들로는 경영자가 하급자들의 동기부여(motivation)를 시키고, 다른 사람들의 활동을 지시하고, 조직구성원들끼리 가장 효과적인 커뮤니케이션 경로를 선택하고, 조직구성원들끼리의 갈등을 해소(resolve conflicts)하는 기능 등이 leading의 기능에 포함된다고 할 수 있다. 최근에는 leading의 기능과 관련하여 관리자들의 리더십이 중요한 부분으로 떠오르고 있다.

4) controlling

경영의 마지막 기능으로 controlling(감독)이 있는데, controlling은 위에서 언급된 대로 목표가 설정되고, 계획이 수립된 후 조직구성을 위해 인적자원들을 채용해서 훈련시키고 동기를 부여시킨 후 다른 기능(functions)들이 제대로 작동됐는지 조직의 성과

(performance)를 점검(monitoring)하는 기능을 의미한다.

2. 경영의 구성요소

재화와 서비스를 산출하기 위해서는 여러 가지 자원이 필요한데, 산업사회 초기에는 경영활동이 이루어지기 위해서 토지나 기계와 같은 물적자원, 인적자원, 자본 등이 필요한 요소들이었지만, 현대사회의 복잡한 경영환경하에서는 인적자원, 물적자원, 자본과 더불어 여러 가지 정보(information)와 전략(strategy)이 필요하게 되었다.

1) 인적자원

경영의 구성요소 중 인적자원은 다른 구성요소들과 비교해 볼 때 특이성을 가지고 있는 자원인데, 그 특이성으로는 능동성, 존엄성, 개발성, 소진성 등을 들 수 있다. 능동성이란 인적자원은 다른 자원과는 달리 어떠한 자극이 가해지느냐에 따라 능동적으로 반응한다. 존엄성이란 인적자원은 다른 자원과는 달리 근로자들 간의 인간관계도 신경써야 하고 작업으로부터 소외당하지 않도록 보살피고 경제적 보상 이외에 심리적 만족도 어느 정도 채워야 한다. 개발성이란 인적자원이 기업에서 교육개발을 통해서 잠재적인 능력을 개발하면 그 가치가 무한히 오를 수 있으며, 소진성이란 인적자원은 연령 등에 따른 한계가 있기 때문에 인적자원이 제공할 수 있는 노동력을 사용하든 안 하든 계속 소진될 수밖에 없음을 의미한다.

최근 들어 어떠한 조직을 경영하는 데 있어서 인적자원(human resources)의 중요성은 과거에 비해 점점 더 커지고 있다.

특히, 대표적인 노동집약적 산업 중 하나인 호텔업, 여행업 등 관광관련 사업에 있어서는 인적자원에 대한 의존도가 높기 때문에 인적자원 요소가 더욱 중요하다고 할 수 있다. 호텔업은 일반대중을 고객으로 하고 숙박과 음식을 제공하기 위한 인적서비스와 물적서비스로 구성된다. 호텔기업의 상품에는 객실, 식사, 음료, 부대시설 등과 같은 상품이 있지만, 궁극적으로 호텔에 대한 고객의 인식은 호텔에서 제공하는 무형의 인적서비스에 의해 많은 영향을 받는다. 다른 산업분야에서는 생산기능과 경영활동의 많은 부분을 자동화하여 인적요소를 감소시키려는 경향이 있지만, 인적서비스는 기계화나 자동화가 불가능하다. 따라서 호텔업에 있어서 인적자원은 제공하는 상품에 대해 절대적으로 책임을 지게 될 뿐만 아니라 고객의 반응에 의해서 자신의 업무를 성취함으로써 나타나는 결과에 만족하는 특수한 업무형태를 가지고 있다(고석면, 2001, p. 39).

여행업은 산업의 특성상 여행사마다 소비자들에게 제공하는 기초상품의 종류가 거의 비슷하기 때문에 각 여행사의 경쟁력을 좌우하는 가장 중요한 요소 중 하나가 인적자원의 역량이라고 할 수 있다. 때문에 다른 산업에 비해서 상대적으로 인적자원에 대한 중요성이 더욱 강조된다고 할 수 있다.

2) 물적자원

물적자원(physical resources)이란 기업이 제품이나 서비스를 생산하는 데 직접적으로 사용하는 유형의 자원을 의미한다.

하루가 다르게 경영환경이 급변하는 최근에는 예전에 비해 부동산, 원재료, 생산설비 등과 같은 물적자원의 비중이 상대적으로 감소하는 상황이라고 할 수 있으며, 특히 인터넷을 중심으로 한 디지털경제에는 이러한 현상이 더욱 심화될 것으로 보인다.

3) 자본

자본이란 기업을 창업하고 운용하는 데 필요한 재무적인 자원(financial resources)을 의미하는 것으로 창업자가 자체적으로 조달할 수도 있으며, 주식이나 채권을 발행하여 투자자들에게 제공받을 수도 있고 금융기관 등을 통해 마련할 수도 있다.

4) 정보

요즘 기업의 경쟁력은 정보력이 좌우한다고 해도 과언이 아닐 성노로 현대사회에서 기업을 경영하는 데 가장 중요한 요소 중 하나가 정보(information)라고 할 수 있다.

정보란 정보이용자에게 가치를 줄 수 있는 유형과 무형의 모든 내용이라고 할 수 있는데, 자료(data)는 정보의 원천이며 정보는 이러한 여러 자료를 처리하여 얻어지게 된다. 자료와 정보는 상호교환적인 개념으로 종종 사용되는데 자료는 정보를 제공하는 원자재(raw material)에 해당되며 정보는 특정한 의사결정의 상황에서 가치를 갖는 점에 차이가 있다고 할 수 있다.

특히, 최근 많은 기업에서 가장 중요한 부분으로 생각하는 디지털 트랜스포메이션을 통해 기업의 경쟁력을 높이기 위해서는 인공지능, 빅데이터, 클라우드 등이 중요한 요소이며 디지털 트랜스포메이션을 위해서는 빅데이터가 필수적이기 때문에 정보의 중요성은 더욱 커질 것으로 예측된다.

5) 경영전략

경영전략(business strategy)이란 희소한 경영자원을 배분하여 기업에게 경쟁우위를 창출하고 유지시켜 줄 수 있는 주요한 의사결정을 의미한다. 대부분의 기업들은 희소한 자금이나 인력 등을 배분해야 하는 의사결정이 필요한데, 일반적으로 다른 기업들과의 경쟁상황하에서 어떻게 하면 자사에게 경쟁우위를 가져다줄 수 있는가를 체계적으로 분석해 주는 구체적인 사고방법이라고 할 수 있다. 무한경쟁으로 치닫고 있는 현대의 경영환경하에서 경영전략에 대한 비중은 점점 더 커지고 있다.

6) 기업가정신(entrepreneurship)

위험을 감수하더라도 기업을 운영하려는 사람이 없다면 새로운 기업이 만들어지는 것이 불가능할지도 모른다. 따라서 경영자들이 기업을 설립하고 더 많은 이익을 내보겠다는 기업가정신을 가지고 기업의 다른 조직구성원들에게도 이러한 기업가정신을 심어주는 것이 필요하다고 할 수 있다.

II. 경영자(manager)

일반적으로 경영자(manager)라는 말은 넓은 의미로는 기업 내에서 종업원들을 감독하는 관리자로부터 가장 중요한 의사결정을 담당하는 최고경영자에 이르는 집단을 총칭하지만, 좁은 의미로는 최고경영자(CEO : Chief Executive Officer)를 의미한다고 할 수 있다.

1. 경영자는 누구인가?

경영자를 이해하기 위해서는 먼저 조직(organization)에 대한 이해가 필요하다. 조직이란 두 사람 이상이 서로 연결되어 상호작용을 하면서 공동의 목표를 달성해 나가는 모임을 말한다. 조직 내에는 분업(division of labor), 통합(coordination), 권한체계(hierarchy of authority), 공동목표(common goal) 등과 같은 요소들이 존재한다. 간단하게 정의하면, 경영자(manager)란 이러한 조직 안에서 다른 조직구성원들의 행동을 지시하는 사람이라고 할 수 있다(Managers are individuals in an organization who direct the activities of others).

2. 경영자의 유형

1) 소유경영자

산업화 초기에는 기업의 규모가 그리 크지 않고 전문적인 경영능력도 별로 요구되지 않아 출자자인 소유주가 직접 경영권을 가지고 경영기능을 수행할 수 있었다. 이와 같은 경우 소유주가 경영자를 겸하는 것이 가능하므로 출자자와 경영자가 분리될 필요가 없는데 이러한 경영자를 소유경영자(owner manager)라고 한다.

2) 고용경영자

고용경영자(salaried manager)란 소유경영자에게 고용되어 일부의 기능 혹은 대부분의 기능을 위탁받아 소유경영자에게 도움을 주는 형태의 경영자를 의미한다. 실질적으로는 소유경영자와 고용경영자의 차이가 별로 없다고 할 수 있다.

3) 전문경영자

전문경영자란 전문적인 경영능력과 지식을 겸비하고 의사결정권한을 소유하여 실질적으로 조직을 운영해 나가는 경영자를 의미한다. 이렇게 전문경영자가 출현한 배경으로는 경영규모의 대규모화와 함께 급변하는 경영환경에 대한 대처, 복잡화된 관리체계, 다양화된 생산요소의 효율적 결합 등을 들 수 있다.

사례

"최고경영자가 되려면"

주요 대기업에서 CEO(최고경영자)가 되려면 영업·마케팅 파트에서 잔뼈가 굵어야 제일 유리한 것으로 나타났다.

주간조선은 최근 증권거래소에 상장 또는 코스닥에 등록된 기업 가운데 연매출액 1조 2,000억원 이상(2002년 기준)인 대기업의 CEO를 대상으로 설문조사를 실시했다. 그 결과 주요 대기업 CEO들은 영업·마케팅 출신이 가장 많은 것으로 나타났다. 이번 조사에서는 설문 대상자 60여 명 가운데 해외출장 등으로 답변을 하지 않은 사람을 제외하고 모두 43명이 응답했다.

또 국내 주요 대기업의 CEO들은 기업 내부에서 성장한 사람이 압도적으로 많았으며, 이직 유경험자(계열사 이동 제외)와 이직 경험이 없는 '일편단심파'의 비율이 엇비슷했다. 연봉은 연말 보너스를 포함해 3억원 미만이라고 답한 사람이 가장 많았다.

한국경제와 관련해서 '1년 내에 회복하기 어려운 상황'이라고 진단했으며, 국내 기업들이 시급히 개선해야 할 점으로는 '성과주의가 정착하지 못한 데 따른 비효율성'이라고 지적했다. 출근 이후 퇴근까지 하루 업무시간은 10시간 이상, 운동은 30분~1시간, 운동종류는 헬스, 영어공부는 30분~1시간 하는 경우가 각각 가장 많았다.

영업 · 마케팅 출신이 가장 많아

CEO가 되기 전에 맡았던 주업무로는 영업 · 마케팅이 가장 많아 43명 가운데 15명을 차지했다. 영업 · 마케팅 출신이라고 답한 이들은 LG상사 이수호 사장, 기아자동차 김뇌명 사장, LG전자 구자홍 회장, SK 황두열 부회장, 포스코 이구택 회장, 외환은행 이강원 행장, 하나은행 김승유 행장, 대우조선해양 장성립 회장, 삼성전자 강호문 사장, 두산중공업 김대중 사장, 대림산업 이용구 사장, 아시아나 박찬법 사장, SK가스 신헌철 사장, LG홈쇼핑 최영재 사장, 현대백화점 하원만 사장 등이다.

마케팅 전문가인 김재환 박사는 "영업 · 마케팅파트는 소비자들의 목소리를 가장 가깝게 듣는 위치"라면서 "소비자들이 무엇을 원하는지 정확히 포착하는 능력은 CEO가 되는 데 크게 도움이 될 것"이라고 분석했다.

전통적으로 CEO 코스로 꼽히는 기획파트와 재무파트 출신이 그 다음으로 많았다. 기획파트는 10명으로 두 번째를 차지했다. 삼성물산 배종렬 사장, SK텔레콤 표문수 사장, 기업은행 김종창 행장, LG화학 노기호 사장, 쌍용자동차 소진관 사장, 동부화재 이수광 사장, LG텔레콤 남용 사장, 두산 유병택 사장, KT&G 곽주영 사장, 한화석유화학 허원중 사장 등이 기획통이다.

재무 전문가는 7명으로 세 번째, 회사 돈을 주무르는 사람들도 최고경영자 반열에 자주 오른다. S-OIL 유호기 사장, KTF 남중수 사장, 신세계 구학서 사장, LG카드 이종석 사장, LG건설 김갑렬 사장, 현대산업개발 이방주 사장, 동국제강 전경두 사장 등이 해당한다.

영업 · 기획 · 재무를 합치면 모두 32명으로 응답자의 74%를 차지, 대기업 최고경영자는 이 세 분야에서 주로 나온다고 할 수 있다.

최근 기술중시의 경영 흐름 속에서 기술직 출신은 4명, 현대중공업 최길선 사장, 대우건설 남상국 사장, LG전선 한동규 사장, 코오롱 조정호 사장이 이에 속한다. 연구직 출신은 2명, 2명 모두 박사 출신이다. 산업관리공학 박사인 현대자동차의 김동진 사장은 연구파트에서 잔뼈가 굵었으며, 전자공학 박사인 KT의 이용경 사장도 미국 대학교수를 거쳐 연구원 생활을 했다. 인사전문가는 2명으로 한진해운의 최원표 사장과 CJ홈쇼핑의 조영철 사장이다.

남들과 다른 경력을 밟은 이들도 있다. 삼성전자 한용외 사장은 감사와 경영진단을 주특기로 했고, CJ의 김주형 사장은 구매분야에서 컸다. 원자재 구매가 많은 회사의 특성 때문이라는 것이 회사 측 설명이다. 금호산업의 신훈 사장은 보기 드물게 전산전문가이다. 대학에서 수학을 전공한 신 사장은 여러 회사에서 전산전문가로 활약했다.

"CEO가 된 뒤 직원시절 CEO에 크게 도움될 업무는 무엇이라고 생각하느냐"는 질문에 대부분 최고경영자들은 '친정', 즉 자신의 출신분야를 제시했다. 자신이 성장한 분야에 대한 자부심이라고 할 수 있다.

그러나 이 질문에서도 영업·마케팅 업무가 강세였다. 비영업파트 출신들도 영업 쪽에 손을 들어줘 영업·마케팅 출신 사장(15명) 수보다 많은 18명이었다. 기술이 중요하다는 사람도 5명으로, 기술자 출신 사장 수보다 많았다. 하나은행 김승유 행장은 "다양한 업무경험이 중요하다"고 말하기도 했다.

부하의견 수용 민주형 많아

이들에게 색다른 질문을 하나 던져보았다. "부하 직원들을 통솔할 때 가장 효과를 본 것은 무엇이냐?"

가장 많은 23명이 '상사로서 기획력, 업무추진, 문제해결 등 능력을 발휘하는 것'이라고 답했다. 조직의 관리자는 일단 본인이 능력을 제대로 발휘해야 부하직원들이 움직인다는 의미로 해석된다. 두 번째로 '개인보다는 조직의 팀워크를 중시하는 태도'(14명)라는 답도 적지 않았다. 두 답을 합쳐 개인적으로 능력을 보이면서도 조직의 팀워크를 생각하는 관리자가 되면 경영자로서 자질은 입증되는 셈이다.

'정확한 신상필벌'(3명)과 '부하의 잘못을 감싸는 포용력'(2명)이라는 상반된 답변이 엇비슷하게 나온 것은 흥미롭다. 조직원들은 엄격한 성과 평가를 수긍하면서도 한편으로는 상관의 넓은 아량에 감읍하면서 충성심을 발휘한다고 할 수 있다.

또 이런 질문도 던져보았다. "부하가 자신의 지시업무에 불가능하다는 반응을 보일 때 어떻게 해결하는가?"

가장 많은 답은 '부하의 의견을 경청한 뒤 다시 한 번 생각했다'(28명)는 것이다. 아랫사람의 의견을 수용하는 '민주적 상사형'이 가장 많은 셈이다. 두 번째는 '일단 업무에 착수한 뒤 결과를 보고하라고 지시했다'(10명)로 상사의 지시를 무시하지 않고 일단 일을 착수하라는 성실추구형인 셈이다. '이유를 불문하고 반드시 업무를 달성하라고 재차 지시했다'(3명)는 불도저식 관리형태도 있다. 이 밖에 '다른 부하에게 업무를 맡긴다'(1명)도 있다.

CEO 자신들은 과거 부하시절에 불가능하다고 판단된 업무를 지시받았을 때 어떻게 했을까. '일단 지시를 수용한 뒤 기회를 봐서 불가능한 이유를 설명했다'(21명)는 답변이 가장 많았다. 상사의 지시를 정면에서 거절하지 않는 '한국적 순종형'이 다수파인 것. '상사의 지시는 반드시 성과를 내도록 노력했다'(14명)가 두 번째. '하라면 해'라는 한국의 군대식 명령체제에 익숙한 것이 한국기업의 회사원들이다.

'업무가 불가능한 이유를 설명하고 착수하지 않았다'(4명)는 '당돌한 부하'도 있다. '일단 업무에 착수하고, 후에 성과를 내지 못한 이유를 설명했다'(2명)는 답변은 '안전판 마련형'.

CEO의 가장 중요한 역할로 손꼽은 것은 '회사의 장기 발전 플랜 마련과 추진'이라는 데 입을 모았다. 모두 35명이 답해 5명 중 4명꼴이다. '구조조정 등 조직의 효율화'는 5명. '단기 목표 달성'은 2명이었다. KTF의 남중수 사장은 "CEO란 기업이 시스템적으로 경영되도록 도와주는 서포트 역할"이라는 답을 내놓기도 했다.

CEO가 된 후에 가장 역점을 두고 있는 업무로는 '기존 사업의 경쟁력 강화'(29명)를 가장 많이 제시했으며, 신규 수익사업 추진(9명)이 뒤를 이었다. 이 밖에 인력감축과 구조조정 등 조직 재정비(2명), 부채감축 등 재무구조 개선(2명), 기술・연구개발 상화(2명) 등이었다.

[자료 : 주간조선]

3. 경영자의 역할(What do managers do?)

민츠버그(Mintzberg)는 경영자들이 어떻게 시간을 사용하며, 어떠한 업무를 하느냐를 실증적인 관찰자료에 근거하여 설명하였다.

Mintzberg는 경영자의 역할을 크게 대인적 역할, 정보적 역할, 의사결정적 역할의 3가지로 분류하였다.

1) 대인적 역할

경영자의 역할 중 대인적 역할이란 경영자가 기업을 지속적으로 원만하게 운영하기 위해 도움을 주는 역할을 말한다. 대인적 역할은 다시 3가지로 분류할 수 있는데, 첫째, 기업의 외형적 대표자로서의 역할 둘째, 종업원을 채용·훈련하고 동기를 유발시키는 리더로서의 역할 셋째, 연락자로서의 역할 등이 있다. 연락자로서의 역할이란 기업 내 조직구성원들은 물론 기업 밖의 공급자나 고객 등과 같은 여러 이해집단들과의 접촉을 함에 있어 연락자로서의 역할을 의미한다.

2) 정보적 역할

경영자의 역할 중 정보적 역할이란 경영자가 정보를 수집하고 전달하는 역할을 의미하는 것으로 정보적 역할은 세 가지로 분류할 수 있다. 첫째는 모니터로서의 역할로서 이는 경영자가 정보를 꾸준하게 탐색함을 의미한다. 둘째는 전파자로서의 역할인데, 이는 부하들에게 필요한 중요한 정보를 전달해 주는 역할을 의미한다. 마지막으로 대변인으로서의 역할이 있는데, 이는 경영자가 수집한 정보의 일부를 기업 내부나 외부인들에게 전달해 주는 역할을 말한다.

3) 의사결정적 역할

경영자의 역할 중 의사결정적 역할이란 수집된 정보를 바탕으로 여러 가지 경영과 관련된 문제들을 해결하는 역할을 의미한다. 의사결정적 역할은 기업가로서의 역할,

분쟁해결자로서의 역할, 자원배분자로서의 역할, 협상가로서의 역할 등으로 분류할 수 있다.

첫째, 기업가로서의 역할은 경영자가 기업의 성장과 발전을 위해 노력하는 것을 의미한다. 둘째, 분쟁해결자로서의 역할이란 노사문제와 같은 기업내부적인 상황이나 기업과 고객 간의 법률적인 갈등, 기업외부적인 분쟁상황이 발생됐을 때 적극적으로 해결방안을 모색하는 역할을 의미한다. 셋째, 자원배분자로서의 역할이란 기업의 성과를 극대화시키기 위해 기업의 경영자원을 어떻게 배분할 것인가를 결정하는 역할을 말한다. 마지막으로 협상가로서의 역할이란 기업이 공급업자와 계약을 체결할 때 등과 같이 거래에 있어서 협상하는 역할을 말한다.

4. 경영층

경영활동의 내용이 많아지고 복잡해지면 한 사람의 경영자로서는 기업을 효율적으로 운영해 나가는 것이 어려워지게 된다. 따라서 여러 사람의 경영자가 서로 다른 경영기능을 나누어서 맡을 수밖에 없게 되는데 이러한 집단을 경영층이라고 한다. 일반적으로 경영층은 최고경영층, 중간경영층, 일선경영층 등으로 나누어볼 수 있다 (임창희, 2002, p. 17).

1) 최고경영층

조직의 전반적 경영을 책임지는 위치에서 조직의 외부환경과 상호작용하는 업무를 주로 맡으며, 회장을 비롯하여 사장이나 대표이사, 전무, 상무, 이사 등의 중역이 최고경영층에 해당한다.

2) 중간경영층

최고경영층에서 결정한 방침과 계획을 일선경영층에게 전달하고 지휘하며 중간에서 상하 경영층의 요구사항을 조율해 주는 역할을 한다. 부장, 과장, 팀장 등의 직급으로서 경영자율화에 따라 점차 중요성이 더해가고 있다.

3) 일선경영층

자기가 맡은 실무 담당자의 과업을 감독하고 조언, 조정해 준다. 감독자, 반장, 대리 등의 직급으로서 다른 경영자의 활동은 감독하지 않는다.

III. 기업

1. 기업의 유형

1) 개인기업

개인기업(sole proprietorship)이란 한 사람이 단독으로 출자하고 지배하여 경영상의 모든 위험과 손실을 부담하는 대신 이윤도 한 사람이 모두 챙기는 형태의 기업을 말한다.

2) 공동기업

공동기업(partnership)이란 두 사람 이상이 공동으로 영리를 목적으로 만든 기업을 의미하는데 소수공동기업과 다수공동기업으로 분류할 수 있다.

먼저, 소수공동기업을 살펴보면, 기업의 유형은 여러 가지 관점에 따라 다양하게 나눌 수 있는데, 법적으로 분류해 보면 합명회사란 출자와 경영을 2인 이상이 공동으로 하고 회사 부채에 대해서 무한책임을 지는 형태이며, 합자회사는 일부만 책임을 지는 유한책임자와 무한책임자가 공동설립한 회사이다. 유한회사란 모두가 유한책임 사원으로 출자만 하고 경영은 제3자가 하되, 지분의 증권화나 타인에의 양도가 자유롭지 못한 것이 주식회사와의 차이점이라고 할 수 있다.

(1) 합명회사

합명회사(unlimited partnership)는 2인 이상의 사원이 공동으로 출자하여 각 사원이 회사의 채무에 대하여 연대하여 무한책임을 지는 회사를 말한다. 따라서 각 사원은 출자와 동시에 원칙적으로 사원 전부가 경영을 담당하게 된다. 출자는 현금이나 현물 등의 재산뿐만 아니라 노무도 출자할 수 있으나 각 사원의 지분은 다른 사원의 승인을 얻지 않고서는 그것의 전부 또는 일부를 자유로이 다른 사람에게 양도할 수 없다.

(2) 합자회사

합자회사(limited partnership)란 무한책임사원과 유한책임사원의 두 종류로 구성되는 이원적인 회사로서 무한책임사원은 출자함과 동시에 경영을 담당하며, 유한책임사원은 출자만 하고 경영의 관리에는 참여하지 않는다. 출자에 있어서 무한책임사원은 합명회사의 사원과 마찬가지로 금전, 기타의 재산뿐만 아니라 노무도 출자할 수 있으나, 유한책임사원은 금전과 현물에 한하여 출자할 수 있다.

(3) 유한회사

유한회사(private company)는 사원 전원이 그들의 출자액을 한도로 하여 기업채무를 변제한다는 유한책임을 부담하는 사원으로 조직되는 회사이다. 유한회사의 전 사원이 유한책임을 진다는 점은 주식회사의 경우와 같고, 전술한 합명회사 또는 합자회사와는 사원구성에 있어서 상이하다. 유한회사는 비교적 소수의 사원과 소수의 자본으로 운영되므로 중소규모의 기업경영에 주로 이용된다. 다수공동기업의 유형으로는 주식회사(corporation)가 있다.

3) 주식회사

기업활동이 점점 확대되면서 더 많은 자본이 필요하게 되어 한두 명이 가진 자본으로 충당하기는 어렵게 되었다. 이때 기업의 신용을 담보로 하고 기업이 책임을 지는 기업명의의 증서(증권 혹은 주식)를 발행하여 수많은 사람들에게 나누어주고 자본을 모아서 설립된 기업이 주식회사이다. 특히, 산업혁명 이후 대량생산체제로 진입하면서 초대형기업의 필요성 때문에 거의 대부분의 기업들이 주식회사 형태를 취하게 되었다. 주식회사는 다음과 같은 특징을 가진다(임창희, 2002, pp. 71-72).

(1) 유한책임제도

주식을 산 출자자(사실상의 소유자)들은 자신이 출자한 지분에 대해서만 유한책임을 지기 때문에 많은 사람들이 안심하고 자본을 투자할 수 있게 된다. 무한책임이라면 어느 누구도 선뜻 자본을 출자하려 하지 않을 것이기 때문이다.

(2) 주식제도

출자의 단위가 되는 주식의 단위당 금액을 소액(5천원, 만원 등)으로 균등화하였기 때문에 적은 자금밖에 없는 소위 소액주주들도 참여할 수 있으며 또한 주식의 매매나 양도가 자유롭다. 그러므로 더 많은 사람들에게 출자를 유도할 수 있어서 주식회사로 자본이 집중되어 거대자본으로 회사를 운영할 수 있는 장점이 있다.

(3) 소유와 경영의 분리

주주들은 출자분만큼 회사에 대해 권한을 갖지만 참여자본가의 수가 매우 많기 때문에 일부 주주들이 경영에 대한 결정권을 가지기 어렵다. 따라서 경영은 전문경영인에게 위탁한 셈이 되고 출자자는 배당이나 받으면 되기 때문에 경영능력이 없는 자본가들도 안심하고 투자할 수 있다. 그들은 또한 자신들보다 경영능력이 훨씬 뛰어난 전문경영자에게 회사운영을 맡길 수 있다는 장점도 있다.

2. 호텔관광기업

1) 여행업

(1) 여행업의 이해

여행업의 시초에 대해서는 다양한 견해가 있지만, 근대적인 여행업의 출현에 대해서 일반적으로 토마스 쿡(Thomas Cook)을 실질적인 여행업의 시초로 보는 견해들이 많다. 토마스 쿡은 1845년 영국에서 본격적으로 여행업을 시작하였는데 초창기의 여행사는 철도, 버스, 기선표만을 판매하였으나 항공수단의 발달로 본격적인 여행업이 시작되었다고 할 수 있다.

1845년 영국에서 토마스 쿡사(Thomas Cook & Son Ltd.)가 설립된 이후 1850년에 미국에서 아메리칸 익스프레스사(American Express Company)가 설립되었으며, 아시아에서는 1912년 일본에서 일본교통공사(JTB : Japan Tourist Bureau)가 설립되었다.

우리나라에서 여행업은 1912년 12월 일본국의 일본교통공사 조선지부가 설립·운영되면서 시작되었다. 당시 일본교통공사의 주된 설립목적은 일본국에 외국인을 유치하고 내방객의 편의를 도모하는 한편, 일본인들의 한반도 이민업무 그리고 식민지화를 위해 필요한 업무를 지원·제공해 주는 데 그 목적을 두었다.

우리나라에 지부로 설립되어 운영되어 온 일본교통공사의 조선지부는 일본국의 침략야욕 확대와 함께 활발히 활동하던 중 1945년 8월 15일, 광복을 계기로 한국인 직원들이 재산과 관리 일체를 인수받게 되었고, 같은 해 10월에는 조선여행사라는 이름으로 여행사를 설립·운영하였다.

1949년 조선여행사는 사단법인 대한여행사로 개명하게 되었고 한국전쟁으로 업무가 일시 중단되었다가 1953년 휴전과 함께 12월 재발족되었다. 대한여행사는 1962년 발족된 국제관광공사(현 한국관광공사의 전신)에 1963년 2월 1일 흡수·합병되었으며, 1973년 6월 31일 민영화됨으로써 현재의 대한여행사라는 명칭으로 우리나라 여행사의 효시가 되었다.

최근 여행업은 여가시간의 증대, 소득의 증가, 교통수단의 발달 등으로 인하여 빠른 속도로 성장하는 업종 중 하나라고 할 수 있다. 여행업의 개념에 대한 정의는 다양하지만 여행업은 일반적인 개념과 법률적인 개념으로 나누어 생각할 수 있다. 먼저 법률적으로 살펴보면, 「관광진흥법」 제3조제1항에서 여행업은 "여행자 또는 운송시설·숙박시설 그 밖에 여행에 딸린 시설의 경영자 등을 위하여 그 시설이용 알선이나 계약체결의 대리, 여행에 관한 안내, 그 밖의 여행편의를 제공하는 업"이라고 정의하고 있다. 일반적인 관점에서의 여행업을 정의해 보면 여행업이란 운송시설, 숙박시설업자 등과 같이 여행자들을 대상으로 사업을 운영하는 시설업자와 이를 이용하게 될 여행자와의 중간의 위치에서 여행자를 위하여 예약·수배·알선 등과 같은 서비스를 고객들에게 제공하고 시설업자들로부터 일정한 비율의 수수료(commission)를 받는 사업이라고 할 수 있다.

(2) 여행업의 특성

여행업의 특성은 다양한 관점에서 설명될 수 있지만, 다른 업종과 비교해 볼 때 여행업만의 경영적인 특성을 종합적으로 살펴보면 다음과 같은 특성을 갖는다고 할 수 있다.

가) 입지의존성

디지털경제의 도래와 그 중심에 있는 인터넷 사용의 일반화로 모든 산업에서 오프라인(offline)에 대한 의존도가 줄어들고 온라인(online)에 대한 의존도가 급속하게 증가하고 있다. 이러한 경영환경하에서도 여행사는 다른 업종과 비교해서 고객들이 찾기 쉬우면서도 고객의 눈에 잘 띄는 곳에 위치해야 한다는 특성을 갖는다. 그래서 대부분의 여행사는 대도시의 중심가에 위치하고 있다. 여행업에 있어서 입지의존적 특성이 중요시되는 이유는 여행사의 입장에서 고객들의 접근 용이성이 여행사의 매출에 직접적으로 영향을 미치기 때문이다. 특히, 아웃바운드의 경우 잦은 해외출장으로

항공권의 수요가 많은 기업체들이 밀집되어 있는 지역이나 여권 및 비자수속이 용이한 대사관 근처에 위치해야 보다 더 경쟁력을 가질 수 있다고 할 수 있다.

또한, 여행업은 다른 업종에 비해 신용이 중요시되는 업종이기 때문에 여행사의 위치와 규모가 신용도에 미치는 영향도 크다고 할 수 있다.

나) 노동집약적 산업

여행업은 다른 서비스산업과 마찬가지로 인적자원에 대한 의존도가 매우 높은 노동집약적 산업이다. 이렇게 여행업이 노동집약적 산업인 이유는 여행업의 주요 업무로 여행상품기획 및 개발업무, 상담업무, 수속대행업무, 예약 및 수배업무 등이 있는데, 이러한 업무들이 여행업의 특성상 자동화되기 어렵기 때문이다. 또한, 여행업은 소비자들의 욕구가 다양하고 여행상품의 특성상 모방이 용이하기 때문에 제품들 간의 차별화가 어려워 결국 인적자원의 서비스가 상품의 품질을 결정하는 중요한 요소가 되기 때문이다. 따라서 다른 업종에 비해 상대적으로 인적자원에 대한 의존도가 매우 높다고 할 수 있다.

다) 과당경쟁구조

여행업은 다른 업종에 비해 상대적으로 소자본 창업이 가능하다. 따라서 계속해서 많은 업체가 생겨나기도 하고 문을 닫기도 한다. 때문에 다른 업종에 비해 시장진입장벽이 낮아서 경쟁이 더욱 치열하다고 할 수 있다.

또한, 여행상품은 모방이 용이하기 때문에 특화된 상품이나 서비스품질로 경쟁하는 것이 아니라 가격이 중요한 경쟁력이 되기 때문에 더욱더 치열한 경쟁이 일어난다고 할 수 있다.

라) 계절적 수요탄력성

여행업은 계절적, 요일적, 시간적 요인 등에 의해 집중성이 강한 업종이기 때문에 성수기와 비수기의 수요탄력성이 매우 높다. 일반적으로 방학기간과 주말에, 계절적으로는 겨울보다는 봄·가을에 여행수요가 집중되어 있으며, 국외여행은 자녀들이 방학을 하게 되는 여름과 겨울에 집중되는 현상을 보이고 있다. 여행사들은 여행상품의 가격차별화와 여행조건의 차별화 등을 통하여 수요의 탄력성에 적절하게 대처할 수 있는 여행상품의 개발이 필요하다.

마) 신용사업

여행업은 유형의 상품이 아닌 무형의 상품을 판매하고 서비스를 제공하기 때문에 더욱 신용이 중시되는 업종으로서 여행업의 특성 중 신용사업은 여행소재공급업자인 시설업자와의 신용관계와 소비자인 여행객과의 신용문제 두 가지로 나누어서 생각할 수 있다.

신용은 여행사의 사업성을 좌우할 수 있는 중요한 요소로서 소비자들은 여행상품을 구매할 때 선불로 여행경비를 지불하고 있으며, 여행관련 소재업자도 여행사에 대한 신뢰성을 바탕으로 공급량을 조절하기 때문에, 여행사를 운영하는 데 있어서 신용은 사업의 성공과 실패를 결정하는 가장 중요한 요소 중 하나라고 할 수 있다.

바) 낮은 위험부담률

여행업은 다른 관광사업에 비해 고정자본의 투자가 적기 때문에 경영실패로 인한 위험부담률이 상대적으로 매우 낮다고 할 수 있다. 현행 「관광진흥법」에서 규정하고 있는 법적 자본금은 일반여행업 2억원 이상일 것, 국외여행업 6천만원 이상일 것, 국내여행업 3천만원 이상이어야 하며, 사무실은 소유권이나 사용권이 있어야 한다(동법 제4조제3항, 동법 시행령 제5조 관련 <별표 1>). 여기서 설립자본금은 사무실 임대보증금 등의 설비자본과 운영자금을 포함한 것이며, 등록신청 시 납입자본금을 증빙하기 위한 금액으로 볼 때 사무실 임대와 사무실 설치를 위한 집기, 비품과 사무기기 등을 갖출 수 있는 설비자본금만 가지고도 여행업을 개업할 수 있다. 또한, 여행상품도 대부분 주문생산방식이라서 재고나 먼저 투자할 것에 대한 염려를 하지 않아도 되기 때문에 타 업종에 비해 위험부담률이 낮다고 할 수 있다.

(3) 여행업의 분류

여행업은 일반적으로 여행업의 사업범위와 대상에 따라 일반여행업, 국외여행업, 국내여행업으로 분류할 수 있다. 또한, 유통형태에 따라 모든 여행업무를 취급하는 종합여행사, 다른 여행사에 도매만을 취급하는 도매형 여행사, 소매업을 하는 소매형 여행사, 여행상품의 조성부터 판매까지 일괄적으로 취급하는 직판형 여행사로 분류할 수 있다.

가) 「관광진흥법」에 따른 분류

① 일반여행업

국내 또는 국외를 여행하는 내국인 및 외국인을 대상으로 하는 여행업으로 사증(査證: 비자)을 받는 절차를 대행하는 행위를 포함한다. 따라서 일반여행업자는 외국인의 국내 또는 국외여행과 내국인의 국외 또는 국내여행에 대한 업무를 모두 취급할 수 있다.

② 국외여행업

국외를 여행하는 내국인을 대상으로 하는 여행업으로 사증(査證: 비자)을 받는 절차를 대행하는 행위를 포함한다. 국외여행업은 우리나라 국민의 아웃바운드여행(해외여행업무)만을 전담하도록 하기 위해 도입된 것이므로, 외국인을 대상으로 하거나 또는 내국인을 대상으로 한 국내여행업은 이를 허용하지 않고 있다.

③ 국내여행업

국내를 여행하는 내국인을 대상으로 하는 여행업을 말한다. 즉 국내여행업은 내국인을 대상으로 한 국내여행에 국한하고 있어 외국인을 대상으로 하거나 또는 내국인을 대상으로 한 국외여행업은 이를 법으로 허용하지 않고 있다.

나) 유통형태에 의한 분류

① 종합여행사

여행관련 공급업자가 제공한 단위상품들을 결합하여 하나의 완전한 여행상품으로 만들어 여행소매업자 및 일반여행객들에게 판매하는 여행사를 말한다.

② **도매형 여행사**

여행공급업자로부터 여행소재를 제공받아 직접 소비자에게 판매하는 것이 아니라 소매업자에게 판매하는 여행사를 말한다.

③ **소매형 여행사**

여행도매업자가 생산한 여행상품을 제공받아 최종소비자들에게 판매하는 여행사를 의미한다.

④ **직판형 여행사**

여행상품의 조성부터 판매까지 모두 자사에서 취급하는 여행사를 말한다.

2) 호텔업

(1) 호텔업의 개요

호텔의 어원은 라틴어의 Hospitale라는 말에서 찾아볼 수 있는데, 이 Hospitale라는 단어에서 Hospital, Hostel, Inn 등으로 현대에 와서 Hotel이라는 말이 되었다고 할 수 있다. Hospital이라는 단어는 현재 병원이라는 의미로 사용되고 있지만, "Webster's Dictionary"에서는 "A place for shelter and rest for travelers"로 여행자의 숙박과 휴식의 장소이며, 원시적 숙박시설의 기원을 의미하고 있다. 현대적인 의미로는 "A building or institution providing Lodging, Meals, and Service for the Public"으로 호텔은 숙박과 식사 및 서비스를 일반대중에게 제공하는 시설 혹은 그 건물 자체를 뜻한다고 볼 수 있다.

이러한 관점에서 본다면 호텔과 병원은 가장 밀접한 관련을 가지고 있으며, 병원과 호텔경영관리를 동일시하는 것도 이 때문이다. 한편 호텔업의 본고장인 영미법에서 살펴볼 때, 일반법은 그 개념을 다음과 같이 설명하고 있다. "호텔이란 예절바르게 받은 접대에 대한 지급능력 및 준비가 되어 있는 모든 사람들에게는 시설의 여유가 있는 한 수용이 허락되며, 체재기간 및 보상의 율 등에 관한 약정 없이 체재 중에 타당한 대가를 지급하면 식사 · 침실 등이 제공되며, 그 집을 임시로 가정으로 이용하는 데 필연적으로 부수되는 서비스와 관리를 받을 수 있는 장소이다"(A place where all who conduct themselves properly, and who, being able and ready to pay for their entertainment, are received, if there be accommodation for them, and who without any stipulated engagement as to the duration of their stay or as to the rate of compensation, are while their supplied at a resonable cost with their meals, lodging, and such services and attention as are necessarily incident to the use of the house as a temporary home).

(2) 호텔의 분류

가) 「관광진흥법」에 따른 분류

현행 「관광진흥법」은 관광숙박업을 호텔업과 휴양콘도미니엄업으로 나누고, 호텔업을 다시 관광호텔업, 수상관광호텔업, 한국전통호텔업, 가족호텔업, 호스텔업, 소형호텔업, 의료관광호텔업 등으로 세분하고 있다(동법 시행령 제2조제1항제2호).

① 관광호텔업

관광호텔업은 관광객의 숙박에 적합한 시설을 갖추어 관광객에게 이용하게 하고 숙박에 딸린 음식 · 운동 · 오락 · 휴양 · 공연 또는 연수에 적합한 시설 등(이하 "부대시설"이라 한다)을 함께 갖추어 관광객에게 이용하게 하는 업(業)을 말한다. 종전에는 관광호텔업을 종합관광호텔업과 일반관광호텔업으로 세분하였던 것이나, 2003년 8월 6일 「관광진흥법 시행령」을 개정하면서 이를 관광호텔업으로 단일화하였다.

② 수상관광호텔업

수상관광호텔업은 수상에 구조물 또는 선박을 고정하거나 매어 놓고 관광객의 숙박에 적합한 시설을 갖추거나 부대시설을 함께 갖추어 관광객에게 이용하게 하는 업으로서, 수려한 해상경관을 볼 수 있도록 해상에 구조물 또는 선박을 개조하여 설치한 숙박시설을 말한다.

③ **한국전통호텔업**

한국전통호텔업은 한국전통의 건축물에 관광객의 숙박에 적합한 시설을 갖추거나 부대시설을 함께 갖추어 관광객에게 이용하게 하는 업을 말한다.

현재 우리나라에서 운영되고 있는 관광호텔은 모두가 서양식의 구조와 설비를 갖추고 있어 외국인관광객이 한국고유의 전통적 숙박시설을 이용할 수 없는 것이 오늘의 현실이다. 따라서 외국인관광객의 수요에 대처하기 위하여 한국고유의 전통 건축 양식에 한국적 분위기를 풍길 수 있는 객실과 정원을 갖추고 한국전통요리를 제공하도록 한 것이 한국전통호텔업이다.

④ **가족호텔업**

가족호텔업은 가족단위 관광객의 숙박에 적합하도록 숙박시설 및 취사도구를 갖추어 관광객에게 이용하게 하거나 숙박에 딸린 음식 · 운동 · 휴양 또는 연수에 적합한 시설을 함께 갖추어 관광객에게 이용하게 하는 업을 말한다.

경제성장으로 인한 국민소득수준의 향상은 다수 국민으로 하여금 여가활동을 향유케 함으로써 가족단위 관광의 증가를 가져왔는데, 가족단위 관광의 증가는 가족호텔을 급격히 증가하게 하였다.

⑤ **호스텔업**

호스텔업은 배낭여행객 등 개별 관광객의 숙박에 적합한 시설로서 샤워장, 취사장 등의 편의시설과 외국인 및 내국인 관광객을 위한 문화 · 정보 교류시설 등을 함께 갖추어 이용하게 하는 업을 말한다.

이는 2009년 10월 7일 「관광진흥법 시행령」 개정 때 호텔업의 한 종류로 신설된 것이다.

⑥ **소형호텔업**

관광객의 숙박에 적합한 시설을 소규모로 갖추고 숙박에 딸린 음식·운동·휴양 또는 연수에 적합한 시설을 함께 갖추어 관광객에게 이용하게 하는 업을 말한다. 이는 외국인 관광객 1,200만 명 시대를 맞이하여 관광숙박서비스의 다양성을 제고하고 부가가치가 높은 고품격의 융·복합형 관광산업을 집중적으로 육성하기 위하여 2013년 11월「관광진흥법 시행령」개정 때 호텔업의 한 종류로 신설된 것이다.

⑦ **의료관광호텔업**

의료관광객의 숙박에 적합한 시설 및 취사도구를 갖추거나 숙박에 딸린 음식·운동 또는 휴양에 적합한 시설을 함께 갖추어 관광객에게 이용하게 하는 업을 말한다. 이는 외국인 관광객 1,200만 명 시대를 맞이하여 관광숙박서비스의 다양성을 제고하고 부가가치가 높은 고품격의 융·복합형 관광산업을 집중적으로 육성하기 위하여 2013년 11월「관광진흥법 시행령」개정 때 호텔업의 한 종류로 신설된 것으로, 의료관광객의 편의가 증진되어 의료관광 활성화에 크게 기여할 것으로 기대되고 있다.

나) 규모에 따른 분류

호텔의 규모에 의한 분류는 일반적으로 소규모 호텔은 150실 이하, 중규모 호텔은 150실 이상 300실 미만, 대규모 호텔은 300실 이상으로 구분하지만, 대부분의 호텔이 300실 이상의 대규모 형태로 호텔을 운영하고 있다.

다) 입지에 따른 분류

① **도시호텔**

도시호텔(city hotel)은 비즈니스와 쇼핑 등의 목적으로 운영되는 도시의 중심가에 위치한 호텔로 상용과 공용 혹은 도시를 방문하는 관광객들이 많이 이용하고 있다.

② **휴양지호텔**

휴양지호텔(resort hotel)은 휴식·보양·여가를 목적으로 여행하는 관광객을 대상으로 하는 호텔로서 휴식과 심신을 단련할 수 있는 시설을 갖추고 관광객을 유치하고 있으며, 시설이나 규모가 대형화되는 추세이다.

③ **터미널호텔**

터미널호텔(terminal hotel)은 주로 공항 · 철도역 · 항구 주변에 위치한 호텔로서 교통수단을 이용하는 여행객들을 대상으로 하는 호텔이다. 이와 같이 터미널호텔은 항공 · 선박 · 철도 · 버스 등의 교통수단이 출발하고 도착하는 곳의 부근에 위치하므로 관광객은 물론 교통기관의 승무원들이 자주 이용하게 되는 호텔이다.

라) 숙박목적에 따른 분류

① **상용호텔**

상용호텔(commercial hotel)은 주로 도심지 및 상업지역에 위치하여 사업상 혹은 사교 등의 목적을 가진 투숙객 및 방문객을 대상으로 하는 호텔이다.

② **거주형호텔**

거주형호텔(residential hotel)은 보통 1개월 이상 장기체류객을 대상으로 하는 주택형 호텔을 말한다.

③ **카지노호텔**

카지노호텔(casino hotel)은 호텔 내에 부대시설로서 도박시설(gambling)을 갖추어 놓고 도박을 즐기려는 고객을 유치하는 호텔을 말한다.

(3) 호텔의 기능

가) 숙박 및 식음료 서비스 기능

거주지를 떠나 여행하는 사람들에게 고객의 능력과 취향에 따라 다양한 숙박 및 식음료 서비스를 제공하는 기능을 말한다.

나) 비즈니스 서비스 기능

상담 · 회의 · 전시 · 교역전 등의 장소를 제공하고 비즈니스를 위하여 호텔을 이용하는 고객들의 편의를 위한 비즈니스 정보교환과 비서업무 등의 서비스를 제공하는 기능을 의미한다.

다) 스포츠 · 레저 기능

고객들에게 놀이 · 위락 · 기분전환 등의 정서함양을 위한 서비스를 제공하는 기능이다.

라) 문화 서비스 기능

고객을 위한 부가적인 서비스로서 향상된 고객의 지적 수준과 다양해진 고객의 취미활동을 위하여 기본적인 기능 이외에 교육 · 예술 · 공예 · 학습 등의 문화적 서비스를 제공하는 기능을 말한다.

(4) 호텔업의 특성

가) 인적자원에 대한 의존성

호텔산업은 다른 산업에 비해서 인적자원에 대한 의존도가 상대적으로 가장 큰 산업 중 하나라고 할 수 있다. 이러한 인적자원의 고품질 서비스를 통해서 호텔의 상품이 생산되고 판매되면 고객만족을 최대화할 수 있다. 호텔업은 다른 산업에 비해 상대적으로 호텔기업들이 핵심역량을 보유하기가 어렵다고 할 수 있는데, 이러한 상황에서 호텔기업들이 핵심역량을 보유하여 다른 기업에 비해서 경쟁우위를 확보하려면 서비스 품질을 높여야 한다. 서비스 품질을 평가하는 데는 여러 기준이 있지만, 가장 일반적으로 사용되는 PZB의 서비스 품질 평가기준인 유형성(tangibility), 신뢰성(reliability), 확신성(assurance), 반응성(responsiveness), 공감성(empathy)을 최대화하기 위해서는 결국 인적자원의 서비스 품질이 호텔기업의 경쟁력을 좌우한다고 할 수 있다. 따라서 자동화나 기계화로 대체될 수 없는 산업의 특성을 가진 호텔산업에서는 인적자원에 대한 의존도가 매우 높다고 할 수 있다.

나) 높은 초기 투자비용

호텔산업은 토지의 확보, 호텔건물의 건축, 내부시설 등을 완전히 갖추어서 사업을 시작해야 하고 이러한 부분에 투자되는 비용이 상당히 높은 편이기 때문에 초기투자비용이 다른 산업에 비해서 매우 높다고 할 수 있다.

다) 연중무휴 영업

호텔기업은 산업의 특성상 하루 24시간, 1년 365일 휴업하지 않고 사업을 해야 하는 특성을 가지고 있다. 따라서 다른 부분도 중요하지만 특히 인적자원관리가 다른 산업에 비해서 더욱 중요한 산업 중 하나라고 할 수 있다.

라) 글로벌화된 산업

다른 산업에 비해 호텔산업은 매우 글로벌화된 산업이라고 할 수 있다. 글로벌화(globalization)에 관한 정의는 다양하지만 일반적으로 세계경제시스템이 하나로 통합되는 현상을 보이는 것으로 정의할 수 있는데, 정보통신기술의 발전, 무역장벽의 감소 등으로 인하여 국가별 국경에 관한 경계가 점점 약해지고 있는 상황에서 국제관광인구는 빠르게 증가하고 있다. 이러한 상황으로 인하여 글로벌화된 파워브랜드를 가진 Hyatt, Hilton, Marriott 등 규모가 큰 호텔기업들이 세계 호텔산업에서의 점유율을 높이고 있으며, 산업 전체적인 관점에서 보더라도 호텔산업은 다른 산업에 비해 상대적으로 글로벌화된 산업 중 하나라고 할 수 있다.

(5) 글로벌화가 호텔산업에 미치는 영향

글로벌 경쟁환경하에서의 호텔의 특성을 잘 이해하고 있는 세계적인 대형 호텔체인들은 신속한 자원의 공유와 위험을 분산하여 경쟁우위를 확보하기 위하여 현지 파트너들과의 전략적 제휴(strategic alliances)를 활발하게 시도하고 있다.

또한, 글로벌화의 가속화와 국제관광산업의 촉진으로 인하여 유명한 브랜드를 보유한 세계적인 체인호텔들은 자사의 브랜드에 대한 글로벌화를 최대한 촉진시켜 같은 상품의 호텔네트워크를 통한 성과향상을 추구한다. Hilton, Hyatt, Marriott 등과 같이 글로벌 네트워크를 형성하고 위탁경영(management contract)이나 프랜차이즈 형태로 운영되고 있는 호텔과 신라호텔, 롯데호텔 등과 같이 국내에서 독자적인 브랜드를 형성하고 있는 호텔과는 여러 가지 차이점이 있다. 세계적인 체인호텔들은 세계를 단일시장으로 인식하면서 세계 여러 지역에서 서비스의 표준화를 유지함으로써 고객의 지속적인 신뢰를 유지하고 이러한 신뢰를 바탕으로 특화된 브랜드와 호텔기업으로서의 고유한 이미지를 유지하려고 한다(Kusluvan and Karamustafa, 2001, 구태회, 2007, p. 13에서 참조하여 재인용). 즉 글로벌전략적인 차원에서 전 세계를 동일시장으로 보고 표준화된 같은 상품을 제공하는 글로벌전략(global strategy)을 구사한다. 한편, 지역 내에서 독자적인 브랜드를 보유한 독립호텔들은 글로벌전략을 구사하는 체인호텔들과 경쟁하기 위하여 현지화된 상품과 서비스를 특화시킨다. 즉 글로벌전략적인 관점에서 현지화전략(multidomestic strategy)을 구사한다. 물론, 글로벌전략적인 관점에서 완전한 글로벌전략이나 현지화전략을 구사하는 다국적기업들은 존재하지 않고 모든 기업들에게 글로벌전략적인 측면과 현지화전략적인 측면이 모두 포함되어 있지만, 어느 부분에 초점을 맞추느냐에 따라 글로벌전략의 유형을 현지화전략(multidomestic strategy), 글로벌전략(global strategy), 초국적전략(transnational strategy) 등으로 분류할 수 있다.

자본집약적인 생산방식과 규모의 경제의 중요성 증대, 교통 · 정보통신 · 첨단기술 등 기술의 발전, 전 세계 소비자 취향의 동질화 경향, FTA(Free Trade Agreement)의 활성화 등으로 인한 세계무역장벽의 감소 등으로 인하여 글로벌화가 더욱 촉진되는 현실에서 호텔산업은 향후 그 전망이 매우 밝은 산업이라고 할 수 있다. 이러한 글로벌화의 촉진은 국가 간의 경계를 약하게 하며 이로 인해 더욱 많은 사람들이 관광과 사업적인 목적으로 다른 국가의 방문이 빈번해지기 때문에 글로벌화와 더불어 호텔산업은 더욱 발전하게 된다. 따라서 글로벌화와 호텔산업은 매우 밀접한 관계를 가지고 있다고 할 수 있다.

세계적인 유명 브랜드를 보유한 호텔기업들은 크게 세 가지 전략으로 시장진입을 모색하였다(구태회, 2007, p. 41). 첫째, 동일브랜드의 호텔 수를 늘림으로써 자국 내에서 경쟁력을 강화시킨다. 둘째, 국내 및 국외에서 틈새시장을 충족시킬 다른 수준의 호텔 브랜드를 지속적으로 개발한다. 셋째, 해외에 있는 신규시장을 개척하기 위해 호텔 브랜드마다 동일한 서비스 수준과 상품력을 구축한다. 혁신적인 호텔기업일수록 시기에 따라 이상의 세 가지 전략을 한 가지씩 번갈아가면서, 또는 일괄적으로 그 모두를 다 적용하여 글로벌시장으로의 진입을 시도하고 있다.

(6) 현대 호텔의 발전현황

미국의 호텔경영사에서 중요한 점은 제2차 세계대전 후 Sheraton과 Hilton의 등장이다. Hilton호텔의 창업자인 Hilton은 Statler와 같이 작업의 능률화를 강조하면서 호텔을 새로 건립하기보다는 기존의 호텔들을 매입하여 개조하며 초기투자비용을 최소화하면서 최대의 이익을 추구하였다. Sheraton호텔의 창업자인 Henderson 역시 기존의 호텔을 매입하여 개보수하면서 호텔의 가치를 향상시켜 나갔다. Sheraton 호텔은 현재 Starwood Hotels & Resorts Worldwide사에 인수되어 하나의 브랜드로 운영되고 있다.

한편, Holiday Inn은 Wilson에 의해 창업되었다. Wilson은 Statler 이후 일반인들에게 싸고 편리한 숙박시설을 제공하면서 자동차 여행자들의 호텔이용에 일대 혁신을 가져다주면서 1976년 25개국에 1,700여 개의 모텔과 호텔을 운영하였다. 그중 약 20%는 직영이며 나머지는 프랜차이즈 형태로 운영하였다. Holiday Inn은 현재 프랜차이즈 경영회사인 Six Continents Group의 핵심 브랜드로서 전 세계에 약 1,500개의 호텔을 운영하고 있다.

Hyatt호텔은 1957년 Pritzker가 미국 로스앤젤레스 공항 부근의 소규모 호텔을 구입하여 개관하였는데 지금은 전 세계에 걸쳐 200개 이상의 호텔이 분포되어 있다. Hyatt 호텔의 등급종류는 Park Hyatt, Grand Hyatt, Hyatt Regency, Hyatt Resort의 4가지 형태이다. Marriott는 1957년 360개의 객실을 가진 모텔을 미국 워싱턴 D.C.에 개관하였다. 모텔의 디자인과 위치는 모텔업의 즉각적인 성공을 가져왔는데 이후 호텔임대, 인

수・합병 등을 통하여 오늘날 거대한 사업체로 성장하였다. 또한, 숙박업뿐만 아니라 외식산업, 숙박산업, 레저산업, 여행업 등의 사업다각화로 미국 내 최대 관광업체로 성장하였다. 1995년에는 세계적인 브랜드 가치를 가진 Ritz Carlton을 인수하였고, 1997년에는 르네상스 호텔그룹을 인수하였다. 현재 Marriott Hotel Group은 Marriott Hotel, Suites by Marriott, Fairfield Inn, Residence Inn, Courtyard by Marriott의 세분화된 5개의 브랜드를 운영하고 있다.

미국 Arizona주 Phoenix에 본사를 둔 Bestwestern은 1946년 Guertin에 의해 창업되었으며, 전 세계 약 80여 개국에 4,000여 개 이상의 호텔을 보유한 세계 최대의 호텔브랜드이다. 고급스러운 호텔체인은 아니지만 합리적인 가격과 일정수준 이상의 서비스를 제공하며 고객들의 신뢰를 높이고 있으며 매년 성장하는 추세를 보이고 있다.

한편, 우리나라의 호텔발전사를 살펴보면 우리나라 최초의 호텔은 1888년에 인천 서린동에 설립된 대불호텔이다. 벽돌로 지어진 객실 11실의 3층 건물이었으며, 당시 가장 고급으로 지어진 건물로 우리나라를 찾는 외국인을 수용하기 위한 양식호텔이었다. 그 후 근대에 들어서 1936년에 상용호텔인 반도호텔이 등장하였다. 반도호텔은 8층 콘크리트 건물로써 객실 111실을 보유하고 있었다. 1963년 경제개발시대에 건립된 워커힐호텔은 국제친선과 외화획득을 주목적으로 한 주한 UN군의 휴양을 위한 리조트호텔로서 당시 동양최대의 호텔로 개관하였다. 그 후 정부의 호텔 민영화정책으로 1973년 워커힐호텔은 선경그룹에서 인수하였으며 미국의 Sheraton Group과 프랜차이즈계약을 맺고 증축하여 1978년 7월 신규호텔로써 Sheraton Walker Hill이 탄생하게 되었다. 그 후 1980년대에는 국민관광과 국제관광의 조화를 이룬 발전, 서비스수준의 향상, 국제회의 유치, '86아시안게임과 '88서울올림픽 등을 통하여 우리나라 호텔산업도 일대 도약을 하게 된다. 특히 이 시기에 국내 대기업들의 호텔사업 진출이 본격적으로 시작되었고, 국제적인 체인호텔들이 우리나라로 대거 진출하면서 호텔산업의 부흥기를 맞이하게 된다(최병호・유도재, 2004, pp. 30-37을 기초로 정리).

(7) 호텔의 경영형태

일반적으로 호텔의 경영형태는 단독경영호텔(independent management hotel), 체인호텔(chain hotel), 리퍼럴경영호텔(referral group hotel), 임차경영호텔(lease management hotel) 등으로 분류할 수 있다.

가) 단독경영호텔(Independent Management Hotel)

단독경영호텔은 위탁경영수수료와 브랜드 사용수수료 등의 비용지출이 필요하지 않고 현재 호텔의 기업이미지 형성을 통한 마케팅이 가능한 장점이 있지만, 글로벌한 차원에서의 인지도와 마케팅 등에서의 어려움이 있다.

나) 체인호텔(Chain Hotel)

세계적인 브랜드를 보유한 체인호텔들은 오랜 기간 축적된 경영노하우를 바탕으로 수수료를 받거나 일정지분에 대하여 참여하는 형식으로 호텔을 운영한다. 체인호텔은 공동마케팅과 예약망 이용 가능, 규모의 경제를 이용한 비용절감, 브랜드 활용 등의 장점이 있지만, 경영의 독립성 상실, 계약기간에 대한 부담, 로열티와 수수료 지급, 본사 브랜드 이미지에 따른 운영의 의존도 상승 등의 단점이 있다. 체인호텔은 위탁경영방식과 프랜차이즈운영방식으로 나눌 수 있다.

① **위탁경영**(Management Contract)

위탁경영방식은 호텔운영에 어려움이 있을 때 소유주가 체인본부와 직접 계약하여 모든 경영권을 넘겨주고 핵심적인 인적자원들이 경영호텔로부터 파견되어 위탁경영되는 방식이다. 위탁경영방식과 프랜차이즈의 차이점은 위탁경영은 호텔소유주의 경영권이 상실된다는 점이다. 위탁경영은 소유와 경영이 완전히 분리된 호텔의 운영형태로 호텔마다 차이는 있을 수 있지만, 일반적으로 체인본사가 호텔 고정자산에 대한 투자 및 호텔경영에 관한 재무적인 위험부담까지 책임지는 형태로 소유자는 이익금만 가져가게 된다.

② **프랜차이즈(Franchise)**

프랜차이즈 경영은 위탁경영방식과 유사한 부분도 있지만 체인본부인 franchisor와 가맹점인 franchisee의 관계가 상호지원적인 관계라고 할 수 있다. franchisee는 franchisor의 상호 및 상표를 사용하고 일정 정도의 로열티(royalty)를 지급하는 경영방식이다. 프랜차이즈 형태의 호텔은 소유주가 경영하는 형태라는 점이 위탁경영 형태와 다른 점이라고 할 수 있다. 프랜차이즈의 장점은 본사와 동일한 운영시스템과 브랜드의 사용, 표준화된 제품 제공, 온라인을 통한 중앙예약시스템의 활용, 종업원의 교육과 훈련에 대한 지원 등이 있다. 하지만 프랜차이즈 가입비, 로열티, 독자적인 상품개발 및 판매활동의 제한, 계약조건에 따른 법적 분쟁가능성 등의 단점이 있다.

다) 리퍼럴경영호텔(Referral Group Hotel)

체인호텔들은 전문화된 경영을 통한 신규시장 개척, 중앙예약시스템 등을 활용해서 사업을 확장하였는데, 이에 비해서 단독경영호텔은 현지화된 전략을 구사하지만 여러 가지 측면에서 한계점에 부딪혀 어려움을 겪게 된다. 이렇게 어려움을 겪는 단독경영호텔들은 프랜차이즈 호텔과 경쟁하기 위하여 상호협력을 목적으로 연합조직을 결성하였는데 이것이 리퍼럴경영호텔이다. 리퍼럴경영호텔들은 체인 및 프랜차이즈 호텔들과 경쟁할 수 있고 글로벌한 공동예약시스템 등을 운영하여 경쟁력을 가질 수 있다. 또한, 호텔경영의 독립성을 유지하면서 공동마케팅 등을 통하여 이윤을 추구할 수 있는 장점이 있다.

라) 임차경영호텔(Lease Management Hotel)

임차경영호텔이란 토지 및 건물의 투자에 대한 자금조달능력을 갖추지 못한 호텔기업이 제3자의 건물을 계약에 의해서 임대하여 호텔사업을 운영하는 방식이다. 일반적으로 임차경영호텔은 건물 내부에 대한 투자는 호텔기업이 부담하고 임차료는 사전에 결정된 일정한 액수를 소유주에게 지급한다. 임차경영의 장점은 호텔기업의 입장에서는 초기에 투자되는 많은 호텔건설비용을 들이지 않고 건물을 임대하여 호텔을 운영할 수 있는 장점이 있다. 건물 소유주의 입장에서는 경영성과와 상관없이 고정된 임대료 수입을 얻을 수 있는 장점이 있다.

제 2 장

Management이론의 발전과정과 호텔관광인적자원관리

관리중심 management의 발전과정은 고전적 관리이론, 행동이론, 시스템이론, 상황이론 등의 네 가지 단계로 나누어볼 수 있다. 고전적 관리이론은 1890년대부터 2000년대까지 보급되었으며, 행동이론은 1930년대부터 2000년대까지 보급되었다. 그리고 시스템이론은 1940년대부터 2000년대까지 보급되었으며, 상황이론은 1960년대부터 2000년대까지 보급되었다. 이후 최근에 여러 가지 경영환경의 변화와 글로벌화 등으로 인하여 많은 현대경영이론들이 보급되었다.

Ⅰ. 고전적 관리이론

일반적으로 미국에서 관리적 사고의 시작은 관리적인 사고와 관련된 연구가 처음으로 이루어지고, 숙련공들을 중심으로 조직된 미국노동연합(American Federation of Labor)이 출범하고, Coca Cola와 Westinghouse 같은 대규모 기업들이 설립된 1886년으로 보고 있다.

이러한 상황에서 1890년대에 기업들은 종업원들이 새로운 기계와 전문화된 과업을 다룰 수 있도록 훈련시키는 데 많은 비용과 시간을 투입하는 상황이었지만, 이러한 기술과 기계화의 영향에도 불구하고 종업원들의 생산성은 비교적 낮은 수준에 머물고 있었다.

1. 과학적 관리법

과학적 관리법(scientific management)이란 종업원의 능률을 향상시키기 위하여 작업과 작업장의 합리적이고 과학적인 연구에 초점을 맞추는 관리관점을 의미한다. 특히, 테일러(Taylor)는 생산능률을 향상시키기 위한 명확한 지침을 정의하였으며, 이러한 지침은 노동자와 사용자 모두에게 도움이 된다고 주장하였다. 과학적 관리의 아버지라 불리는 테일러는 작업자들이 일을 적당히 하려는 경향이 있다고 생각하여 작업현장에 직무수행 시 과학적인 방법을 적용함으로써 그러한 상황을 시정하려고 하였다. 그 당시에는 노동자나 사용자의 책임에 대한 개념이 분명하지 않았으며 실질적인 작업표준도 형성되지 않은 상황이었기 때문에 근로자들은 작업속도를 줄임으로써 노사가 상호 협력하기보다는 대결구도를 형성했다고 테일러는 판단하였다. 이러한 연구를 위하여 테일러는 실험을 실시하였는데 그것이 테일러의 선철실험(pig iron experiment)이다. 선철실험 내용은 다음과 같다. 베들레헴제철소에 8만 톤의 선철이 방치되어 있다가 가격이 급등하였다. 75명으로 구성된 선철 작업자들은 레일카에 92파운드 무게의 선철을 실어서 운반하였는데 그들의 일일 평균 작업량은 12.5톤이었다. Taylor는 선철을 실어 운반하는 가장 좋은 방법을 결정하기 위하여 직무를 과학적으로 분석해 본 결과 작업자들의 하루 운반량을 48톤까지 끌어올릴 수 있을 것으로 분석하여 작업자들 중 4명을 선발하여 성격, 습관 등을 분석하였고 그중 한 명을 선발하여 하루에 1.15달러였던 임금을 1.85달러로 인상하여 주었다(박진우, 1994, pp. 44-48). 또한, Taylor는 근로자들이 옮기는 물건의 무게와 상관없이 같은 크기의 삽을 사용한다는 것을 인지하고 작업자들의 일일작업량을 극대화시킬 수 있는 최적의 작업량을 알아내기 위해 집중적으로 연구한 결과 21파운드가 최적의 삽 작업량이라 생각하였다. 위의 사례를 현재 기업들의 인적자원관리 부분과 연결지으면 직무관리와 관련해서 생각해 볼 수 있으며, 이러한 관리이론을 인적자원에 대한 의존도가 가장 높은 산업 중 하나인 호텔관광산업에 적용시켜서 가장 효율적인 인적자원관리를 할 수 있도록 연구해 보는 것이 필요하다고 할 수 있다.

테일러(Taylor)의 4가지 관리원칙

1. 개별작업의 각 요소에 과학적인 방법을 사용함으로써 이전의 주먹구구 방식(rule-of-thumb)을 대신한다.
2. 근로자를 과학적으로 선발한 다음 교육훈련 및 개발을 한다(이전에 근로자들은 자신의 일을 선택한 뒤 최상의 수준을 발휘하도록 스스로 교육받았다).
3. 모든 작업이 개발되어 온 과학의 원칙과 일치하여 이루어지도록 확신시키기 위하여 근로자들과 마음으로부터 협력한다.
4. 노사 사이에 작업과 책임을 거의 동일하게 나눈다(이전에는 거의 모든 작업과 책임의 대부분이 근로자에게 치중되어 있었다).

2. 관리일반이론

Fayol은 관리를 여러 가지 과업을 수행하는 과정으로 정의하였으며, 이러한 과정은 모든 형태의 조직에 적용되는 보편적 원칙이라고 주장하였다. 이러한 보편주의는 조직적·관리적·업무적 수준에서 관찰되는데, 조직적 수준에서 하나의 기업은 기술적 활동, 영업적 활동, 재무적 활동, 보전적 활동, 회계적 활동, 관리적 활동을 수행하게 된다.

또한, Fayol은 관리자가 관리적 수준에서 다음의 다섯 가지 기능을 수행해야 한다고 하였다.

1) 계획

기업경영의 미래에 대한 검토와 조직목표 달성을 위한 행동계획을 수립하고 작성한다.

2) 조직

수립된 계획을 실행하기 위해 물적자원과 인적자원을 동원하기 위한 조직구조를 편성하고 운영한다.

3) 명령

종업원들이 필요로 하는 과업을 수행하도록 하기 위해 그들에게 지시하고 명령을 내린다.

4) 조정

종업원의 모든 활동을 오로지 조직의 전반적인 목표달성 방향으로 통일하고 조정시킨다.

5) 통제

목표가 계획대로 달성되었는지를 검토하고 평가하여 잘못된 경우, 이를 시정하도록 한다.

또한, Fayol은 14가지 관리원칙을 적용해야 한다고 하였다. 14가지 관리일반원칙은 다음 표와 같다.

표 2-1 Fayol의 14가지 관리일반원칙

분 류	내 용
1. 분업(division of labor)	분업은 주의와 노력을 기울여야 할 작업의 수를 줄임으로써 똑같은 노력으로 더 훌륭하고 많은 생산을 하기 위해서 이루어진다.
2. 권한과 책임(authority and responsibility)	권한이란 명령을 할 수 있는 권리이며, 책임은 권한을 행사함에 따라 수반되는 것이다.
3. 규율(discipline)	규율이란 기업과 종업원 사이의 행동에 대한 계약이며 복종관계로 조직의 순조로운 운영을 위해서는 어느 정도의 규율이 필요하다고 할 수 있다.
4. 명령의 통일(unity of command)	한 사람의 하급자는 항상 한 사람의 직속상급자로부터 명령을 받고 보고를 해야 한다.
5. 지휘의 통일(unity of direction)	한 가지 목표를 가진 개개의 활동집단은 하나의 계획과 한 사람의 상사를 가져야 한다.
6. 공익우선(subordination of individual interest to general interest)	개인이나 소집단의 이익이 사회나 조직 전체의 이익보다 먼저 추구되어서는 안 된다.
7. 보상(remuneration of personnel)	조직이 종업원의 충성과 지원을 얻기 위해서는 적절한 보상체계를 갖추어야 한다.
8. 집권화(centralization)	의사결정권한이 상위 몇 사람에게 집중되어 있는 것을 말하는데 분업과 마찬가지로 조직경영에 있어서 집권화 역시 필요하다.
9. 계층적 연결(scalar chain)	조직은 최고경영자로부터 최하급자에 이르기까지 공식적인 계층적 구조가 형성되어 명령과 보고의 소통이 이루어져야 한다.

분 류	내 용
10. 질서(order)	조직 내 제 활동이 제대로 이루어지기 위해서는 모든 인적자원과 물적자원이 제자리에 놓여 있어야 한다는 것으로 곧 적재적소의 원칙을 의미한다.
11. 공정성(equity)	친절과 정의의 개념을 합한 것이 공정성이므로 대인관계에서 애정과 공정한 처리를 하도록 해야 한다.
12. 재임기간의 안정(stability of tenure of personal)	빈번한 인력의 변경이나 개편은 조직경영에 비능률을 초래하므로 재임기간을 보장하여야 한다.
13. 주도력(initiative)	사업계획을 창안해서 실행하는 힘이 바로 주도력인데, 조직의 모든 계층에서 주도력이 열정적으로 집중되어야 한다.
14. 단체정신(esprit de corps)	생산성을 향상시키려면 구성원 상호 간의 단결이 중요한데, 그것은 개인들 사이의 조화로부터 나오게 된다.

이와 같은 Fayol의 관리일반원칙은 모든 조직에 일반적으로 적용될 수 있는 원칙이며, 상위층 관리자 입장에서 설정되었고, 각각의 원칙들이 절대적인 것이 아니라 융통성 있게 적용될 수 있는 것이며, 관리자 교육을 강조하고 있다고 할 수 있다.

3. 관료제

관료제(bureaucracy)란 규율, 계층, 분업 및 확고한 절차에 의존하는 하나의 시스템을 가리키는 말이다. 독일의 Max Weber가 이 관료제를 주장하였으며 관료제의 속성을 다음과 같이 설명하였다.

① 관료들의 비개인적인 공식적인 의무
② 명확하게 정의된 서열체계
③ 명확하게 정의된 능력
④ 자유로운 계약관계
⑤ 선거가 아닌 임명제
⑥ 관료에게 주는 고정 봉급
⑦ 관료의 유일하고 원초적인 직업
⑧ 경력체계
⑨ 행정수단으로부터의 분리
⑩ 엄격하고 체계적인 규율

1) 관료제의 순기능

관료제의 순기능으로는 표준화된 행동과 능률증대, 고용의 안정성, 공정성과 통일성 확보, 계층을 통한 용이한 책임수행 등을 들 수 있다(Perrow, 1972).

① 표준화된 행동과 능률증대
② 고용의 안정성
③ 공정성과 통일성 확보
④ 계층을 통한 용이한 책임수행

위에서 언급된 관료주의에 관한 순기능과 더불어 관료주의에 대한 비판적인 연구내용을 요약하면 아래와 같다.

2) 관료제의 비판(Bennis의 관료주의 비판 내용)

① 관료주의는 개인적 성장과 성숙한 인격의 발달을 적절히 허용하지 않고 있다.
② 순종과 집단사고를 발전시킨다.

③ 비공식적 조직과 긴급하고 돌발적인 문제를 고려하고 있지 않다.
④ 적절한 사법상의 과정을 담고 있진 않다.
⑤ 직위 간 특히 기능적 집단 간의 차이와 갈등을 해소하는 적절한 수단을 마련하고 있지 않다.
⑥ 의사소통, 특히 혁신적 생각이 계층적 불화 때문에 왜곡된다.
⑦ 불신임과 보복의 공포 때문에 인력이 충분히 활용되지 못한다.
⑧ 조직에 들어오는 새로운 기술이나 과학자의 유입을 쉽게 동화시킬 수 없다.
⑨ 성격구조를 변화시켜 인간을 우둔하고 조건화된 조직인으로 만든다.

II. 행동이론

1930년대부터 인간적인 측면을 강조하는 새로운 이론이 등장하였는데 이러한 이론을 행동이론이라 한다. 행동이론은 인간관계론적 접근방법과 행동과학적 접근방법으로 분류되었다.

1. 인간관계론

현대는 기계화에 의한 생산성이 중요한 문제이기는 하지만, 이러한 기계를 작동시키는 것은 사람이기 때문에 직무상 사람의 태도나 능력이야말로 조직의 목표를 달성하는 가장 중요한 요인 중 하나라고 할 수 있다. 이렇게 생산성의 향상에 있어서 인간적인 요인이 크게 작용한다는 것은 여러 실증적인 연구를 통해 증명되었다. 이러한 결과 인간관계론(human relations)은 바야흐로 현대산업에서 가장 중요한 경영관리의 방식이라고 인정받게 되었다. 특히, 1930년대 이후 인간관계 개선과 관련된 이론이 주목받았는데, 그 구체적인 관리기술로는 리더십, 인사상담제도, 커뮤니케이션, 모티베이션 등이 있다. 이러한 인간관계론의 시작에 많은 영향을 미쳤던 연구가 호손실험이다. 호손실험은 미국 시카고 근교에 있는 서부전기회사의 호손공장에서 산업의 능률과 인간의 관계를 규명하기 위하여 공장 간부인 페녹(Pennock)과 학자인 마요(Mayo) 등이 1924년부터 1932년까지 약 8년에 걸쳐 공동으로 조명실험, 계전기조립실험, 면접프로그램, 배전기권선관찰실험 등을 실시한 것으로 가장 잘 알려진 조명실험의 내용은 다음과 같다.

호손공장 조명실험

호손공장의 조명실험은 1924년부터 1927년까지 공장의 관리인인 페녹이 실시한 실험으로 작업 시 공장 조명의 강도와 근로자 능률 간의 관계를 연구하려는 목적으로 실시되었다. 당시의 노동능률에 관한 연구는 피로의 문제에 집중되어 있어서 연구자들은 피로에 영향을 미치는 요인 중 하나로 조명을 고려하게 되었으며, 적당한 조명강도는 근로자들의 피로를 덜어주어 능률이 향상될 것이라고 생각하였다.

이 실험에서는 먼저 같은 조건을 가지고 있는 근로자들을 두 집단으로 나누었는데, 첫째 집단은 통제집단이고, 둘째 집단은 실험집단이었다. 이후 통제집단에 대해서는 조명의 강도를 일정하게 해놓았으나 실험집단에 대해서는 조명강도를 높이거나 줄임으로써 그때의 작업성과를 측정하였다. 그러나 조명실험은 전혀 예상 밖의 결과를 도출하였는데 조명강도가 높을수록 작업의 성과가 높을 것으로 예측하였는데 이러한 가설은 검증되지 않았다.

조명의 강도를 높일수록 성과는 높아졌는데, 반대로 조명강도를 낮추어도 생산량은 여전히 증가하였으며, 근로자들의 요구로 더 높은 조명강도를 약속해 놓고 실제로는 같은 조명강도를 유지하였는데 작업능률은 더 상승하는 경향을 나타내었다. 이외에도 한 가지 중요한 결과는 통제집단의 경우에도 물리적인 조건에 변화를 주지 않았는데도 생산성이 일정한 수준으로 유지되는 것이 아니라 상승하는 경향을 나타내었다. 이에 이 실험의 연구자들은 작업시간, 높은 임금, 조명도 및 작업상의 기타 물리적인 여건과 상관없이 생산성을 증가시키는 어떤 중요한 요인이 있음을 알게 되었다.

2. 행동과학

인간행동에 초점을 두고 모든 영역에 통용될 수 있는 인간행동의 보편적인 원리를 발견하는 노력에서 비롯된 것이 바로 행동과학(behavioral science)이다. 본 부분에서는 행동과학의 여러 이론 중 맥그리거의 X이론과 Y이론을 살펴본다. 호손의 연구 외에 인간관계운동과 관련된 이론으로는 McGregor의 XY이론이 있다. McGregor는 작업자들의 태도와 행위가 경영자의 행위에 어떻게 영향을 미치는가에 따라 서로 다른 두 가지의 가정을 제안하였다. 작업자들의 행위에 대해 비판적이고 부정적으로 보는 가정은 X이론(theory X)이라 하였고, 긍정적으로 보는 가정은 Y이론(theory Y)이라 하였다. X이론과 Y이론의 가정은 다음과 같다.

1) X이론

① 작업자는 일을 싫어하고 일을 피하려고 한다.

② 경영자들은 작업자들이 열심히 일하도록 감시하고 통제하고 강요하고 위협해야 한다.

③ 작업자들은 지시받기를 좋아하고 책임을 회피하며 야망을 갖지 않고 다만 직업 안정을 원한다.

2) Y이론

① 작업자들은 일을 싫어하지 않고 오히려 생활의 일부라고 생각한다.
② 작업자들은 목적을 달성하기 위해 자극받는 것을 허용한다.
③ 작업자들은 목표를 달성하였을 때 받게 되는 보상수준에 맞는 목표를 달성하려 한다.
④ 작업자들은 좋은 조건하에서는 책임을 맡으려 한다.
⑤ 작업자들은 조직의 문제를 창조적으로 해결할 능력을 갖는다.
⑥ 작업자들은 유능하지만 그들의 잠재력은 충분히 발휘하지 않는다.

Ⅲ. 시스템이론

시스템이론(system theory)이란 1950년경 독일의 생물학자인 베르탈란피(Bertalanffy)가 여러 학문분야를 통합할 수 있는 공통적인 사고의 틀을 찾으려고 노력하며 발표한 이론이다. 베르탈란피는 과학의 발전과 기술의 발전 등으로 인하여 여러 분야의 학문들이 상호 간의 이해를 증진시키고 교류하며 발전해야 하는데, 그렇지 못하다고 생각하여 자연과학분야와 사회과학분야를 통합할 수 있는 이론으로 일반시스템이론을 발표하였다.

과학적 관리법은 효과적인 직무설계를 통하여 조직의 생산성을 극대화하는 데 초점을 맞추었으며, 인간관계론은 연구의 초점을 직무의 설계로부터 사회적 요소로 바뀌게 만들었다. 그러나 이들 이론은 인간의 행동에 영향을 미치는 요소들이 상호관계하여 작용한다는 사실을 간과하였다. 시스템이론은 인간행동의 영향요소들 간의 복잡한 상호작용의 중요성을 강조하였는데, 즉 모든 것이 다른 모든 것과 관련되어 있다는 것이다. 시스템이론은 조직이 상호 관련된 부분으로 구성되어 있고 그의 특정한 목적을 가진 통합된 시스템으로 보고 있다. 시스템이론은 조직의 여러 하위 시스템을 분리해서 취급하려는 것이 아니고 조직을 하나의 전체로서 보려는 것이다.

IV. 상황이론

상황이론(contingency theory)이란 시스템이론의 추상성을 극복하고 이를 조직이나 경영의 보다 현실적인 이론으로 변형시킨 것으로, 올바른 관리기법은 어떤 보편적인 규칙이란 없고 주위의 상황에 의존한다는 사고에 기초한 관리개념을 의미한다.

위에서 언급된 고전적, 행동적, 계량적 접근방법은 다양한 상황에서 기업을 경영함에 있어서 하나의 가장 좋은 방법을 적용하려 했기 때문에 보편적 관점이라고 한다. 하지만 상황이론은 각각의 조직은 유일하기 때문에 모든 조직에 일률적인 보편이론을 적용할 수 없다고 주장한다. 즉 어떤 상황에서 가장 알맞은 경영행위는 그 상황에 유일한 요소들에 의존한다는 것인데, 어떤 상황에서는 가장 효과적인 행위일지라도 모든 다른 상황에서 이를 일반화할 수 없다는 것이다. 모든 상황이 다르기 때문에 결과가 다르고 어떤 상황에서는 가장 효과적인 방법이 다른 상황에서는 다른 결과를 가져오는 것이다. 상황이론에 따르면 경영자의 임무란 특별한 상황에서 특별한 경우에, 특정 시점에 기업의 목적을 가장 잘 달성할 수 있는 기법이 무엇인가를 찾아내는 것이라고 할 수 있다.

최근 글로벌화, 정보화 등 급변하는 글로벌 경영환경하에서 호텔관광기업들도 지속적인 경쟁력을 확보하기 위해서는 자사의 핵심역량(core competencies)을 최대한 활용할 수 있는 경영이론을 활용할 필요가 있다고 할 수 있다.

V. 인적자원관리의 의의 및 중요성

인적자원관리의 정의는 다양하지만 여러 연구자들의 정의를 종합적으로 정리하면 인적자원관리(human resources management)란 조직목적을 달성하기 위하여 인적자원을 효율적으로 관리하기 위한 통합적 의사결정 시스템이라고 할 수 있다. 인적자원의 개념이 본격적으로 기업에 도입된 이후 여러 단계를 거쳐 발전하고 있다고 할 수 있다.

1. 인적자원의 전략적 중요성

호손공장의 실험을 계기로 인간관계론과 관련지어 이전에 비해 중요성이 커지기는 했지만, 1960년대까지만 해도 경영에 있어서 인적자원관리의 중요성은 아직 충분히 인식되지 못하였으며, 주로 생산직 종업원에게만 해당되는 부분으로 인식되는 부분이 많다고 할 수 있다. 1970년대에 들어서자 인적자원관리(human resources management)라는 용어가 등장하여 인사관리(personnel management)라는 용어를 대체하기 시작하였다. 새로운 용어인 인적자원관리는 단순한 서류작업이나 기록보존 이상을 의미하게 되었으며, 다양한 인적자원기능들이 잘 통합될 경우, 인적자원관리는 기업의 성공에 중요한 요소로 기여할 수 있다고 인식되게 되었으며, 종업원들이 기업에 있어서 중요한 자산으로 인식되게 되었다.

이러한 인적자원관리의 발전과정 이후, 최근 들어 기업들은 경쟁우위(competitive advantage)를 달성하는데, 인적자원이 핵심적인 요소임을 인식하고 사업과 부합되는 인적자원관리인 전략적 인적자원관리를 강조하게 되었다.

따라서 조직은 다음과 같은 기준을 충족할 때, 인적자원을 통하여 경쟁우위를 달성할 수 있다(Snell and Wright, 2002).

1) 가치창출

인적자원이 기업의 효율성 증진에 기여할 때 인적자원은 경쟁우위의 요인이 될 수 있다. 조직구성원들이 비용 절감하는 방법을 발견하거나 고객에게 독특한 무엇인가를 제공할 때 가치가 증대된다. 임파워먼트, 전사적 품질개선, 지속적인 업무개선 등은 조직구성원이 가치를 창출할 수 있도록 설계된 프로그램이다.

2) 희소성

조직구성원들이 경쟁사는 보유하지 못한 독특한 스킬, 지식, 능력을 지니고 있을 때 인적자원은 경쟁우위의 요소가 된다. 따라서 많은 기업들은 경쟁우위를 달성하기 위하여 최고의 인재를 채용하고 개발하려고 노력한다.

3) 모방의 어려움

종업원의 능력이나 공헌을 다른 경쟁사가 모방할 수 없을 때, 인적자원은 경쟁우위의 요인이 된다.

4) 조직화

조직구성원들이 임무에 따라 잘 배치되고 조화를 이룰 때, 인적자원은 경쟁우위의 요인이 된다.

2. 인적자원관리 전략의 개념

인적자원관리에 있어서 전략적 접근법을 선택한다는 것은 기존의 서무적 기능으로서의 인적자원관리의 내용을 운영적인 측면보다는 전략적인 측면에 초점을 맞추는 것이라고 할 수 있다. 전략적 인적자원관리는 사람관리에 가장 높은 비중을 부여하며 기업의 전략적인 틀 내에서 모든 인적자원정책과 프로그램을 통합하는 것이라고 할 수 있다. 재무, 마케팅 등 조직의 다른 기능에 관한 모든 의사결정은 조직구성원들에 의해 이루어진다는 점에서 볼 때, 인적자원관리는 사람이 조직을 형성하거나 깨뜨릴 수 있다는 것을 인정하고 있다.

전략적 인적자원관리는 조직의 전략적 목표달성을 촉진하기 위하여, 인적자원과 관련된 일관성 있고 서로 부합되는 인적자원정책과 프로그램의 개발을 의미한다. 전략적 인적자원관리는 조직의 목표를 구체적인 인간관리시스템으로 전환함으로써 조직 내 모든 인적자원관리시스템들이 전략적 의미를 갖게 한다고 할 수 있다. 구체적인 방법이나 과정은 조직마다 다르겠지만, 전략적 인적자원관리에 있어서 핵심적인 개념은 일관성(consistency)이라고 할 수 있다. 즉 모든 인적자원정책과 프로그램들이 넓게는 조직의 미션(mission)과 좁게는 조직목표(objective)를 달성하기 위하여 통합되어야 한다는 것을 의미한다(황규대, 2008, p. 42).

표 2-2 전통적 인적자원관리와 전략적 인적자원관리의 비교

구 분	전통적 인적자원관리	전략적 인적자원관리
인적자원관리에 대한 책임	전문적 스태프	라인 경영자
초점	종업원 관계	내부 및 외부고객과의 파트너십
인적자원관리의 역할	거래적, 변화추종자, 반응적	변혁적, 변화주도자, 주도적
추진방법	느리고 반응적이며 단편적임	신속하고 선행적이며 통합적임
계획기간	단기	단기, 중기, 장기
통제	관료적이며, 역할, 정책, 절차적임	유기적이며, 유연함
직무설계	노동의 분화, 전문성, 독립적임	유연하며, 팀워크, 교차훈련
주요투자	자본, 제품	사람, 지식
책임	비용	투자

자료 : Mello, 2002, Strategic Human Resources Management.

3. 인적자원관리 기능의 역할

조직에게 인적자원관리의 역할은 계속해서 변화해 왔으며, 앞으로도 시간이 지나면서 변화할 것으로 생각된다. 하지만 최근 인적자원관리의 변화 경향을 살펴보면 첫째, 운영적인 것에서 전략적인 것으로 변화하고 있다. 둘째, 단기적인 관리에서 장기적인 관리로 변화하고 있다. 셋째, 기능중심에서 사업중심으로 변화하고 있다. 넷째, 내부중심에서 외부 및 고객중심으로 변화하고 있다. 다섯째, 수동적 역할에서 주도적 역할로 변화하고 있다. 여섯째, 활동중심에서 문제해결 중심으로 변화하고 있다. 위의 언급된 내용에서 최근 경향은 인적자원기능의 단지 관리적인 의무만 수행하는 것이 아니라 조직의 조직성과 향상에 기여할 수 있다는 것을 알 수 있다. 또한, 성공적인 많은 기업들은 인적자원기능을 중요한 전략적인 부분으로 생각해서 장기적이고 변혁적인 역할을 강조하고 있다(김용구 외, 2003).

표 2-3 인적자원관리 기능의 역할

역 할	성 과	활 동
전략적 인적자원관리	전략의 실행	인적자원의 관리와 사업전략의 방향을 일치시킴
기업인프라 관리	효율적인 인프라 구축	조직 프로세스에 대한 리엔지니어링
종업원 공헌의 관리	종업원의 헌신과 역량의 향상	종업원에 대한 경청과 반응
변혁 및 변화의 관리	쇄신된 조직의 창출	변혁과 변화의 관리

자료 : 김용구 외, 2003; 황규대, 2008, p. 13 참조하여 수정 정리.

4. 인적자원관리 전략과 호텔관광인적자원관리

호텔기업은 매일 24시간, 1년 365일 동안 연중무휴로 사업을 운영하기 때문에 기업의 입장에서는 인적자원에 대한 의존도가 높으면서도 직원들의 야간수당, 휴일수당, 초과수당 등 인건비의 부담이 추가되게 된다. 직원들의 입장에서도 불규칙한 근무시간이 발생하게 되는데 교대근무·주말근무·휴일근무 등 근무시간이 불규칙하다는 부담이 있다.

특히, 호텔기업의 경우는 근무시간관리가 상당히 중요한 부분이라고 할 수 있는데, 먼저, 정규근무와 교대근무의 차이점은 교대근무하에서는 정규근무시간 외에도 지속적으로 근무가 이루어진다는 점이다. 호텔산업은 이렇게 교대근무제가 시행되는 대표적인 산업 중 하나라고 할 수 있다. 이러한 교대근무제는 일반적으로 종업원의 관점에서 분석해 보면, 야간근무에 따른 약간의 임금수준 차이 외에 특별한 장점은 없다고 할 수 있겠다. 교대근무와 관련한 교대근무의 유형은 아래 표와 같다.

표 2-4 교대근무의 유형

구 분	내 용
연속적 교대근무	24시간 연중무휴 가동, 특정시간, 예를 들면 밤이나 주말에 근무인원을 줄일 수 있다.
준연속적 교대근무	24시간 가동하거나 일주일에 5일 또는 6일만 가동한다.
2교대 근무	낮 근무조(day shift)와 밤 근무조(night shift) 2개조로 편성되어 있으며, 상황에 따라 3교대(낮근무, 저녁근무, 밤근무)로 실시할 수 있다.
중복교대 근무	정상작업보다 긴 시간의 작업 또는 기계가동을 위해 고안되었으며 정규직사원과 시간제 근무직원을 결합하여 실시할 수 있다.

호텔기업의 인적자원관리에 있어서 궁극적인 목표는 최적의 인원을 유지하고 가용 인원을 최대한 활용하여 경영목표를 달성하는 것이다. 이러한 목표를 달성하기 위해서 기업의 입장에서는 인원계획에서부터 시작하여 채용, 급여체계, 교육훈련, 직무만족, 인사고과, 노사관계 등을 포함한 인적자원관리를 성공적으로 수행해야 한다. 호텔기업의 인원계획은 제조업과 달리 어떠한 일정한 공식에 의해서 계수화하는 데 많은 어려움이 있다. 따라서 호텔의 규모와 상황에 따라 현실적인 적정인원을 산출하여 인원계획을 수립하는 것이 매우 중요하다고 할 수 있다. 인원계획 시 고려사항으로는 객실 및 부대업장의 규모, 근무교대시간, 정규직과 비정규직, 예산 등이 있다. 호텔기업의 채용과 관련하여 일반적으로 국내의 호텔기업들은 공개채용과 수시채용을 통해 직원들을 채용하고 있으며, 모집방법으로는 직접모집과 더불어 산업의 특성상 네트워크의 형성이 비교적 원활하기 때문에 연고모집이나 추천 등에 의해서 채용이 이루어지고 있다고 할 수 있다. 앞서 언급된 산업의 특성이란 우리나라의 호텔산업은 시장경쟁구조상 과점(oligopoly)에 포함된다고 할 수 있기 때문에 같은 산업군 내에서 비교적 입사와 퇴사가 빈번한 편이라고 할 수 있다.

호텔기업의 인적자원관리는 호텔경영의 목적을 달성하기 위하여 기업활동의 원동력이 되는 인간의 능력을 호텔의 장기적 전망에 따라 확보하고, 종사원 개개인의 인격을 존중하며 능력을 육성・발전시켜 조직구성원으로서의 양호한 인간관계를 유지하도록 환경 또는 장을 만들어 종사원 스스로 최대의 목적을 얻게 하여 결과적으로 호텔에 최대한 공헌할 수 있도록 하는 시스템으로 정의할 수 있으며, 호텔 인적자원관리는 종사원의 모집에서부터 퇴직에 이르기까지 종사원에 대한 문제가 제기되는 데 있어서의 관리과정을 총망라하고 있다. 인적자원의 성과는 종사원의 욕구와 동기, 태도와 행동 그리고 만족감 여하에 따라 결정되고, 경영관리에 대한 반응으로 나타나게 된다. 즉 인적자원이 부족하더라도 효율적으로 활용되면 좋은 성과를 거둘 수 있는 반면에 인적자원관리가 부실하면 아무리 우수한 인적자원을 보유하더라도 성과는 저조하게 된다(신강현・강인숙, 2006, p. 311).

5. 인적자원관리의 영향요인

인적자원관리를 실행함에 있어서 중요하게 영향을 받는 요인 중 하나가 인적자원관리의 이해관계자(stakeholder)라고 할 수 있다. 이해관계자란 인적자원관리의 효율성에 영향을 미치거나 또는 영향을 받는 사람이나 집단을 의미한다(황규대, 2008, p. 16). 이러한 이해관계자로서는 조직, 고객, 종업원, 사회, 공급자 등을 들 수 있다.

먼저, 고객 만족의 개선은 인적자원관리가 사업의 성공에 기여할 수 있는 주요 수단 중 하나라고 할 수 있다. 일반적으로 기업들은 고객만족을 위해서는 비용절감과 품질개선이 중요한 수단이라고 생각하지만, 고객들은 이외에도 좋은 품질의 서비스에 민감하게 반응한다고 할 수 있다. 특히, 호텔이나 항공사 등과 같이 고객을 직접 응대하는 일선 서비스산업 종업원들의 태도에 민감하게 반응한다고 할 수 있다.

또한, 공급자(supplier)란 기업이 사업을 수행하는 데 필요한 자원들을 제공하는 조직을 의미하는데, 대부분의 조직은 공급자들로부터 사업에 필요한 다양한 인적, 물적, 정보적 자원을 제공받는다. 따라서 기업이 제공하는 제품이나 서비스의 품질을 향상시키기 위해서는 공급자와 원활한 관계를 유지해야만 한다. 인적자원관리와 관련된 이해관계자들과 관련된 내용은 아래 표와 같다.

표 2-5 인적자원관리와 관계된 이해관계자의 내용

구 분	내 용		
조직구성원	- 공정처우 - 고용안정	- 만족 / 사기 - 보건 · 안전	- 임파워먼트
고객	- 서비스 품질 - 저비용	- 제품의 질 - 책임	- 신속성 / 반응성
조직 및 주주	- 생산성 - 적응력	- 이윤 - 경쟁우위	- 생존
사회	- 법적 규제 - 환경	- 사회적 책임	- 윤리
전략적 사업 파트너	- 공급자	- 노조	- joint venture 파트너

자료 : 황규대, 2008, p. 17.

제 3 장 직무관리의 이해

기업에서 직원들이 맡아서 하는 일들을 우리는 작업(work), 과업(task), 직무(job) 등의 여러 가지 용어로 부르고 있다. 또한, 기업에는 여러 가지 업무가 모여서 하나의 업무를 완성하는 일이 많기 때문에 한 사람이 여러 가지 일을 맡아서 하기도 하고 여러 사람이 각자 한 가지씩 업무를 나누어서 수행한 다음 그 업무를 합하기도 한다. 어떤 경우에는 비슷한 일을 하는 사람이 모여서 하나의 부서가 형성되고 그 비슷한 부서 직무끼리 모아서 그보다 상위개념의 직무를 통합하여 기업차원의 하나의 상위 직무를 완성하게 된다. 그러므로 한 기업의 직무는 개인단위의 직무, 부서단위의 직무, 조직단위의 직무로 나누어서 생각할 수 있다.

직무관리(job study)란 직무를 어떻게 규정하고 설계할 것인가 등의 문제를 다루는, 다시 말해 직무의 체계적이고 합리적인 관리를 말한다.

직무관리는 직무분석(job analysis), 직무평가(job evaluation), 직무설계(job design)로 구성된다. 호텔기업에서의 직무는 객실업무, 식음료업무, 하우스키핑업무, 회계업무 등 여러 업무로 구성되어 있다.

직무와 관련된 용어들을 정리해 보면 <표 3-1>과 같다.

[표 3-1] 직무관련 용어 정리

구 분	내 용
직군(job family)	직무들의 집단으로 일반적으로 기능에 따라 분류되며, 생산, 재무, 마케팅, 회계 등과 같이 분류된다.
직종(job category)	직군 내 혹은 직군 간에 있는 포괄적인 직함이나 직종에 따른 직무들의 집단을 의미한다.
직무(job)	과업이나 과업차원이 유사한 직위들의 집단을 의미한다.
직위(position)	한 개인에게 할당되는 업무들을 구성하는 과업 혹은 과업차원들의 집단을 의미한다.
과업(task)	직무수행을 위하여 논리적이고 필수적인 단계들인 업무활동을 형성하는 요소들의 집단으로 위에서 언급된 업무들은 차별화되어 구분이 가능해야 한다.
요소(element)	업무가 개별적인 동작, 이동, 정신적 과정들에 대해 분할될 수 있는 가장 작은 단위를 의미한다.
책임(responsibility)	주어진 과업과 임무를 수행할 종업원의 의무
임무(duty)	직무에서 주어진 책임을 수행하기 위한 과업

이렇게 인적자원관리의 중요한 토대가 되는 직무관리(job study)는 직무분석(job analysis), 직무설계(job design), 직무평가(job evaluation)로 구성된다.

인적자원관리에 있어서 직무관리의 중요성은 매우 크다고 할 수 있는데, 그 이유는 직무관리와 사람관리가 연결되어 있는 부분이 많기 때문이다. 예를 들어 직무분석, 직무설계, 직무평가 모두 인적자원 확보, 인적자원의 개발과 유지, 인적자원 보상, 인적자원 방출 등의 사람관리와 밀접한 관계가 형성되어 있다고 할 수 있다.

I. 직무분석

1. 직무분석의 개념 및 목적

직무분석(job analysis)은 1960년대부터 미국에서 시작되었다고 할 수 있는데, 미국은 유럽과 달리 숙련공의 수가 적은 편이었고, 1900년대부터 산업이 급속도로 기계화되자 기능공 중심의 직종이 분해되어 한 직업 내에서 직무 수가 많아져 이전과 같이 직종명만으로는 직무의 내용을 알 수 없게 되었다. 따라서 인적자원관리의 기초적 정보의 하나로 배분된 일의 내용이나 특징, 요건 등을 명확하게 해주는 절차로서 직무분석의 개념이 도입되었다.

직무분석의 실질적인 의의는 직무의 기본요소인 무엇(what)을, 왜(why), 어떻게(how), 어디서(where), 누가(who) 수행할 것인가를 명확하게 하고 그 직무의 성질을 결정함으로써 합리적인 채용기준을 설정하고, 종업원을 적재적소에 배치하기 위한 정확한 자료와 교육훈련의 기초자료를 제공하며, 노동력을 유용하게 이용하여 적정임금수준의 결정과 직무의 상대적 가치를 결정하는 자료를 제공하는 데 있다(원융희 외, 2004, p. 121). 따라서 직무분석을 정의해 보면 연구자들에 따라 약간 차이가 있기는 하지만, 특정한 직무의 내용과 직무를 수행하는 데 요구되는 직무수행자의 행동, 정신적·육체적 능력 등 직무를 수행하기 위한 자격요건을 밝히는 체계적인 과정이라고 정의할 수 있다.

호텔관광기업을 포함한 여러 기업에는 많은 직무들이 있는데 각각의 직무들이 어떤 일인지, 어디서, 언제, 왜 하는지, 그 직무의 작업환경은 어떠하며 그 직무를 수행할 사람의 자격과 기술은 어느 정도를 원하는지 파악하는 것이 직무분석(job analysis)이다. 즉 기업들은 직무에 관한 정보를 수집하면서 그 직무에 관한 정보와 그 직무를 맡은 사람에게 요구되는 능력과 의무 등에 관한 정보를 수집하는 것이다. 위의 내용들을 정리하여 직무분석의 목적을 나누어 보면, 인적자원의 채용관리를 위한 직무분석, 인적자원의 교육 및 훈련을 위한 직무분석, 인적자원들의 임금관리를 위한 직무분석, 조직관리를 위한 직무분석 등으로 나누어볼 수 있다.

직무분석은 직무를 담당하는 사람과 직무에 대한 정보를 수집하는 사람이 서로 다르기 때문에 실무자들의 적극적인 협조 없이는 정확한 정보를 얻기 어렵다.

2. 직무분석방법

직무분석을 하기 위해서는 먼저 정보의 수집이 필요하며, 이러한 정보의 수집을 위해서는 몇 가지 방법을 선택하여 사용할 수 있다. 직무분석방법으로는 경험법(experience method), 관찰법(observation method), 면접법(interview method), 질문지법(questionaire method), 기록법(employee recording method) 등을 사용할 수 있으며, 직무분석의 목적, 직무의 특성, 기업의 상황 등을 고려하여 기업에게 가장 적합한 방법을 사용하면 된다. 첫째, 경험법은 그 직무를 직접 경험해 보는 방법이다. 이러한 경험법을 호텔기업의 직무분석에 적용시켜 보면 벨(bell)업무는 일반적으로 어느 정도 이상의 강인한 체력이 필요하기 때문에 여성보다는 남성에게 적합한 업무라고 할 수 있다. 경험법은 그 직무에 대해서 자세하고 깊이 있게 파악할 수 있지만 시간과 비용이 많이 소요되며 현실적으로 실행하는 데 어려움이 따른다.

다음은 관찰법이 있는데, 관찰법은 해당 직무를 수행하는 직원 옆에서 직접 관찰해 보는 방법이다. 하지만 정신적인 직무인 경우 관찰에 한계가 있으며 관찰시간도 많이 걸리고 옆에서 관찰하고 있으면 작업자가 가식적으로 행동할 수 있다는 한계점이 있는 방법이다. 호텔기업에서 관찰법을 적용하기 적당한 업무는 객실청소 등과 같이 직무시간이 짧은 업무에 적당하다고 할 수 있다.

관찰법은 관찰자가 실제 작업에 참여하는 참여적 관찰(participative observation)과 관찰자가 작업집단에 아무런 역할을 담당하지 않는 비참여적 관찰(nonparticipative observation)로 구분할 수 있다.

면접법은 직접 질문을 통한 면접을 통해 정보를 수집하는 방법이며, 질문지법은 질문지를 통해 정보를 수집하는 방법인데, 일반적으로 기업에는 수많은 직무가 있고 조사원의 숫자는 제한적이기 때문에 한번에 질문지를 배포하여 자신이 맡은 직무에 관해 응답하도록 하는 방법이 자주 사용되는 직무분석방법이라고 할 수 있다. 마지막으로 기록법은 작업일지의 작성과 같이 작업자가 자신의 직무를 완료한 후에 기록한 것을 토대로 하여 직무를 분석하는 방법이다.

직무정보 수집방법별 장점과 단점은 아래 표와 같다.

표 3-2 직무정보 수집방법별 장 · 단점

구분		내용
경험법	장점	- 직접 경험을 하기 때문에 방법에 대한 이해가 빠름
	단점	- 시간과 비용이 다른 방법에 비해서 많이 소요됨
관찰법	장점	- 다른 방법에 비해 정보의 수집이 비교적 쉬움 - 직무수행시간이 짧은 직무에 적당한 방법임 - 가장 일반적인 직무정보 수집방법임
	단점	- 정신적인 직무 등 관찰이 불가능한 직무에는 활용이 제한적임 - 직무수행시간이 긴 직무에는 적합하지 않음 - 종업원의 직무수행에 지장을 줄 수 있음 - 다수의 관찰자가 동원되지 않는 이상 신뢰성과 타당성 문제가 제기될 수 있음 - 피관찰자인 종업원의 의도적인 가식적 행동이 나타날 수 있음
면접법	장점	- 종업원으로부터 직접적인 정보가 수집되므로 실질적인 정보가 수집될 수 있음 - 정신적인 직무에 관한 정보수집방법으로도 유용하게 활용될 수 있음 - 직무수행시간이 장기화되는 직무에도 적용이 가능함
	단점	- 직무수행자의 이해에 영향을 미치므로 정보가 왜곡되어 전달될 수 있음 - 면접자의 역량에 따라 정보의 질이 달라질 수 있음 - 상대적으로 다른 정보수집방법에 비해 많은 시간이 소요됨

구 분		내 용
질문지법	장점	- 상대적으로 다른 방법에 비해 짧은 시간에 정보를 수집할 수 있음 - 여러 직무의 정보를 수집하기에 적당한 방법임
	단점	- 질문지를 작성하는 데 시간과 비용이 많이 소요되는 편임 - 질문해석상의 오류로 부정확한 정보가 제공될 수 있음 - 종업원의 의도적 왜곡이 있을 수 있음
기록법	장점	- 종업원이 직접 기록한 일차적인 정보이므로 다른 정보수집방법에 비해 신뢰성이 높음 - 다른 방법으로는 수집하기 어려운 정보수집이 가능함
	단점	- 포괄적인 정보를 수집하는 방법으로는 한계가 있을 수 있음 - 작업자기록이 존재하지 않은 직무에는 적용할 수 없음

3. 직무분석에 대한 결과와 분석

위에서 언급한 바와 같이 직무분석을 통해서 확인한 내용으로 직무기술서(job description)와 직무명세서(job specification), 성과기준, 보상요소, 직무분류 등을 작성할 수 있는데, 직무기술서란 직무를 있는 그대로 기술해 놓은 것으로, 예를 들면, 직무명칭, 수행임무와 책임, 직무환경 등에 관하여 일목요연하게 정리해 놓은 것이다. 직무명세서는 해당 직무를 효율적으로 잘 수행하기 위하여 담당자가 갖추어야 할 자격과 능력의 상세한 직무요건을 나열해 놓은 것을 의미한다. 호텔기업들도 이러한 직무분석에 대한 결과로서 각각의 직무에 대한 직무기술서와 직무명세서를 작성할 수 있다. 직무분석을 통한 주요 결과물에 대한 내용은 다음과 같다.

표 3-3 직무분석을 통한 주요 결과물의 내용

구 분	내 용
직무기술서	작업자가 무엇을, 언제, 어떻게, 어디서 작업을 수행하는지에 관한 직무의 전반적인 기술서
직무명세서	직무담당자에게 요구되는 지식, 스킬, 능력 및 기타 특성에 관한 요건과 관련된 명세서
성과기준	직무성과를 평가하는 척도
보상요소	보상의사결정에 근거로 사용되는 직무와 개인의 특성
직무분류	직무, 작업자 및 환경특성에 따른 직무의 집단화

4. 직무보상의 측정

직무분석의 직무보상접근법은 직무의 외재적 보상(extrinsic rewards)과 내재적 보상(intrinsic rewards)을 추론하는 과정이다. 직무분석에 있어서 직무보상접근법은 비교적 최근의 연구들이고 제한적이라고 할 수 있다. 따라서 직무분석의 직무보상접근법을 적용하기 위해서는 직무와 관련이 있거나 개인이 경험하는 보상목록을 가지고 측정하는 것이 편리한데, 보상법에는 직무진단조사(Job Diagnostic Survey : JDS)와 미네소타 직무기술설문(Minnesota Job Description Questionnaire : MJDQ)이 있다.

1) 직무진단조사

직무진단조사(JDS)는 종업원의 관점에서 직무 그 자체의 측면을 측정하기 위해 설계되었는데, 인적자원결과는 종업원의 심리상태에 의해 영향을 받는다는 이론이 이 조사의 기초가 되었다. 또한, 심리상태는 직무 자체에 포함되어 있는 핵심직무차원에 의해 영향을 받는다.

2) 미네소타 직무기술설문

미네소타 직무기술설문지(MJDQ)는 해당 직무의 상급자에 의해서 작성되며, 21개 보상이 해당 직무에 존재하는 정도에 따라 서열을 매기도록 되어 있다. 한편, 직무진단조사는 내재적 보상에 초점이 맞춰져 있고, 미네소타 직무기술설문지는 내재적 보상과 외재적 보상 모두 포함되어 있으며, 그 내용은 아래 표와 같다.

표 3-4 MJDQ와 JDS에 의한 평가 보상

MJDQ	JDS
1. 능력활용(ability utilization)	1. 스킬다양성(skill variety)
2. 성취(achievement)	2. 과업정체성(task identity)
3. 활동성(activity)	3. 과업중요성(task importance)
4. 진보성(advancement)	4. 자율성(autonomy)
5. 권한(authority)	5. 직무의 피드백(feedback from the job)
6. 기업의 정책 및 절차(company policies and procedures)	6. 대리인의 피드백(feedback from the agents)
7. 보상(compensation)	7. 타인과의 관계(dealing with others)
8. 동료(co-workers)	
9. 창의성(creativity)	
10. 독립성(independence)	
11. 도덕적 가치(morale values)	
12. 인정(recognition)	
13. 책임(responsibility)	
14. 안정(security)	
15. 사회적 서비스(social service)	
16. 사회적 지위(social status)	
17. 감독 및 인간관계(supervision-human relations)	
18. 감독 및 기술(supervision-technical)	
19. 다양성(variety)	
20. 작업조건(working condition)	
21. 자율성(autonomy)	

II. 직무설계

1. 직무설계의 개념

직무분석이 기존의 직무를 그대로 분석함으로써 기업의 인적자원관리를 위한 정보 수집을 목적으로 하는 반면, 직무설계는 기계적 · 구조적 관점에서뿐만 아니라 동기부여적 관점에서 직무의 내용을 개선하고 효율성(efficiency)을 높이기 위한 목적으로 실시되므로 직무를 다시 설계(job redesign)하는 의미를 지닌다고 할 수 있다.

다시 말해서 직무설계(job design)는 하부단위 과업들을 서로 연결시키고 짜맞추는 작업을 의미한다.

2. 직무설계의 접근방법

관리자들은 다양한 방법으로 직무를 설계할 수 있는데, 직무설계와 관련해서는 경영학, 심리학, 공학 등 다양한 분야에서 여러 가지 접근법이 연구되었는데, 이러한 연구들은 기계적 접근법(mechanistic approach), 동기적 접근법(motivational approach), 생물학적 접근법(biological approach), 지각운동접근법(perceptional motor approach) 등으로 분류할 수 있다.

1) 기계적 접근법

기계적 접근법은 능률의 극대화에 초점을 맞춘 접근방법으로, 과업의 전문화, 단순화, 표준화를 통하여 직무를 설계함으로써 누구든지 신속하게 훈련을 받아 업무를 수행할 수 있도록 하는 방법이다. 기계적 접근법의 예로는 과학적 관리법을 들 수 있는데, 과학적 관리법은 직무를 단순하게 설계함으로써 조직은 개별 종업원에 대한 의존성을 줄일 수 있게 된다.

2) 동기적 접근법

동기적 접근법은 심리적 의미와 동기유발 잠재력에 초점을 두며 만족, 내재적 동기유발, 직무몰입과 같은 태도변수와 성과와 같은 행동적 변수를 직무설계의 중요한 결과변수로 간주하게 된다. 동기적 접근법은 직무확대(job enlargement), 직무충실화(job enrichment) 등의 직무설계방법을 통하여 직무의 복잡성을 증대시키는 역할을 한다.

3) 생물학적 접근법

생물학적 접근법은 인간의 신체가 작용하는 방식에 따라 물리적 작업환경을 구조화함으로써 작업자의 신체적 피로를 최소화하며, 작업자의 건강에 초점을 맞추는 접근법이라고 할 수 있다.

4) 지각운동접근법

지각운동접근법은 인간의 정신적 수용능력과 한계에 초점을 맞추고 있는 접근방법으로, 지각운동접근법의 목표는 작업이 인간의 정신적 수용능력과 한계를 초과하지 않도록 직무를 설계하는 것이다.

3. 직무설계방법

전통적인 직무설계는 단순화, 표준화, 전문화함으로써 생산의 효율성과 경제적 합리성만을 추구했으나 결과적으로 직무 담당자의 불만과 소외감만을 증대시켰다. 이러한 결과를 바탕으로 작업자들에게 인간적인 만족감을 주어야 한다는 취지하에 직무를 효율중심이 아닌 인간 중심으로 재설계하는 움직임이 일어났는데, 이러한 시도도 종업원들의 근로의욕을 고취시켜 생산성을 향상시키려는 취지에서 시작되었다고 할 수 있다.

이러한 직무설계방법은 양적 직무확대와 직무충실화, 직무특성이론 등으로 나누어서 살펴볼 수 있다.

1) 양적 직무확대

양적 직무확대 관점에는 직무순환(job rotation)과 직무확대(job enlargement) 등이 있다. 직무순환은 작업자들이 완수해야 하는 직무는 그대로 놓아둔 채 작업자들의 자리를 교대로 이동시키는 방법이다. 직무확대는 한 개인이 다루는 작업의 종류가 다양할수록 만족도가 증가한다는 연구결과에 착안하여 직무를 분담시킬 때 한 사람에게 한 가지 작업만 맡기는 것이 아니라 두 가지 이상의 작업을 맡기는 것을 의미한다. 하지만 직무확대를 한 경우에도 작업자는 각각의 직무에 대한 담당시간이 짧아서 새로운 문제점이 생길 수 있으며, 이러한 문제점에 대비하기 위해서 두 가지 이상의 작업을 묶어서 하나의 직무로 만들어 놓고 다른 직무담당자와 직무순환식으로 교대시키는 방법이 있다.

2) 직무충실화

양적 직무확대를 통해 작업자들이 느낄 수 있는 문제점이 해결되는가 했는데, 이러한 방법도 근본적인 해결책은 아니었기 때문에 1950년대부터는 장기적인 직무설계방법으로 작업자들이 맡은 업무를 직접 구상하고 조직 · 통제 · 평가하게 하는 권한과 책임을 부여하게 되었는데 이를 직무충실화(job enrichment)라고 한다. 이러한 직무충실화를 통해서 작업자들은 자율성이 증대되어 동기부여 수준이 높아지고 성취감을 가질 수 있다.

하지만 직무충실화가 X이론형 작업자에게는 자율과 책임을 마구 부여하는 부작용이 있을 수 있기 때문에 직무특성이론의 출현배경이 되었다.

3) 직무특성이론

직무특성이론은 Hackman and Oldham의 연구로 아래와 같은 특성을 가질 때 작업자들이 상위 욕구를 충족할 수 있다고 하였다.

(1) 의미성

직무는 그 자체로서 담당자에게 큰 의미를 줄 수 있어야 하고 중요하다는 인식을 주어야 한다. 이러한 목적을 위해서는 다음과 같은 부분이 필요하다고 할 수 있다.

가) 기술다양성

기술다양성(skill variety)이란 직무는 직무담당자가 보유하고 있는 다양한 기술이나 지식이 최대한 많이 사용될 수 있도록 설계되어야 한다는 의미이다.

나) 직무정체성

직무정체성(task identity)이란 직무담당자 본인이 수행하는 직무가 전체적인 큰 틀(framework)에서 수행되는 것임을 인지하게 한다는 의미이다.

다) 직무중요성

직무중요성(task significance)은 직무담당자 자신이 수행하는 직무가 매우 중요한 직무이며 다른 종업원들의 직무에 많은 영향을 미친다는 느낌을 갖게 한다는 의미이다.

(2) 책임성

책임성(responsibility)이란 직무를 수행하는 담당자가 자신의 직무에 대해서 책임감을 가지고 업무를 수행해야 하는데, 그러기 위해서는 많은 자율성을 직무담당자에게 부여하는 것이 중요하다고 할 수 있다.

(3) 피드백 가능성

직무담당자가 자신이 수행한 직무의 완성도를 평가할 수 있게 하는 것도 많은 도움이 될 수 있다. 이를 위해 필요한 부분이 기술다양성, 직무정체성, 직무충실성, 자율성, 피드백(feedback) 등인데, 이러한 것들에 대해서 직무설계 시 고려할 수 있는 부분은 다음과 같다.

가) 직무의 조합

여러 직무를 조합하여 같이 수행하게 되면, 기술다양성과 직무정체성을 많이 느낄 수 있다.

나) 직무의 주체

직무수행자가 직무의 주체라는 인식을 갖게 되면 본인이 수행하는 직무에 대한 책임감과 중요성을 느낄 수 있게 된다.

다) 고객관계

직무담당자가 본인이 수행하는 직무와 관련하여 고객들과의 많은 관계를 형성하면 그 직무에 대한 자율성, 피드백 등이 상승된다.

라) 권한위임

직무수행자에게 권한을 위임시켜 동기를 부여할 수 있다.

마) 피드백 구조의 장치

동료나 상사 등에게 피드백을 받게 되면 결과를 평가하는 데 도움이 될 수 있다.

한편, 직무 동기유발 잠재력지수(Motivational Potentional Score : MPS)는 직무특성모형에서 제시된 핵심직무특성의 작업자가 수행하는 직무의 잠재적인 동기유발 정도를 측정하는 데 사용되며, 공식은 다음과 같다.

$$\text{MPS} = \frac{\text{스킬다양성} + \text{과업정체성} + \text{과업중요성}}{3} \times \text{자율성} \times \text{피드백}$$

4) 목표설정이론

직무를 설계할 때 달성해야 할 최종 목표수준을 미리 정해 놓을 뿐만 아니라 직무 수행 단계와 기간 등 직무를 수행하면서 일어날 수 있는 모든 절차와 대안을 정해 놓고 직무를 수행하게 되면 직무에 대한 동기부여 수준이 높아져 더 좋은 성과를 올릴 수 있는 방법이라는 이론이 목표설정이론이다.

이러한 목표설정을 위해서 구체성, 도전성, 수용성, 참여도 등이 있으며, 이와 관련된 내용은 다음과 같다(임창희, 2005, p. 91).

(1) 구체성

조직이 요구하는 혹은 상급자가 기대하는 목표가 무엇인지 작업자가 알 수 있도록 구체적이고 명확해야 하는데, 그 목표가 구체적이기 위해서는 첫째, 가능한 한 계량화와 수치화가 필요하고, 둘째, 그 목표는 기록되어야 한다. 셋째, 장기적인 것보다 단기적인 것으로 세분화하여야 한다. 넷째, 기간, 절차, 방법이 명시되어야 한다.

(2) 도전성

목표가 너무 쉬우면 도전정신도 안 생기고 관심과 흥미를 잃기 쉬우므로 담당자의 능력수준보다 약간 어려운 것이 좋다.

(3) 수용성

목표수준이 너무 어렵거나 목표설정 시 담당자가 직접 참여하지 않으면 그것을 받아들이려 하지 않기 때문에 담당자와 상의하면서 설정하는 것이 좋다. 목표가 설득되고 업적에 대한 보상도 명백하게 이해될 수 있어야 그의 노력이 커지게 된다.

(4) 참여도

목표설정과정과 중간평가과정에 담당자의 의견을 참여시키거나 그에게 선택권을 준다면 목표달성에 대한 직무담당자의 관심도를 높여줄 수 있다.

4. 직무설계와 자율성

직무특성이론에서 언급된 바와 같이 종업원들의 자율성(autonomy)은 종업원들이 직무를 수행하는 데 중요한 요인 중 하나라고 할 수 있다. 자율성의 개념은 Hackman and Oldham(1980) 등에 의해 작업장에서의 몰입을 증대시키고, 작업장을 인간화시키려는 노력에 의해 직무설계분야로부터 구체화되기 시작하였다. 하지만 Breaugh(1985)는 이와는 개념적으로 달리 직무차원을 분리하고 구체화시킴으로써 자율성에 관한 정의를 자세히 하였다. 즉 자율성을 작업목표, 작업방법, 작업 일정계획에 대한 작업자의 자유재량 또는 선택의 정도라고 정의하였다.

이러한 정의에는 자율성의 세 가지 측면들이 포함되어 있는데, 작업목표의 자율성은 작업자들이 그들의 목표를 설정하거나 수정하는 데 보유하는 자유재량 또는 선택의 정도를 말하는 것이고, 작업방법의 자율성은 개인들이 그들 작업을 수행하면서 활용하는 절차 또는 방법들에 대해 가지는 자유재량 또는 선택의 정도를 나타낸다. 마지막으로 작업일정계획의 자율성은 작업자들이 그들 작업활동들의 일정계획, 작업순서, 시기 등을 통제할 수 있다고 느끼는 정도를 의미하는 것이다(정성한, 2000).

1) 자율성의 필요성

현대 기업에서 작업자는 그의 직무를 수행하는데 자율성이 매우 필요한 요인이 되고 있다. 왜냐하면, 현대의 기업은 빠른 속도로 정보화, 글로벌화됨에 따라 경쟁자와의 경쟁이 더욱 치열해지고, 소비자의 욕구가 점점 다양화, 고급화됨에 따라 이에 부응하고, 생산된 제품을 적기에 공급하기 위해서는 종업원이 자율성을 갖고 직무를 수행하지 않을 수 없기 때문이다. 또한, 현대 기업의 작업자는 복잡하고 고난도의 직무를 수행하고 있기 때문에 기업의 관리자는 이러한 작업자를 전통적인 명령과 통제로써 관리할 수 없고, 개인이나 팀 또는 조직에게 업무를 자율적으로 수행하도록 위임하는 정도가 점점 늘어나고 있다.

또한, 종업원은 자율성을 통하여 소비자의 요구에 빠르게 대응할 수 있으므로 다양한 서비스를 제공하고 나아가 적극적 투자를 통해 규모의 경제 및 범위의 경제를 동시에 이룰 수 있다(박성환, 2000).

2) 통제와 자율성

Ouchi(1977)는 통제를 한 조직 실체가 다른 실체의 행동과 결과에 다양한 수준으로 미치는 힘이라고 정의하였다. Robinson(1973)은 통제란 전략결정을 기업목표와 합치되도록 정해진 권한에 의해 이루어지게 하고, 전술적 결정은 선택된 전략과 일치하게 하고 실제적 운용은 조화를 이루도록 하기 위해 고안된 도구라고 하였다.

특히, 위에서 언급된 정의와 같이 통제는 기업에게 매우 중요한 문제인데, 특히 지리적으로 분산되어 있고, 사회 · 문화 · 정치 · 법률적으로 다른 환경에서 기업활동을 수행하는 다국적기업들에게는 더욱 중요한 문제라고 할 수 있다.

세계적인 브랜드를 가지고 호텔산업을 운영하는 체인호텔들도 전 세계적으로 분포되어 있는 자사의 호텔체인들을 관리해야만 하는데, 이러한 관점에서 호텔기업들에게도 통제의 문제는 매우 중요하다고 할 수 있다.

기본적으로 다음에 언급될 인적 통제시스템, 관료적 통제시스템, 사회화에 의한 통제 · 행동통제 · 성과통제 등의 통제유형은 기업에서 인적자원관리를 위한 이론이라고 할 수 있다.

하지만 호텔기업 중 브랜드 파워를 기반으로 전 세계에 걸쳐 시장점유율을 차지한 많은 기업들은 글로벌기업들인데, 이러한 글로벌기업들의 통제와 관련한 연구들을 살펴보면 다음과 같다.

(1) 인적 통제시스템

Child(1973)는 다국적기업의 본사가 해외자회사를 통제하는 유형을 크게 인적 통제시스템과 관료적 통제시스템으로 나누었는데, 인적 통제시스템은 자회사의 활동을 감독하고 행동을 통제하기 위하여 자회사의 주요 직책에 본사의 신뢰할 만한 관리자를 파견하는 것을 말한다. 호텔기업의 경우 General Manager와 같은 Top Management 수준에서의 관리자들을 본사에 파견하여 이러한 통제시스템을 구축할 수 있다.

(2) 관료적 통제시스템

관료적 통제시스템이란 다국적기업의 본사가 자회사 관리자의 역할과 권위를 제한할 목적으로 광범위한 규칙(rule)이나 규정(regulation) 및 절차를 수립하여 통제하는 시스템을 의미한다.

(3) 사회화에 의한 통제

Edstrom and Galbraith(1977)는 Child가 언급한 인적 통제시스템과 관료적 통제시스템 이외에 새로이 사회화에 의한 통제(control by socialization)란 개념을 주장하였는데, 그 내용을 살펴보면, 사회화에 의한 통제의 특징은 자회사의 상급 및 중간관리자처럼 본사에서 파견한 관리자의 비율이 높으며, 본사 및 자회사 사이에서 정보교환이 빈번히 이루어지고 공식적인 보고서 작성을 통한 통제보다는 비공식적인 통제를 통한 인적 통제가 중요시된다는 것이다.

(4) 행동통제

Egelhoff(1984)는 Ouchi의 이론을 다국적기업에 적용하였는데, Ouchi는 통제를 행동통제(behavioral control)와 성과통제(output control)로 분류하였다. 행동통제는 감독자 자신이 스스로 하급자의 행동을 감시(monitoring)하고 평가하는 것으로서 여기서의 측정 대상은 개인의 행동이 된다.

(5) 성과통제

성과통제는 판매 및 수익에 관한 자료가 업무통제를 위해 사용되는 정도를 감시하는 것으로서, 여기서의 측정 대상은 그 행동의 결과로서 산출되는 재화와 용역이 된다. Egelhoff는 행위통제 및 성과통제에 대한 이들 개념을 다국적기업에로 확장시켜 성과보고시스템(performance reporting system)과 본사 관리자의 해외자회사 파견과 같은 자회사 통제방법을 주장하였다.

성과보고시스템을 통해 해외자회사들은 본사에 다양한 자료를 제출하게 되는데, 다국적기업에 있어 가장 가시적인 통제시스템이라고 할 수 있으며, Ouchi의 연구에서 성과통제에 해당되는 개념이다.

본사관리자의 해외자회사 파견이란 다국적기업 본사관리자들을 자회사의 주요 직책에 파견하는 것으로, 파견된 본사 관리자들은 자회사 내부의 활동 및 행동을 평가하고 감시하므로 Ouchi의 연구에서 이것은 행동통제와 같은 개념이라고 할 수 있다.

(6) 직접통제

Youssef(1975)는 자회사의 의사결정과정에 본사가 직접적으로 영향을 미치는 정도에 따라 통제를 직접통제(direct control)와 간접통제(indirect control)로 분류했다. 직접통제는 본사 파견자에 의한 해외자회사 경영이라는 점에서 그 특징이 있는데, 이는 자회사 최고경영자의 국적 및 자회사 최고경영자의 선발 및 훈련 시 본사의 영향력에 의해 측정된다.

(7) 간접통제

간접통제는 표준적인 관리시스템에 의한 통제라는 점에서 그 특징을 발견할 수 있는데, 이는 여러 해외부문 사이의 조직구조, 회계절차, 작업흐름, 제품설계상의 표준화 정도를 조정함으로써 통제할 수 있다.

5. 다국적기업의 직무설계와 자율성

위에서 언급된 다국적기업의 통제에 관한 여러 선행연구들과 같이 다국적기업들의 통제과정을 높이는 통합의 압력으로는 현지 환경 및 경쟁자, 연구개발을 포함한 막대한 투자와 비용절감의 압력 등을 들 수 있다. 따라서 다국적기업들은 현지시장에서 기업을 운영하기 위해서는 대규모 투자가 불가피하고 경쟁자들보다 먼저 경쟁우위를 확보하기 위하여 규모의 경제와 글로벌 효율성을 추구하게 된다. 그러나 이러한 본사 중심의 통제는 현지에서의 다양한 시장변화에 대응하려는 자회사의 욕구를 충족시키지 못한다.

따라서 자회사의 자율성 문제가 생겨나게 되는데, Cray(1984)는 자회사의 환경이 본사와 이질성이 커 환경에 대한 융통성이 필요한 경우와 통제비용이 클 경우에 자회사의 자율성이 높아진다고 하였다. 더불어 다국적기업은 글로벌화와 현지화의 압력을 동시에 받으면서 자회사에게 어느 정도의 의사결정권한을 부여할 것인지의 문제인 자회사 자율성 문제는 매우 중요한 주제가 되고 있다. 특히, 호텔관광기업들을 포함하여 기업들의 글로벌화가 가속화되면서 다국적기업 자회사의 자율성은 더욱 중요한 문제로 대두되고 있다.

6. 자율성과 성과

기업의 입장에서는 기업의 성과가 가장 중요한 부분이기 때문에 자회사의 자율성 정도가 자회사 성과에 미치는 영향은 매우 중요한 주제라고 할 수 있다. 기존의 다국적기업 성과와 관련된 연구들은 다국적기업 전체의 성과와 관련된 연구들이 대부분이었으나, 최근에는 다국적기업 자회사의 역할 및 비중이 증가하면서 자회사만의 성과와 관련된 연구들이 시작되는 시점이라고 할 수 있다.

조직이론에서는 종업원들의 자율성과 임파워먼트가 기업 성과에 미치는 영향과 관련된 연구들이 일부 진행되었지만, 세계적인 유명 체인호텔기업들과 같은 다국적기업의 자율성과 그 성과와의 관계에 관한 연구는 거의 이루어지지 않은 상황이다.

조직이론적인 관점에서 종업원들의 자율성은 기업의 불확실성과 복잡성에 대응하여 보다 신속하고 유연하며, 혁신적으로 대응할 수 있다는 것을 의미한다. 또한, 자율성은 종업원의 내재적 동기부여에 의해 그들이 가지고 있는 다양한 잠재능력을 최대한 활용할 수 있는 기회를 제공해 줌으로써 조직의 핵심역량을 배양시킬 수 있는 주요 요소로 간주되고 있기도 하다.

위의 이론을 다국적기업의 본사와 자회사의 관계에 적용시키면 본사가 자회사에 높은 정도의 자율성을 부여하면 자회사들이 현지 시장환경에 적합한 운영을 할 수 있도록 기회를 제공해 줌으로써 자회사의 핵심역량(core competencies)을 배양시킬 수 있다. 이렇게 핵심역량을 보유한 자회사들은 자회사의 역할에 있어서 많은 학자들이 분류한 대로 현지시장에서 자회사 스스로 핵심역량을 보유하여 높은 성과를 올리면서 이러한 핵심역량을 다국적기업 전체에 영향을 미치는 자회사 유형인 "centers of excellence"로 자리매김할 수 있다.

최근에는 자회사의 역할과 중요성에 초점이 맞춰지면서 본사와 자회사의 관계 및 자회사와 자회사의 관계에 관한 연구들이 활발하게 진행되고 있다. 이러한 주제와 관련된 부분이 자회사의 역할인데, 여러 학자들은 현지시장의 중요성, 자회사의 역량, 자회사의 역량이 다국적기업 전체에 미치는 영향 등에 따라 자회사의 역할을 분류하였고, 이렇게 다른 역할을 수행하는 자회사들은 각각의 역할에 따라 다른 정도의 자율성을 보유하게 된다.

조직이론적인 관점에서 아무리 능력 있는 작업자를 갖춘 기업이라 할지라도 적절한 의사결정시기를 놓치면 경쟁에서 이기기 힘들며, 현장에서 고객, 공급자 등과 직접 접촉하는 조직구성원은 가장 적합한 정보와 대응책을 파악할 수 있다. 또한, 현장 담당자에게 주요 권한을 위임함으로써 대응의 민첩성을 높일 수 있다(박성환, 2000). 이러한 조직이론적인 관점을 자회사 자율성에 적용시키면 자회사는 현지시장에서 기업을 운영하는 데 있어 신속한 의사결정을 통하여 빠른 속도로 가장 적합한 정보와 대응책을 강구할 수 있다. 또한, 마케팅적인 측면에서 현지 소비자의 다양한 취향을 지리적으로 원거리에 위치한 본사보다 더 잘 파악하는 것이 가능하기 때문에 자회사의 높은 자율성은 자회사의 성과를 높이게 될 것이다.

그리고 기존의 연구들에서 성과가 높은 다국적기업의 해외 자회사들은 다른 자회사들보다 일반적으로 더 높은 정도의 자율성을 누리는 것으로 보고되고 있다. 현지 자회사의 성과가 높으면 본사의 통제가 약한 반면, 경영성과가 좋지 않으면 본사는 자회사의 경영활동에 적극적으로 개입하려 하기 때문이다. 높은 조정강도는 현지 경영자의 창의력과 현지경영의 질적 수준 및 지역적 융통성에 역기능으로 작용되고 본사에 대한 권한 집중과 과도한 조정은 자회사의 효율성에 부정적 영향을 미치므로 가능한 최대한의 자율성이 현지 경영에 주어져야 한다는 연구들이 최근 보고되고 있다.

이와 같이 자율성은 종업원의 직무에 대한 창의성과 조직의 혁신 및 조직의 전념을 통한 성과 향상을 위해 매우 중요하다고 할 수 있다. 이러한 점은 많은 체인호텔을 운영하는 글로벌 파워브랜드를 가진 호텔기업들의 인적자원관리 분야에도 적용될 것으로 생각된다.

III. 직무평가

1. 직무평가의 개념

직무평가(job evaluation)는 직무분석의 결과로 밝혀진 직무의 내용 및 이러한 직무를 수행하기 위한 직무수행자의 자격요건을 기초로 하여 기업 내에서 해당 직무의 가치를 결정하는 과정이라고 할 수 있다. 하지만 기업 내에서 어떠한 직무가 다른 직무보다 기업에 대한 기여도가 높은지에 대한 평가는 무척 어려운 평가과정이기 때문에, 인사고과를 통해서 직원들을 평가하는 것과 직무평가는 다른 부분이라고 할 수 있다. 즉 직무 자체의 성질과 내용, 직무수행에 필요한 작업담당자의 자격 및 작업조건 등을 조사하는 것이 직무분석이라면 이러한 직무분석결과를 이용하여 직무와 직무 간의 상대적 가치를 판단하여 서열을 정하는 것이 직무평가라고 할 수 있다.

2. 직무평가 실시 이유 및 요소

일반적으로 기업들이 직무평가를 실시하는 이유로는 임금지급 기준자료, 인력의 확보와 배치, 인력개발 등을 들 수 있다. 먼저, 기업들은 직무평가를 실시하여 업무의 중요도, 난이도, 위험도 등을 평가하여 임금책정 시에 차이를 두어 공정한 임금책정을 하게 된다. 또한, 같은 기업 내에서도 직무들 간에 서로 중요도나 난이도가 다르지만, 종업원들끼리도 기술적 · 정신적 · 육체적 능력이 다르기 때문에 이러한 점을 고려하여 인력을 채용할 때나 배치할 때 직무수준과 직원들을 잘 매치해야 하는데, 이러한 상황에서 직무평가는 중요한 역할을 할 수 있게 된다. 마지막으로 인력개발 관점에서 직원들의 능력개발을 지속적으로 지원하기 위해서는 직무이동경로를 선택할 때 중요도나 난이도가 낮은 곳에서 높은 곳으로 짜는 것이 필요하다. 일반적으로 기업에서 평가요소로 사용하는 직무평가요소로는 교육 · 경험 · 지식 · 기술이 어느 정도 필요한가를 보는 숙련 정도, 육체적 · 정신적 노력이 어느 정도 필요한지를 보는 노력 정도, 책임의 정도를 보는 책임 정도, 작업의 환경 · 분위기 등을 보는 작업환경 등이 있다.

3. 직무평가방법

직무평가방법은 종합적인 방법과 분석적인 방법으로 구분할 수 있는데, 종합적인 방법은 평가대상 직무를 포괄적으로 판단해서 직무의 가치를 결정하는 방법으로 서열법(ranking method)과 분류법(classification method)이 있다. 분석적인 직무평가방법은 평가대상 직무를 직무요소별로 세분화하고 이를 계량적으로 평가하는 방법으로 점수법(point rating method)과 요소비교법(factor comparison method)이 있다. 각각의 직무평가방법에 대한 설명은 다음과 같다.

1) 서열법

서열법(ranking method)은 직무기술서와 직무명세서를 기초로 기업의 목표달성을 위한 공헌도, 직무수행의 난이도, 작업환경, 육체적 · 정신적 부담 등 직무의 내용과 직무수행자의 자격요건을 포괄적으로 고려하여 각 직무의 상대적 가치를 서열화하는 직무평가방법이다.

조금 더 정확한 서열을 매기기 위해 각자가 매긴 서열을 평균적으로 계산하는 방법이 있고, 두 개의 직무를 짝을 만들어 우열을 나누고, 우수 그룹에서 다시 우열을 나누고, 열등한 그룹에서 다시 우열을 나누면서 우열 나누기를 반복하는 방법도 있다.

일반적으로 서열법은 상대적으로 다른 직무평가방법에 비해 실행이 쉽고, 시간과 비용이 적게 들지만, 직무평가자의 주관적인 평가기준이 적용될 수 있고, 서열이 다른 직무의 가치에 대한 평가를 하기에 쉽지 않다는 단점을 가진 직무평가방법이라고 할 수 있다.

2) 분류법

분류법(classification method)은 직무등급과 등급의 내용에 대한 부분을 포함하는 등급기술서를 기초로 평가대상 직무가 어느 등급에 해당하는지를 판단하여 직무의 가치를 평가하는 방법이다. 다시 말해, 직무에 대한 등급표를 1에서 5등급, 혹은 상 · 중 · 하 등으로 미리 분류해 놓은 후 각 등급에 해당하는 직무요소들의 기준을 설명해 놓은 뒤에 직무를 살펴본 후 각 기준에 부합되는 등급을 분류하고 배치하는 직무평가방법이다.

3) 점수법

점수법(point rating method)은 평가대상 직무의 가치를 점수화함으로써 직무의 가치를 판단하는 방법이다. 점수법에 의한 직무평가의 예는 <표 3-5>와 같다.

표 3-5 점수법에 의한 직무평가의 예

평가요소		만 점	직무 A	직무 B
대분류	소분류			
숙련(50)	기초지식	18	17	17
	교육수준	17	6	11
	판단력	15	12	11
노력(15)	심리적 긴장	7	5	4
	육체적 부담	8	6	6
책임(20)	지도감독책임	13	6	13
	타인의 위험	7	5	2
직무환경(15)	재해위험	6	5	5
	작업장 분위기	9	8	6
총점		100점	70점	75점

4) 요소비교법

요소비교법(factor comparison method)은 기업이 목표를 달성해 나가는 데 있어서 꼭 있어야 하는 대표적인 직무(key job)를 선정하여 그 직무들을 대상으로 평가요소별 서열을 매기는 방법이다. 이러한 요소비교법은 비교적 다른 방법에 비해 신뢰성과 타당성이 높은 편이지만, 대표직무의 서열화작업에 주관적인 입장이 반영될 소지가 있고 평가방법이 다른 방법에 비해 상대적으로 복잡하기 때문에 직무평가에 대하여 종업원들이 공정하다고 수용할지의 여부가 단점이라고 할 수 있다.

IV. 호텔기업의 조직구성 및 직무별 분류

호텔마다 약간의 차이는 있지만 일반적인 호텔의 조직구조는 총지배인 밑에 영업지배인, 관리지배인이 있고, 영업지배인의 관리하에는 판촉부, 객실부, 객실관리부, 식음부, 조리부, 부대영업부, 영업회계부 등이 있으며, 관리지배인의 관리하에는 인사부, 총무부, 경리부, 구매부, 시설부 등이 있다.

한편, 호텔기업의 직무별 분류는 관리부문, 객실부문, 부대시설부문, 식음료부문, 고객관리부문 등으로 할 수 있다. 관리부문은 영업기획, 총무, 시설, 구매, 회계 및 재무부문으로 나눌 수 있으며, 식음료부문은 식당관리, 음료관리, 연회관리, 조리관리, 원가관리 등으로 나눌 수 있다. 객실부문은 프런트, 하우스키핑, 리넨 관리부문으로 나눌 수 있으며, 부대시설부문은 실내외 수영장, 헬스클럽, 이・미용실, 연회장, 골프장 등으로 나눌 수 있다. 일반적인 특급호텔의 조직구조는 [그림 3-1]과 같다.

또한 이러한 각 호텔기업들의 부서들은 조직의 존재이유라고 할 수 있는 미션(mission)을 수행함에 있어서 다른 부서들과 서로 활발한 커뮤니케이션을 실행하는 것이 매우 중요하다고 할 수 있다.

각각의 부서들은 활발한 커뮤니케이션을 통해 각 부서의 목표를 달성함은 물론 기업 전체의 목표를 달성하기 위해 일관된 인적자원관리의 방향과 전략을 추구할 필요가 있다.

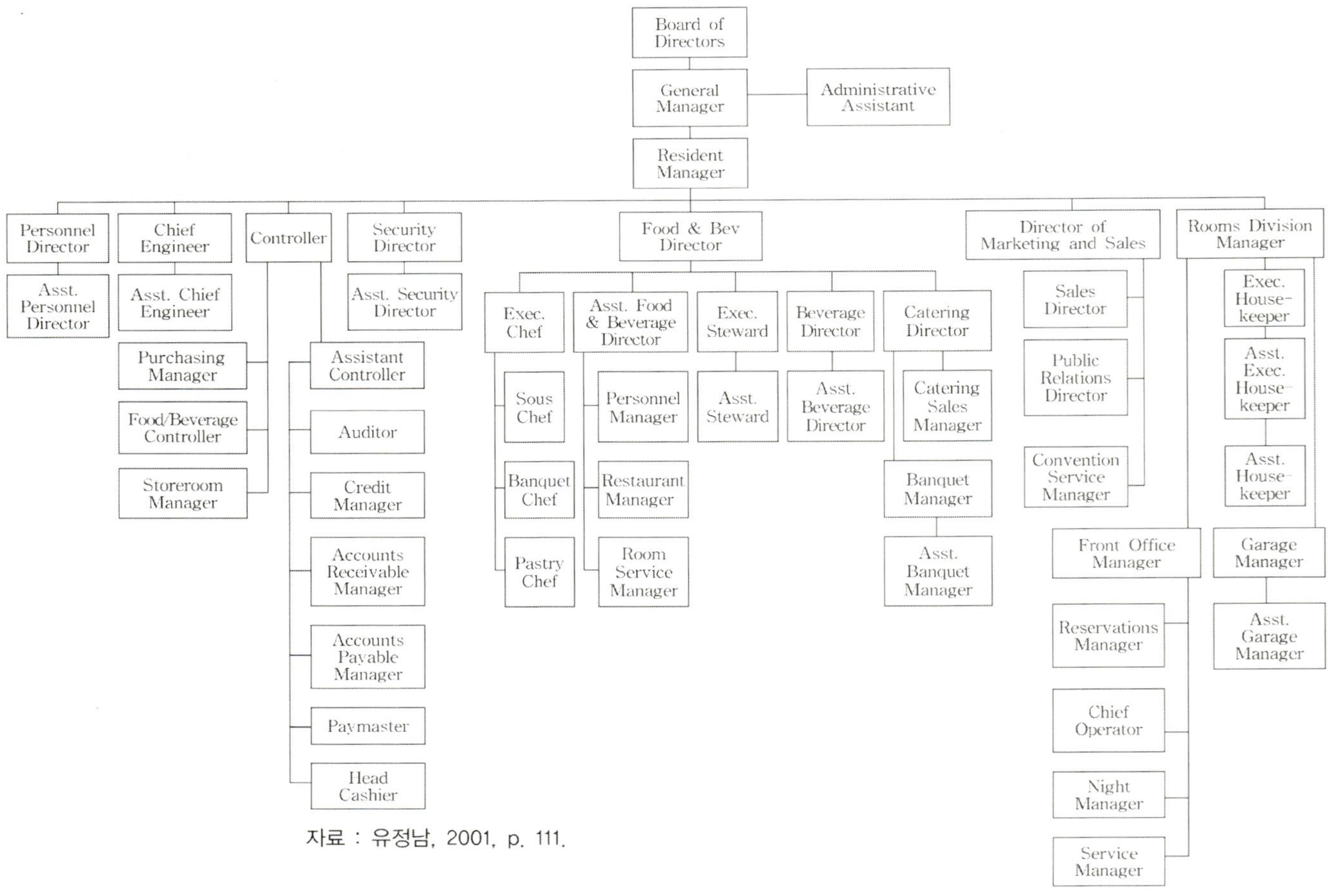

자료 : 유정남, 2001, p. 111.

그림 3-1 특급호텔 조직도

제 4 장

인적자원관리의 이해와 채용관리

Ⅰ. 인적자원관리의 이해

인적자원관리의 내용은 크게 인적자원의 채용, 교육훈련, 인사고과와 승진, 보상, 유지관리, 방출과 이직관리 등으로 나눌 수 있다.

학자마다 인적자원관리의 범위가 다르기 때문에 인적자원관리에 대한 학문적 정의를 명확하게 내리기는 매우 어렵다. 원래 기업의 인적자원을 관리하는 모든 기능과 과정을 의미하는 것은 인사관리(personnel management)라는 용어로 통칭되었는데, 인사관리 학문의 발전 초기에는 인적자원을 육체적 노동력이라는 생산요소의 효율적인 관리라는 관점에서 노무관리라고 명명한 적도 있었다. 이는 기업이 인적자원을 확보, 훈련, 평가, 보상, 유지하는 모든 경영과정을 의미하는 것이다. 또한, 여기서 노사관계(labor relations)관리를 포함시킬 것인가의 문제를 놓고 학자에 따라 의견이 약간 다르지만, 일반적으로 기업의 미시적인 노사관계관리도 포함시킨다. 그 후 인적자원의 교육훈련과 개발의 측면이 강조되어 인적자원관리(human resources management : HRM)란 용어가 새로이 등장하여 사용되었는데, 전통적 용어인 인사관리와의 큰 차이점은 없지만, 인적자원관리라고 할 때에는 인적자원의 활용 측면보다는 그 개발과 전략적 중요성 그리고 관리자로서의 기능이 더 강조되는 것이다. 그 후 최근에는 기업 전반의 전략적 관점에서 전략적 인적자원관리(strategic human resources management)로 발전하고 있다(임창희, 2005, p. 11). [위에서 인적자원관리의 용어에 관한 발전과정을 설명하였으며 본 교재에서는 인적자원관리라는 용어를 사용하였다.]

즉 인적자원관리(human resources management)란 조직목적을 달성하기 위하여 인적자원을 효율적으로 관리하기 위한 통합적 의사결정시스템이라고 할 수 있다.

표 4-1 인적자원관리 용어의 변화과정

- ○ 노동관리 = 생산관리
- ○ 노무관리(labor management) = 공장노동자 관리
- ○ 노무관리 = 생산관리 + 사무관리
- ○ 인사관리(personnel management) = 사무직원 관리
- ○ 인사관리 = 노무관리 = 노사관계 관리
- ○ 인적자원관리(human resources management : HRM)
- ○ 전략적 인적자원관리(strategic HRM) = 인사 + 노사 + 전략

자료 : 임창희, 신인적자원관리, 2005, p. 11.

기업의 경영기능은 생산관리, 마케팅, 재무관리, 경영정보관리, 경영전략, 인적자원관리 기능 등으로 분류할 수 있는데, 그중에서 인적자원관리는 다른 경영기능에 비해 상대적으로 가장 중요한 기능 중 하나라고 할 수 있다. 그 이유는 첫째, 생산 · 재무 · 회계 · 판매 · 마케팅 등 모든 기업의 경영기능을 수행하는 것이 인적자원이기 때문이

다. 둘째, 산업의 구조가 기계가 업무를 수행하는 업무 중심에서 정보·지식기반사회로 변화하면서 인적자원에 대한 의존도가 예전에 비해 훨씬 더 증가했다고 할 수 있다. 셋째, 인적자원관리는 기업의 성과뿐만 아니라 직원들의 삶의 질과도 밀접한 관계를 가지고 있기 때문에 인적자원관리가 잘못됐을 경우에 그 영향은 기업에게만 미치는 것이 아니라 그 기업의 모든 구성원들에게 미치게 된다.

이러한 환경하에서 최근 호텔관광산업의 인적자원관리에 있어서 영향을 미치는 주요한 변화는 무엇인지를 생각해 보고, 이러한 환경의 변화가 호텔관광산업의 인적자원관리에 어떠한 영향을 미치며, 이에 대한 기업의 대응방안을 생각해 보고 대비하는 것이 중요하다고 할 수 있다. 특히, 호텔기업의 경우를 보면 호텔기업들은 근본적으로 인적자원에 대한 의존도가 매우 높다고 할 수 있다. 모든 산업에 있어서 인적자원에 대한 의존도는 중요하지만, 호텔산업의 특성상 호텔기업의 경영성과는 인적자원에 의해 좌우되기 때문에, 특히 호텔산업에 있어서 인적자원은 매우 중요하다고 할 수 있다. 왜냐하면, 특급호텔같이 어느 정도 유형성(tangibility)과 같은 부분이 갖추어진 호텔의 경우 다른 경쟁기업들과 차별화할 수 있는 핵심역량(core competencies)을 보유하는 데 어려움이 있을 수 있기 때문에, 인적자원의 서비스 품질(service quality)로 경쟁호텔기업들과 차별화할 수 있는 인적자원을 매우 중요한 경영자원이라고 할 수 있다.

또한, 호텔기업들은 산업의 특성상 1년 내내 사업을 진행해야 하기 때문에 지속적으로 생산해야 하는 상황이다. 이러한 상황에서 호텔기업들이 투입해야 하는 자원은 크게 물적자원과 인적자원으로 나눌 수 있는데, 특히 인적자원들이 연중무휴로 투입되어야 하기 때문에 인적자원은 매우 중요한 자원이라고 할 수 있다. 호텔기업의 인적자원관리의 궁극적인 목적은 최적의 인원을 유지하고 활용가능한 인적자원을 최대한 활용하여 경영성과를 달성하는 것이라고 할 수 있다.

표 4-2 인적자원관리의 활동내용

구 분	채 용	개 발	보 상	유 지	방 출
계획	- 채용인원 책정 - 인력공급 추이 관찰 - 노동시간 책정	- 교육내용 - 보완할 점 점검	- 공정성 점검 - 보상 정도 점검 - 임금기준 점검	- 욕구와 태도 확인 - 직장만족 수준 확인	- 이직이유 분석 - 미래생산량 분석 - 해고규모 책정
실행	- 모집홍보 - 선발면접 - 배치	- 인사평가 - 교육진행 - 경력개발	- 임금책정 - 복지후생	- 사기유발 - 갈등해결 - 노사분규 관리	- 이직관리 - 징계 - 권고퇴직
통제	- 모집효과 분석 - 선발분석	- 교육효과 분석 - 경력개발 결과분석 - 투입비용 계산	- 배분의 적정성 분석 - 보상태도 분석 - 승급체계 문제 분석	- 사기향상 정도 확인 - 불만감소량 확인 - 생산공헌도 확인	- 이직률 - 징계율 감소 분석

자료 : 임창희, 신인적자원관리, 2005, p. 76.

사례

에버랜드의 사람관리

최근 들어 고객만족경영에 있어 높은 평가를 받고 있는 에버랜드. 무엇보다 디지털 서비스 마인드와 함께 고객과의 접점에 있는 직원들이 제공하는 서비스의 질에 따라 고객만족의 품질이 결정된다는 신념으로 외부고객에 대한 서비스 향상을 위해 내부고객의 만족을 우선시하는 에버랜드의 정책 덕분이라고 할 수 있다. 에버랜드는 직원만족을 통한 고객만족의 실현을 구현하고자 직원 개인의 능력향상과 경력개발을 지원하고 발휘된 능력에 상응하는 처우를 하는 인재육성주의 및 능력주의 인사를 목표로 하고 있다. 또한 직원 개개인의 의사나 적성을 존중하여 업종 및 업무 특성을 감안한 탄력적인 인사제도를 실천하고 있다. 에버랜드의 직원만족을 위한 경영체제는 무엇보다도 직원 스스로 서비스인으로서 자부심을 부여하기 위한 노력으로 찾아볼 수 있다. 예를 들면 일반적으로 불리는 직원이란 호칭 대신 에버랜드를 하나의 무대(stage)로 보고 직원들은 무대의 연극배우인 캐스트(cast)로 부른다든가, 직원 기숙사를 캐스트하우스로 부르는 것 등을 들 수 있다. 에버랜드는 캐스트들이 만족해야 고객이 만족한다는 신념 아래 고객을 만족시킬 수 있는 인력양성을 위해 캐스트들을 만족시킬 수 있는 인사제도, 교육제도 등을 실천하고 있다. 또한 캐스트들의 취미생활을 지원하기 위해 여러 가지 문화생활에 대한 다양한 지원을 하고 있다.

친절 서비스 교육, 외국어 교육, OA 교육 등을 시행하여 업무능력을 향상시키고 사내 독서대학의 운영, 외부교육 지원 등으로 업무지식을 습득하게 하고 있다. 또한, 개인소양의 함양을 위해 전 사원 눈높이 해외연수와 자기계발 프로그램을 운영하는 등 사원 능력향상체계를 통해 직원의 고객만족 서비스를 위한 동기부여 및 환경을 조성하고 있다. 그리고 접점사원의 책임과 권한을 확대하여 더욱 신속한 고객 응대 및 처리를 하고 있다. 고객만족의 향상을 위해서는 무엇보다도 고객과의 접점에 있는 캐스트들의 참여가 매우 중요하다고 판단하고 직원제안제도,

안전제도, 서비스 수준의 자기평가 등을 통해 고객만족 서비스 개선을 위해 노력하고 있다.

또한, 에버랜드는 인사관리 측면, 특히 보상관리에서 보기 드물게 순수한 연봉제를 실시하고 있다. 순수연봉제란 임금을 구성하는 모든 항목에 대해서 능력에 따라 차등지급하는 것을 말한다. 물론 성과가 미진할 때에는 감급도 시행하는 파격적인 보상제도이다.

그리고 상반기와 하반기에 각 1회씩 연 2회에 걸쳐 직원만족도를 조사하여 직원의 의식과 직장생활 전반에 대한 만족도를 점검함으로써 일차적으로는 내부 고객을 이해하고 직원 만족의 향상을 위한 문제점을 해결함으로써 지속적인 고객만족경영을 도모하고 있다.

[자료 : Digital CS Journal, 2000년 11월호; 이유재, 서비스마케팅, 2004를 기초로 재작성]

1. 인사담당자의 역할

기업에서 인사담당자 혹은 인사부서의 역할은 크게 주도자 역할, 지원자 역할, 보호자 역할, 혁신가 역할로 분류할 수 있다. 호텔기업에 있어서 인사시스템은 적합한 종업원의 채용에서부터 채용된 종업원들에게 교육 및 훈련을 실시하고 이렇게 훈련된 인적자원들을 적재적소에 배치하여 활용하는 것이다. 또한, 종업원들에게 임파워먼트와 같은 권한을 위임하고 업무에 관한 인사고과를 평가한다.

1) 주도자 역할

일반적으로 기업들은 인사부서에서 직원의 채용, 배치, 승진, 보상, 유지, 방출에 이르기까지 모든 인사업무를 담당한다.

2) 지원자 역할

일선 관리자들이 자기 부서 직원을 평가하기 위해 인사고과표를 만들려고 해도 평가요소는 무엇인지, 요소들 간의 가중치는 어떠해야 하는지에 관한 지식이 풍부하지 못하다. 직원을 채용하려 해도 어떤 방법으로 공고해야 하는지, 선발기준은 무엇인지 등에 관한 지식이 많지 않다. 이러한 상황에서 인사담당자들은 일선 관리자들이 인사활동을 잘할 수 있도록 서비스 역할을 대행해 줄 수 있다. 또한, 인사담당자들은 훈련프로그램을 어떻게 해야 하는가 등과 같은 인적자원관리와 관련된 전문지식을 제공해 준다.

3) 보호자 역할

일선 관리자가 자기 부서의 직원에 대한 평가를 잘못해서 불이익을 받는 경우가 생긴다든지, 직원들의 불만이 고조된다든지 하는 경우에는 직원들의 사기를 저하시키고 이직률을 증가시킨다. 이러한 상황에서 인사부서는 공정한 관리와 처우로 직원들을 보호하여 사기를 진작시키고 기업 업무에 대해 동기부여를 해준다.

4) 혁신가 역할

기업 조직구조의 변화와 사업부제, 팀제, 연봉제, 인원감축 등과 같은 경영환경변화에 대해서 혁신적인 사안들을 인사부서에서 처리하는데 이러한 업무를 통해 인사부서는 혁신가의 역할을 수행하게 된다.

2. 서비스기업의 인적자원관리

1) 내부마케팅

서비스기업에게 가장 중요한 점은 고객만족이라고 할 수 있다. 이러한 목표를 달성하기 위해서는 다른 산업도 마찬가지지만, 특히 서비스기업에 있어서의 인적자원은 기업에게 가장 중요한 자원이라고 할 수 있다. 서비스기업들에게 고객은 가장 중요한 사람들이기 때문에 이렇게 중요한 사람들에게 서비스를 제공하는 내부고객인 직원들도 매우 중요하다고 할 수 있다. 이것이 바로 내부마케팅의 중요성이다. 서비스기업이 성공적으로 운영되려면 고객과 종업원 모두를 잘 관리해야만 하는데 이것이 바로 서비스기업의 인적자원관리라고 할 수 있다. 서비스기업의 인적자원관리에서 중요한 점은 내부마케팅(internal marketing)인데, 한마디로 요약하면 기업이 내부고객인 종업원에게 하는 마케팅을 의미한다. 성공적인 내부마케팅을 위해서는 내부마케팅이 전략적 관리의 주요한 부분으로 인식되어야 하고, 내부마케팅 과정이 조직구조나 경영층 지원의 부족으로 방해받지 않아야 하며, 최고경영층이 내부마케팅에 대해 지속적으로 적극적인 지원을 해야 한다. 또한, 이러한 내부마케팅의 목표는 종업원 만족의 향상이라고 할 수 있다. 이러한 종업원의 만족 향상을 위해서는 동기부여(motivation)가 중요하며, 훌륭한 종업원을 유치하고 보유할 수 있는 직무나 환경도 매우 중요하다고 할 수 있다. 또한, 관리방법, 인사정책, 직무 자체의 성격, 계획 및 실행과정 등도 중요한 요인이라고 할 수 있다. 특히 호텔관광산업을 포함한 서비스산업은 제조업에 비해 상대적으로 직원들의 스트레스 수준이 높을 수 있기 때문에 내부마케팅의 중요성이 더욱 크다고 할 수 있다.

표 4-3 종업원 만족의 유형

1. 일에 대한 만족도	- 지금 하는 일이 자신을 성장시켜 주는가? - 자유재량의 폭이 넓은가? - 고객이나 타 부서의 사람에게 공헌하고 있는가?
2. 직장에 대한 만족도	- 상사와의 커뮤니케이션은 잘 이루어지고 있는가? - 동료들과의 커뮤니케이션은 잘 이루어지고 있는가? - 결정된 일은 모두 수행하려는 결속력이 있나?
3. 인사에 대한 만족도	- 인사평가와 처우는 공정하다고 생각하는가? - 실패를 비난하지 않고 재도전하게 해주는가? - 개인의 성장을 지원해 주는가?
4. 근로조건에 대한 만족도	- 복리후생은 잘되어 있는가? - 소득수준은 일에 비해 합당한가? - 근무조건은 납득할 만한가?
5. 회사에 대한 만족도	- 경영자세에 공감할 수 있는가? - 이 기업에 근무하는 것에 대해 자부심을 가지고 있는가? - 지역사회에의 공헌 등 좋은 이미지를 가지고 있는가?

자료 : 이유재, 서비스마케팅, 2004, p. 296.

또한, 서비스업은 제조업보다 노동집약적인 경향이 강하기 때문에 같은 조직 내에서 사람들끼리의 갈등(conflict)이 제조업보다 더 많이 발생할 수 있다. 서비스를 제공하는 종업원의 만족도는 서비스 품질의 결정요인이 되기 때문에 종업원들의 갈등관리가 중요한 점이라고 할 수 있다.

종업원이 겪는 갈등의 유형은 4가지로 분류할 수 있는데, 종업원과 역할의 갈등, 종업원과 조직의 갈등, 종업원과 종업원의 갈등, 종업원과 고객의 갈등이 있다. 갈등의 유형별 원인과 관리방법은 <표 4-4>와 같다.

표 4-4 갈등의 유형별 원인과 관리방법

유 형	원 인	처 방
종업원과 역할의 갈등	- 직무의 부적합 - 의복 규정	- 채용 시 지원자 선별에 신중을 기한다. - 지도와 훈련을 한다. - 종업원의 불평토로 절차를 만든다.
종업원과 조직의 갈등	- 두 명의 상사에 대한 어려움	- 종업원에게 기업의 정책과 목표를 확실하게 이해시킨다. - 종업원에게 권한을 부여한다. - 종업원의 의사결정을 지원한다.
종업원과 종업원의 갈등	- 명쾌한 커뮤니케이션의 부족 - 명령체계의 부족 - 성격 간의 갈등 - 고객에 대한 경쟁 - 업무량에 대한 차이 인식	- 갈등의 원인을 결정한다. - 다른 곳에서 정보를 구한다. - 가능한 해결책을 탐색한다. - 종업원 양측을 갈등해결 계획에 포함시킨다. - 후속조치를 취한다.
종업원과 고객의 갈등	- 고객의 역할수행 부족 - 소유권 - 다양한 고객의 행동	- 고객과 종업원 양측이 제 역할을 충분히 이해해야 한다. - 새로운 고객을 지도한다. - 여러 유형의 고객들에 대한 응대 태도를 교육한다.

자료 : 이유재, 서비스마케팅, 2004, p. 297.

2) 임파워먼트

임파워먼트(empowerment)는 종업원에게 상황에 따른 의사결정권한을 부여하는 것을 의미한다. 고객의 만족을 위해서는 종업원에게 상황에 따른 의사결정권한을 부여하는 것이 필요하다. 이러한 임파워먼트를 통해서 고객만족을 증대시킬 수 있으며, 내부마케팅 측면에서는 종업원들의 직무만족을 가져올 수 있다. 임파워먼트의 장점으로는 서비스 전달 시 고객에게 즉각적인 대응을 할 수 있으며, 서비스 회복 시 불만족고객에게 즉각적인 대응을 할 수 있다. 또한, 종업원의 직무만족과 자기만족을 높일 수 있으며, 종업원들에게 동기를 부여할 수 있다. 하지만 종업원의 선발과 훈련에 많은 비용이 소요되며, 종업원마다 상황에 대한 인식이 다르므로 일관되지 못한 서비스가 전달될 우려가 있다. 또한, 종업원이 잘못된 의사결정을 할 경우 이에 대한 대비책이 없는 것이 단점이라고 할 수 있다.

3. 인력수요의 예측

인력수요예측은 판매액, 생산량, 생산성 등에 의해서 영향을 받게 되는데, 인력수요를 예측하기 위해서 다양한 방법이 활용될 수 있다. 가장 일반적인 인력수요의 예측방법으로는 통계적 기법과 판단적 기법이 사용된다.

1) 통계적 기법

인적자원의 수요를 예측하는 통계기법으로는 회귀분석, 비율분석, 시계열분석 등 여러 통계분석기법이 사용될 수 있는데, 이러한 통계기법에 의한 인력수요예측의 문제점은 항상 과거의 추세가 미래에도 적용되지 않는다는 데 있다. 특히, 호텔관광산업과 같이 다양한 외부환경에 민감한 산업일수록 이러한 통계기법을 활용한 인력수요를 예측하는 방법에 문제가 있을 수 있다.

2) 판단적 기법

판단적 기법에 의한 인적자원의 수요 예측은 통계적인 기법과 달리 인적자원요소를 예측하는 데 있어서 관리자의 의사결정에 의존하는 방법이다. 이 방법을 통해 의사결정권자가 주관적으로 정보를 수집하여 인적자원 수요를 예측하게 된다.

4. 디지털시대 인적자원관리의 이해

정보통신기술의 급속한 발전은 디지털경제라는 새로운 패러다임의 경제시스템을 활성화시켰다. 예전의 경제가 대량생산, 수확체감 등에 초점을 맞추었다면, 디지털경제는 상품의 다양성과 규모의 경제에 초점을 맞추고 있다. 따라서 과거에 중요시되었던 물적자본의 축적에서 인적자본과 지식기반 등이 중요하게 되었다. 특히 정보통신기술의 발달로 산업구조, 고용구조, 직무형태 등이 변화하고 있다. 전통적인 경제와 디지털경제를 비교해서 구조적인 변화를 들자면 경제활동의 중심이 물적생산에서 지식, 정보 등 서비스의 생산으로 넘어감에 따라 서비스산업의 비중이 증대되었다. 또한, 기업조직의 소규모화 및 유연화, 임금격차의 확대 등을 들 수 있다. 특히 정보통신기술의 발달로 제조업 및 서비스산업의 지식기반화가 촉진되면서 산업구조 전반에 걸쳐서 큰 변화가 일어나고 있다. 정보통신기술의 발달은 특히 제조업의 지식기반화를 촉진하고 있다. 정보통신기술이 마케팅, 유통, 생산, 연구개발 등에 활용되는 것이 일반화되면서 생산비용을 줄이고 고비용구조를 개선함으로써 기업의 경쟁력 제고에 큰 영향을 미치고 있다. 이러한 경영환경의 변화로 인하여 기업의 인적자원관리에 대한 관점과 특히 비중이 증가되고 있는 서비스산업 분야 중 가장 규모가 큰 산업 중 하나인 호텔관광산업의 인적자원관리에 관한 관점을 최근 변화하는 경영 패러다임과 연결시켜서 생각해 보는 것이 필요하다고 할 수 있다. 최근 경제구조의 변화 중 인적자원관리와 관련된 요인들을 살펴보면 고용구조의 변화, 직종의 변화, 임금의 변화, 생산성의 변화 등을 들 수 있다.

특히, 코로나19를 경험하면서 많은 기업들이 인공지능(Artificial Intelligence), 빅데이터(Big Data), 클라우드(Cloud) 등 디지털 전환(Digital Transformation)으로의 변화를 가속화시키는 방향으로 미래의 경쟁력을 확보하기 위해서 인적자원관리의 큰 변화를 준비하게 되었다.

1) 고용구조의 변화

정보통신기술의 발달은 고용을 창출하는 효과와 고용을 절감하는 효과 모두를 가지고 있다. 최근 일반화된 전자상거래 역시 고용을 창출하는 동시에 고용을 절감하는 효과를 가지고 있다. 전자상거래의 확산은 특히 산업의 가치사슬에 변화를 가져와서 그에 따른 고용구조의 변화를 촉진하고 있다. 전자상거래의 도입이 가져온 가장 큰 변화는 상품을 사고파는 방식이 변화한다는 점인데, 이 부분은 지금까지 전통적인 경제활동에 있어서 핵심적인 역할을 해온 중간매개체의 기능이 변화한다는 점이다. 전자상거래와 인터넷의 일반화는 기업 내에서 중간관리자를 담당하는 인원들의 기능을 자동화시킴으로써 이들의 전통적인 중개기능을 소멸시켰다. 그러나 전자상거래의 발전으로 생산자와 소비자가 직접적으로 거래할 수 있는 환경이 만들어지고 소비자가 생산자로부터 직접 물품을 구입할 수 있게 되면서, 물리적인 시장에서 소매업자가 가지고 있던 기능이 유명무실해졌다. 미국을 비롯한 주요 선진국들의 고용구조의 변화추이 중에서 가장 눈에 띄는 부분은 정보통신산업의 발전과 더불어 서비스부문의 성장을 들 수 있다. 이러한 현상은 제조업에 대한 비중이 줄어드는 데서 그 원인을 찾을 수 있다. 또한, 지식이나 정보와 같은 무형의 재화가 중요시되면서 무형재화의 고유한 특성, 즉 판매자가 소비자에게 무형의 재화를 판매하고 나서도 여전히 판매자에게는 이를 다른 사람에게 재판매할 수 있고 생산에 따른 추가비용이 발생하지 않는다는 특성 때문에 제조업을 대신하여 많은 인력을 수용하였고, 이에 따른 새로운 서비스 직종들이 증가하고 있는 추세이다.

한편, 최근에는 기업이나 조직의 고용형태도 다양해지고 있다. 이것은 기업이나 조직들이 유연한 고용제도를 유지함으로써 급변하고 있는 외부환경에 대처하고 필요로 하는 인재확보를 용이하게 하는 효율적인 방안으로 인식되고 있다. 이러한 고용제도는 인터넷의 일반화와 지역 간 네트워크화, 정보통신기술의 발달로 다양한 근로형태를 출현시키는 추세에 있다. 다양한 근로형태의 대표적인 사례로는 자율노동시간제, 집중근로제, 원격근로제 등이 있는데, 그중에서도 인터넷이 일반화되고 정보통신기술이 발달함으로써 효율적인 근무형태로 자리 잡고 있는 것이 원격근로제이다. 1970년대에 등장하기 시작한 원격근로는 근로자가 회사가 아닌 다른 장소에서 인터넷과 같은 정보통신기술을 활용하여 업무를 수행하는 근로형태를 말한다. 여기서 중요한 것은 원격근로라는 개념 안에는 모든 근로자들이 한자리에 모여서 같은 시간대에 주어진 업무를 수행하는 것이 아니라, 근로자 개개인 업무의 특성에 맞추어 시간대나 장소를 달리하여 인터넷이나 정보통신기술을 활용하여 업무를 수행한다는 의미가 내포되어 있다.

원격근로가 가져다주는 효과는 개인과 기업의 측면으로 나누어서 분석할 수 있다. 원격근로가 개인에게 가져다주는 이점을 살펴보면, 업무와 가정일이 같은 장소에서 이루어지는 재택근무의 경우 출퇴근이 자유롭기 때문에 근로자들이 보다 안정된 상태에서 업무를 수행할 수 있다는 점이다. 또한, 작업시간을 융통성 있게 조절할 수 있다는 장점도 있다. 기업의 측면에서는, 근로자들의 근무장소가 때나 장소에 한정되어 있지 않기 때문에 사무실 임대 및 관리비용이 절감된다는 장점이 있다. 한편, 기업의 입장에서는 책임감과 자기통제력이 요구되는 근로형태에 적합한 근로자들의 선발이나 교육 등에 기업의 비용이 증가하며, 동기부여와 보상프로그램에 대한 연구도 필요하다고 할 수 있다. 따라서 이러한 측면에서 고용구조의 변화는 인적자원관리에 대한 관점에서도 시사하는 바가 크다고 할 수 있다.

2) 직종의 변화

전 세계적으로 나타나는 고용구조 변화상의 특징이라 할 수 있는 현상은 직종에 상관없이 정보통신기기들을 이용하여 업무를 수행하는 근로환경이 조성되면서 모든 산업에 걸쳐 요구되는 근로자들의 업무에 대한 숙련도가 높아졌다는 것이다. 즉 디지털

경제환경하에서는 고숙련도 위주의 고용구조를 형성시키고 있다는 것인데, 여러 나라의 고용성장률을 살펴보면 공통적으로 지식과 정보, 전문적 기술 등을 업무에 활용하는 전문직이나 고위기술직, 그리고 서비스직의 고용성장률이 높게 나타나고 있다. 따라서 이러한 시장환경하에서 서비스업의 대표적인 업종 중 하나이면서, 인적자원에 대한 의존도가 가장 높은 산업 중 하나인 호텔관광산업의 향후 전망을 살펴보면, 전체적인 산업구조에서 차지하는 비중이 계속 증가할 것으로 예상된다.

산업 간 고용구조 변화 이외에도 산업 내 숙련도 향상도 디지털경제에서 나타나는 큰 변화 중 하나라고 할 수 있다. 디지털경제로 전환됨에 따라 단순인력보다는 전문성을 겸비한 고급인력에 대한 수요가 크게 증가하였다.

디지털경제에서 가장 중요한 요소는 정보와 지식인데, 정보와 지식은 창출속도가 빨라지면서 수명주기가 짧아지기 때문에, 한번 습득한 것으로 끝나는 것이 아니라 새로운 정보를 계속 창출하고 활용함으로써 부가가치를 창출할 수 있어야 한다. 또한, 기술의 융합화, 조직의 네트워크화가 진전됨에 따라 작업의 범위가 넓어지고 다양한 업무들을 수행해야 한다.

또한, 코로나19를 경험하면서 디지털 트랜스포메이션, Gig Economy 등 새로운 개념들이 인적자원관리와 고용에 영향을 미쳐 노동자와 사용자 모두 빠르게 변화하는 외부환경에 대한 준비가 필요하게 되었다.

3) 임금의 변화

인적자원관리 부분에서 다루어지는 가장 중요한 부분 중 하나가 종업원들의 임금관리에 관한 부분인데, 디지털경제의 가속화와 함께 나타나는 중요한 변화 중 하나가 임금의 변화라고 할 수 있다. 특히, 호텔관광산업은 인적자원에 대한 의존도가 큰 산업이기 때문에 기업의 입장에서는 임금의 변화가 상당히 중요한 부분이라고 할 수 있다.

정보통신기술의 발전과 디지털경제로의 전환은 노동시장에서 중요한 변화를 야기하였는데, 이는 근로자 간의 임금격차에 관한 부분으로 전문성을 겸비한 고급인력과 그렇지 못한 종업원들 사이에 임금격차가 점점 커진다는 점이다. 이렇게 같은 기업

내에서 종업원들끼리 임금의 격차가 생기는 원인 중 하나는 디지털경제환경의 가속화와 더불어 기업 간의 경쟁이 심화되면서 기업에서는 내부인력에 대한 재교육이나 재배치를 통해 인재를 육성하기보다는 일단, 모든 지식과 기술, 그리고 노하우를 갖춘 인재를 외부 노동시장에서 비싼 임금을 주고 채용하기 때문이다. 따라서 근로자들 간의 임금격차가 더욱 가속화되는 상황이다.

4) 생산성 향상

디지털경제하에서는 인터넷을 통해 정보의 흐름이 자유롭게 이루어지기 때문에 정보가 신속하고 효율적으로 사용된다. 전통적 생산요소인 노동과 자본이 부가가치를 창출하는 것과 마찬가지로, 이제는 정보도 부가가치를 창출하는 중요한 요소로 작용하고 있다. 정보는 하나의 독립된 생산요소로서 기존의 노동과 자본을 보다 효율적으로 결합하는 역할을 함으로써 경제의 생산성을 향상시키고 있다.

디지털경제의 환경으로 전환되면서 호텔관광기업들도 정보통신기술 및 시설의 업그레이드를 통해 고객들에게 보다 좋은 품질의 서비스를 제공할 수 있게 된다.

II. 채용관리

직무가 설계되고 어떤 직무에 어떤 사람이 어느 정도 필요한가가 정해지면 거기에 알맞은 인적자원을 구해서 배치하면 되는 이러한 과정을 인력의 채용 혹은 충원(staffing)이라고 한다. 구체적으로 인력을 모집(recruitment)한 후에 여러 가지 도구를 가지고 각각의 지원자를 평가하여 적합한 인력을 선발(selection)하고 그들을 필요한 직무에 배치(placement)하기까지가 채용관리의 대상이 된다. 미국 인사관리협회(Society for Human Resources Management)의 조사에 의하면 대부분의 기업들은 인적자원관리와 관련한 활동 중 인력채용관리활동에 가장 많은 시간과 비용을 들이는 것으로 나타났다.

기업의 채용전략은 개인은 물론 기업과 사회에도 많은 영향을 미친다고 할 수 있는데, 기업 입장에서는 기업의 장기적인 전략을 수립하고 목표를 달성하기 위해서 채용전략이 꼭 필요한 부분이고, 개인적으로도 기업이 인적자원들을 채용하지 않으면 일자리를 얻지 못하게 된다. 또한, 기업의 채용전략은 사회적으로도 많은 영향을 미치게 되는데, 기업의 채용전략이 제대로 실행되지 못하면 노동시장에 인력이 남아돌아 실업률이 상승하게 되고 사회적으로도 여러 가지 문제점이 발생하게 된다. 기업의 채용관리는 크게 모집과 선발로 나누어서 생각해 볼 수 있다.

1. 모집

1) 모집의 개념

모집(recruitment)은 기업이 인적자원의 선발을 전제로 지원자를 모으는 과정으로 정의할 수 있는데, 이러한 모집활동은 기업이 인적자원을 기업 외부에서 모으는 방법인 외부모집과 기업 내부의 직원들을 대상으로 지원자를 모으는 내부모집으로 구분할 수 있다. 이러한 모집은 상당히 중요한 과정이라고 할 수 있는데, 모집방법에 따라 지원자의 자격요건이 달라지며 궁극적으로는 신입직원의 자격수준에 영향을 미치게 된다. 모집을 잘못하여 지원자의 수가 적으면 선발수준을 낮출 수밖에 없고, 향후 신규 종업원을 교육시키고 훈련하는 데 초과비용을 지급해야 한다. 또한, 모집시기에 우수한 인력이 지원하지 않으면 인력채용을 위해 많은 선발노력을 해야 하며, 이에 따른 비용과 시간을 더 투자하게 되어 결국 기업 전체적으로 보면 많은 희생을 감수해야 한다. 따라서 우수한 인력을 선발하려면 효율적인 모집이 선행되어야 하는데, 이를 위해서는 모집방법과 모집절차가 적절하게 이루어져야 한다. 먼저, 내부모집을 할 것인지 외부모집을 할 것인지를 결정해야 하고, 모집대상의 능력이나 자격을 고려해야 한다. 많은 지원자를 확보하려면 어떤 광고매체를 활용할 것인지도 중요한 변수가 되며, 모집시기에도 관심을 기울여야 한다. 모집시기와 관련해서, 조직외부로부터 인원을 충원하는 과정은 일반적으로 어느 정도 시간이 필요하다고 할 수 있다. 따라서 기업들은 상당한 시간적 여유를 가지고 모집활동을 하는 것이 일반적이라고 할 수 있다. 언제 모집활동을 시작하는 것이 적절한가를 판단하기 위해서는 시간경과자료(time lapse data)를 사용하는 것이 효율적이라고 할 수 있다. 시간경과자료란 외부 충원과정상 발생하는 주요 의사결정단계 사이에서 소요되는 평균시간을 의미한다.

한편, 이러한 조건하에서도 모집인원이 많지 않으면 모집전략을 다시 한 번 점검해 보고 전반적인 인적자원관리 전략도 확인해 볼 필요가 있다고 할 수 있다. 위에서 언급된 모집방법 중 내부모집과 외부모집에 따른 장점과 단점은 아래와 같다.

2) 모집방법

(1) 모집방법의 선택

기업이 모집방법을 선택할 때에는 어떠한 방법이 합리적인 기간과 비용한계에서 조직에 필요한 인력의 숫자와 수준 높은 인적자원을 창출할 가능성이 있는지를 고려해야 한다.

가) 노동력의 공급량

모집방법에 따라 창출되는 지원자의 수가 달라질 수 있는데, 광고 같은 모집방법에는 다수의 지원자가 생긴다. 만약, 기업이 다수의 인력을 필요로 할 경우에는 광고와 같은 광범위한 매체가 적절하다.

나) 노동력의 질

모집과정에 있어서 양질의 지원자 확보에 관심이 큰 조직은 특정기능을 집중적으로 훈련시키고 개발하는 학교에서 집중적으로 모집활동을 하는 것이 바람직하다고 할 수 있다.

다) 모집방법의 가용성 여부

기업의 모집방법에 영향을 주는 요인으로 모집방법의 가용성이 있는데, 기업이 사용하는 모든 모집방법에는 항상 어려움이 따른다. 따라서 상황에 맞게 가장 적당한 모집방법을 사용하게 된다.

라) 예산

모집방법에 따라 소요되는 비용도 차이가 크다고 할 수 있는데, 이러한 예산의 제약으로 인해서 기업은 상황에 맞는 적당한 모집방법을 사용하게 된다.

(2) 모집 유형

가) 내부모집

내부모집이란 내부 노동시장에서 지원자를 모집하는 방법으로 사내에 모집공고(job posting system)를 내고 기존의 사원들이 응모하면 선발, 이동, 승진, 배치하는 모집방법이다. 호텔기업에서도 프런트 부서에서 근무하다 식음료 부서로 이동된다거나, 벨 업무를 수행하다 프런트 부서로 이동하는 등 내부모집이 일어날 수 있다. 내부모집은 기업과 종업원 모두 서로를 잘 알고 충분한 검토를 통해서 지원자들을 적재적소에 배치할 수 있는 장점이 있다고 할 수 있다. 또한 기업의 입장에서는 내부모집을 통해서 외부모집 비용을 절감할 수 있고, 내부적으로 조직의 문화를 잘 이해하고 있는 내부인을 채용함으로써 교육훈련비용도 절감할 수 있다.

나) 외부모집

외부모집은 지원자를 외부에서 모으는 방법을 말하며 모집방법으로는 모집광고를 통한 방법, 기업을 대신한 헤드헌터 등의 외부기관을 통해서 모집하는 방법, 대학교 등의 교육기관과 연계하여 모집하는 방법, 일정기간 동안의 인턴십 등을 통한 후 모집하는 방법 등이 있을 수 있다.

내부모집과 외부모집을 비교하여 장점과 단점을 분석하면 <표 4-5>와 같다.

표 4-5 모집방법의 장점과 단점 비교

모집방법	내부모집	외부모집
장점	- 사기가 높아짐 - 능력개발 - 모집비용 절감 - 평가의 정확성이 높아짐	- 새로운 분위기 유발 - 인재채용의 폭이 넓어짐 - 교육 및 훈련비 절감
단점	- 모집범위의 제한성 - 탈락자들의 불만이 고조될 수 있음 - 경쟁이 과다해질 수 있음 - 전환배치(transfer) 시 교육비 상승	- 적응기간이 필요함 - 내부직원들의 사기가 저하됨 - 잘못된 평가가 있을 수 있음

2. 선발

1) 선발의 개념

선발(selection)이란 모집된 지원자들에 관한 정보를 수집하여 자격심사를 하고 최적격자를 확정하는 과정이라고 할 수 있다. 따라서 직원들의 선발절차를 살펴보면 모집에서 시작하여 서류 및 자격심사과정을 거쳐 면접을 하여 선발하고, 선발된 인적자원들을 교육하는 과정을 거치게 된다. 선발은 경제적인 관점과 전략적인 관점에서 기업에 많은 영향을 미치므로 기업의 입장에서는 선발의 의사결정에 신중을 기해야 한다.

이렇게 새로운 인력을 선발할 때에는 효율성, 형평성, 적합성 등을 고려해야 하는데, 효율성이란 선발된 인원들이 기업에 입사했을 때 최소한 기업에서 보상하는 비용보다는 공헌도가 커야 한다는 의미이다. 형평성이란 모든 지원자들에게 동등한 기회를 부여해야 한다는 의미이고, 적합성이란 기업의 전략이나 목표에 적합한 인력을 선발해야 한다는 의미이다. 기업은 직무분석을 통하여 직무를 수행하는 데 필요한 지식

(knowledge), 스킬(skill), 능력(ability)을 식별할 수 있는데, 이러한 자료를 분석함으로써 지원자를 측정하고 평가하여 조직의 개인과 직무 적합도(job fit)의 상승을 달성할 수 있다. 기업들은 조직요건에 맞는 인적자원을 선발하고자 하는데, 기업에 따라 차이는 있을 수 있지만, 일반적으로 기업들은 자사의 가치관이나 문화에 적합한 인적자원을 선발하려는 경향이 강하다고 할 수 있다.

Marriott Corporation은 자사에서는 종업원들에게 어떠한 직무든지 수행할 수 있도록 훈련시킬 수 있지만, 친절한 태도를 갖게 하기 위해서는 채용 및 선발에서부터 시작되어야 한다고 한다. 이를 통해 신입사원 선발의 중요성을 알 수 있다.

2) 선발도구

기업에서는 인력을 선발하는 선발도구로서 서류전형, 시험, 면접 등의 방법을 사용한다.

(1) 서류전형

일반적으로 기업들은 새로운 인력확보를 위한 선발도구로서 서류전형을 실시하는데, 서류전형이란 기업들이 지원자들로부터 확보하는 이력서, 자기소개서, 졸업증명서, 자격증, 추천서 등을 기초로 인력을 선발하는 도구 중 하나이다.

(2) 시험

기업에서 많이 실시하는 선발시험 유형으로는 성격검사, 능력검사, 지능검사, 적성검사 등이 있다. 성격검사를 통해서 기업들은 지원자의 성격과 맡은 직무와의 관계를 파악하며, 능력검사를 통해서 지원자의 일반적인 능력 및 과업과 관련된 전문적인 능력을 파악하게 된다. 지능검사를 통해 지원자의 지적 능력을 파악하고, 적성검사를 통해 선발 후 지원자들을 배치할 때 이 점을 최대한 고려하게 된다.

(3) 면접

면접(interview)이란 지원서나 선발시험을 통해서 잘 파악하지 못한 지원자의 특성을 파악(지원자의 성격, 외모, 지원동기 등)하는 과정이라고 할 수 있다.

면접의 유형은 구조적 면접과 비구조적 면접으로 나눌 수 있는데, 구조적 면접이란 직무에 관한 전문능력 파악을 위해 질문사항을 미리 준비하기 때문에 비전문가도 면접관으로서의 역할을 할 수 있다. 비구조적 면접이란 질문내용이 준비되지 않은 상황에서 면접이 진행되기 때문에 면접 후 평가에 관한 부분에 신경을 많이 써야 한다.

면접의 유형으로는 집단면접, 위원회면접, 스트레스면접, 상황면접 등이 있으며, 각각의 내용은 다음과 같다.

가) 집단면접

집단면접이란 복수의 지원자들을 면접하는 방법으로 다수의 지원자들을 비교평가하면서 진행되며, 시간이 절약되지만, 개인의 특성을 자세하게 파악하기는 힘든 단점이 있다.

나) 위원회면접

여러 명의 면접관이 한 명의 지원자를 대상으로 집중적인 질문을 하고, 평가 시에도 면접관 전원이 토론을 하면서 평가를 한다.

다) 스트레스면접

면접관들이 지원자의 약점 등에 대해 스트레스를 주고 그 상황에서 지원자의 반응을 살피는 형태의 면접이다.

라) 상황면접

기업에 취업 후 일어날 수 있는 상황을 설정한 후 지원자의 대응능력을 살피는 형태의 면접을 말한다.

이 밖에도 최근에는 여러 형태의 면접들이 진행되고 있다.

마) 면접관이 주의해야 할 점

① 부정적인 측면에 과도하게 집착하지 말아야 한다.

② 앞, 뒤의 사람과 비교하는 대조 오류를 범하지 말아야 한다.

③ 첫인상이나 초반 면접에서 성급하게 판단하지 말아야 한다.

④ 직무와 무관한 사항들에 집착하지 말아야 한다.

⑤ 몸가짐이나 옷차림 등 비언어적 단서에 치우치지 말아야 한다.

바) 응시자가 주의해야 할 점

① 기업에 대한 사전지식을 입수해야 한다.

② 자신의 표현에 대한 준비와 훈련이 필요하다.

③ 복장과 예의를 갖추어야 한다.

④ 어투와 대화법에 신경을 써야 한다.

⑤ 본인의 질문과 요구사항을 정확하게 제시한다.

일반적인 면접의 단계는 <표 4-6>과 같다.

표 4-6 전형적인 선발면접 단계

단 계	지원자	면접자
1. 사전단계	- 복장검토 - 현장 도착 - 대기 중 면접 준비물 검토	- 이력서 검토 - 면접지침 검토 - 질문사항 준비
2. 인사 및 분위기 형성	- 인사 - 요청 시 착석 - 좋은 인상	- 인사 - 착석요구 - 적절한 화제로 분위기 이완
3. 직무관련 질문	- 교육배경 제시 - 작업경험 제시 - 개인적 스킬과 능력 설명 - 직무에 대한 적절한 동기 제공	- 교육배경 요청 - 근무경험에 대한 관련된 세부사항 요청 - 특수한 스킬과 능력 논의 - 지원자의 근무동기 파악
4. 지원자 질문에 대한 답변	- 임금 및 복지후생 질문 - 승진기회 및 조직문화 등 질문	- 조직입장에서 지원자 질문 응답 - 조직에 대한 긍정적 인상을 주기 위한 시도
5. 마무리	- 면접자로부터 종료되었다는 신호를 기다림 - 다음 단계 논의	- 면접이 거의 종료되어 간다는 것을 보여줌 - 다음 단계는 무엇이 될지 설명 - 일어서서 인사

자료 : Tullar, 1989; 황규대, 2008, p. 204에서 재인용.

3. 채용형태의 변화

최근 경영환경의 변화로 채용형태의 변화가 여러 부분에 걸쳐서 일어나고 있는데, 이러한 변화 중에서 가장 두드러진 부분이 아웃소싱(outsourcing)과 비정규직의 증가라고 할 수 있다(임창희, 2005, p. 141 참조).

1) 아웃소싱

아웃소싱(outsourcing)이란 기업이 수행하는 다양한 활동 중 전략적으로 중요하면서도 가장 잘할 수 있는 분야나 핵심역량에 모든 자원을 집중시키고, 나머지 업무에 대해서는 그 업무 분야에 전문적인 외부의 우수기업에게 맡기거나 조달하는 것을 의미한다. 이러한 아웃소싱은 기업의 핵심역량을 핵심 부분에 집중하면서 외부 전문분야의 도움을 얻어 자사의 경쟁력을 높이기 위한 경영혁신운동의 일환이라 할 수 있다. 아웃소싱은 흔히 외부조달, 외부화란 용어로도 사용되고 있으며 최근 많은 기업들이 실시하는 상황이다. 아웃소싱의 유사개념으로는 하청, 외주, 인력파견, 업무대행 등이 있다. 하청이란 업무의 일부를 외부에 위임하는 것으로 부품과 기능의 일부를 외부기업에 발주하는 것이 포함된다. 하청은 넓은 의미에서 아웃소싱의 일부라고 할 수 있지만, 기획 등 업무의 핵심적인 부분이 발주한 기업에 있다는 점에서 아웃소싱과는 약간의 차이가 있다고 할 수 있다.

외주란 기업의 외부자원 활용이라는 점에서 아웃소싱 개념에 일치하기는 하나 외주는 하청과 업무대행 등을 포함하는 포괄적인 개념이다. 인력파견이란 업무를 지원할 목적으로 인력을 지원하는 것인데, 인력의 공급업체는 업무의 운영과 설계를 하지 않으며 업무의 수행과 관리만을 책임지는 것을 말한다. 아웃소싱의 장점과 단점은 다음과 같다.

(1) 아웃소싱의 장점

가) 핵심사업에 주력

핵심사업은 자사가 다른 기업보다 상대적인 우위에 있으므로 내부 인력을 활용하는 것이 외부 인력을 사용하는 것보다 효율성이 더 크지만, 비핵심사업은 부가가치가 낮아서 인건비를 감당하는 것도 어려울 때가 있으므로, 이러한 핵심사업을 더 잘하는 기업에 위탁하여 성과만을 활용하면 더 경제적일 수 있다. 간단히 말하면, 아웃소싱을 하는 이유는 주력업무에 경영자원을 집중하여 핵심역량을 강화하기 위해서이며, 아웃소싱은 인력과 자금이라는 관리의 기초자원을 재분배하며, 결과적으로 보다 적절한 자원배분이 가능하도록 한다.

나) 인력관리의 유연성

최근에는 급속한 경영환경의 변화로 인하여 정규인력만 채용하여 기업을 운영하는 데 매우 많은 어려움이 따른다고 할 수 있다. 아웃소싱은 일반적으로 한시적으로 계약하기 때문에 기업이 인적자원관리 정책을 유지하는 데 유연성을 제공한다. 하지만 아웃소싱 인력근로자의 입장에서 보면, 미래를 예측하기 어렵고, 고용에 대한 안정성이 떨어지기 때문에 아웃소싱이 결코 바람직한 방법은 아닐 수 있다.

다) 노동자 요구 감소

최근 들어 근로자의 요구가 다양해지고 있어 기업이 많은 부담을 안게 되는데, 그 결과 많은 기업들이 아웃소싱으로 그러한 부담에서 벗어나려는 경향을 보이고 있다. 그 이유는 아웃소싱을 제공해 주는 인력기관들은 노동자를 임시직 혹은 비정규직으로 고용하는 경우가 많아서 정규직보다 사용자에 대한 요구가 한정되어 있기 때문이다.

라) 신규 사업 진출

경영환경의 변화로 사업분야가 다양해지기 때문에 기업은 경험과 전문적인 지식이 없는 사업에 투자할 때 종업원을 자사의 인원들로만 확충하기보다는 위험관리의 차원에서 그 사업분야에서 경쟁력 있는 기업의 인적자원들로 구성하려는 경향이 나타날 수 있는데, 이러한 이유로 아웃소싱이 활성화된다고 할 수 있다.

마) 조직활성화

아웃소싱을 조직적인 관점에서 살펴보면, 단순하고 반복적인 업무를 외부에 맡기기 때문에 기업조직이 슬림화되는 장점이 있다. 따라서 아웃소싱을 통해서 의사결정의 속도가 빨라지고 커뮤니케이션이 활발해지기 때문에 조직이 활성화된다. 또한, 유연성 있는 고용형태와 직무급 등의 급여체제도 실현 가능하게 된다.

바) 비용 절감

비용적인 측면에서도 아웃소싱은 고정비가 변동비가 되어 매출변동에 따라 비용절감이 가능해지도록 운영할 수 있기 때문에 사업 초기 진입 시에 투자되는 막대한 초기 투자비용을 절감할 수 있는 장점이 있다.

(2) 아웃소싱의 단점

가) 관리적 요소

아웃소싱의 단점 중 관리적인 요소와 관련된 부분은 첫째, 통제와 유연성의 문제를 들 수 있는데, 기업 관리자의 관점에서 아웃소싱은 자사의 직원들이 아니기 때문에 인적자원들의 통제와 유연성에 문제가 생길 수 있다. 둘째, 장기적인 관점에서 발주기업의 관리자들은 자신들의 경력진로를 외부의 아웃소싱 인력에 의해 위협받을 수 있다는 점이다. 셋째, 근로자들로부터 고용안정, 몰입도 감소 및 정규직 근로자들과의 갈등요소가 존재한다고 할 수 있다.

나) 비용적인 요소

아웃소싱 업자와의 의사소통과 의견조정을 하기 위한 조정시간이 증가함에 따라 조정비용의 증가와 잠재비용의 발생 문제가 생길 수 있다.

다) 갈등요소

발주기업의 목표와 아웃소싱 업체의 목표가 서로 다르기 때문에 문제가 발생할 수 있는데, 이런 경우에 두 번째 요소인 조정기간과 조정비용이 증가할 수 있고, 아웃소싱 업체와 발주기업 간의 보안과 기밀에 대한 문제가 발생되어 상호 보완적인 관계에 좋지 않은 영향을 미칠 수 있다.

2) 비정규직

최근 가장 이슈가 되는 부분이 비정규직 문제라고 할 수 있는데, 비정규직 고용의 증가이유는 정규직에 비해 낮은 임금수준과 해고 및 선발의 용이성 때문이라고 분석할 수 있다. 또한, 갈수록 심화되는 취업난과 구직난 등으로 인하여 비정규직이라도 취업하려고 하는 근로자들이 증가하는 것도 비정규직이 증가하는 주된 이유 중 하나라고 할 수 있다. 비정규직의 근로유형으로는 파트타임사원, 파견근로자, 계약직 사원, 도급 근로자 등을 들 수 있는데, 파트타임사원은 정규직보다 근로시간이 적으며, 파견근로자는 인력파견업체에서 채용하여 요구하는 기업에 일정기간 파견 근무토록 한다. 계약직 사원은 채용 시에 고용기간을 보통 1년에서 3년 정도 정해 놓고 근무를 하게 된다. 도급근로자는 계약당사자 일방이 어느 한 가지 단위의 일을 완성해 줄 것을 약속하고 그 일이 완성되면 사원에게 보수를 지급하는 동시에 계약이 완료되는 형태의 비정규직이라고 할 수 있다.

비정규직과 관련된 내용은 우리나라 기업들의 인적자원관리 부분에 있어서 가장 중요한 부분 중 하나이며, 많은 직원들이 비정규직으로 근무하고 있는 호텔관광산업에서는 더욱 중요한 부분이라고 할 수 있다.

제 5 장

교육훈련 및 개발관리, 인사고과와 승진관리

I. 교육훈련 및 개발관리

1. 교육훈련 및 개발관리의 개념

기업에 따라 차이가 있을 수 있지만 일반적으로 기업의 전략을 이해하지 못하는 종업원들이 있을 수 있는데, 이 경우 이러한 종업들에 대한 교육이 필요하다.

최근 급속한 경영환경의 변화로 많은 기업에서 인적자원에 대한 의존도가 증가하고 있는데, 이러한 상황에서 기업에 가장 중요한 자원인 인적자원에 대한 교육훈련 및 개발관리는 매우 중요한 부분이라고 할 수 있다. 이러한 인적자원에 대한 교육·개발은 인성개발, 급속한 기술적 환경의 변화, 조직원들 사이의 커뮤니케이션 등의 필요성에 의해서 진행된다고 할 수 있다. 특히, 이전에 경험하지 못했던 디지털 트랜스포메이션 등 정보통신기술을 기반으로 한 지식기반사회로의 전환이 가속화되면서 호텔관광산업에서도 정보통신기술을 기반으로 한 예약 및 관리시스템 등의 활용이 일반화되면서 이에 따른 교육훈련 및 개발의 필요성이 커지고 있는 상황이다.

인적자원개발(human resources development)은 훈련과 개발을 통해 조직목표에 대한 조직구성원의 공헌을 높이기 위해서 계획된 학습과정이라고 정의할 수 있는데, 인적자원개발의 목적은 기존의 혹은 앞으로 기대되는 직무요건에 맞추어 개인의 능력을 향상시키는 것이라고 할 수 있다.

미국의 맥도날드 햄버거 모의대학이나 KFC 모의대학은 종업원 교육훈련 사례로 유명하다. 호텔신라는 1980년대 서비스 교육센터를 개장하여 매기 6개월간의 교육기간을 통해 많은 졸업생을 배출하였는데, 초기의 과감한 투자가 상당한 효과를 거두고 있다는 내부평가를 받았다. 규모가 크고 우수한 훈련프로그램은 조직을 고객지향적으로 바꾸는 데 유효한 방법이라고 할 수 있다. 스칸디나비아항공은 조직 재활성화 노력의 일환으로 2만 명 이상의 종업원 훈련을 실시하고, 영국항공도 3만 7천 명 이상의 종업원 훈련을 실시했다. 이러한 인적자원개발에 대한 대규모 투자의 배후에는 종업원들의 마인드와 능력을 개발하는 것이 중요하다는 확신이 숨어 있는데, 대부분의 초우량 서비스기업들은 효과적인 종업원 훈련에 대한 프로그램을 가지고 있다. 교육훈련에서 중요한 것은 그것이 지속적인 훈련이 되어야 한다는 점과 상사도 함께 그 훈련을 받아야 한다는 것이다. 상사와 함께 훈련을 받을 때 직원들은 훈련의 중요성을 더욱 절실하게 느끼게 되고 공동의 목표를 갖게 된다. 교육 시 정중한 태도, 응답성, 감정이 이입된 서비스, 경청, 문제해결방법, 커뮤니케이션, 대인적 기술 등을 포함시키는 것은 필수적이다.

특히 서비스경쟁이 더욱 치열해지는 호텔관광산업 분야에서 기업들은 서비스경쟁우위를 확보하기 위해 자체적으로 교육, 훈련 부분에 많은 자원을 투자하고 있다.

사례

SK 사례 : 교육 통해 'SK맨' 키운다

SK그룹은 세계 일류기업으로 성장하기 위한 경영전략의 일환으로 지난 94년부터 임원육성제도인 EMD(Executive Management Development)제도를 운영한다. EMD는 각 사의 경영을 담당할 최고경영자를 조기 발굴해 체계적으로 육성하기 위한 제도로 전 직급들을 대상으로 한다. 그룹에서 시행하는 경쟁우위전략인 슈펙스(Super+Excellent)를 이끌어가기 위해서는 탁월한 임원양성이 필요하다는 판단에 따라 시행되었다. 조기발굴이라고 해서 입사 때부터 등급을 나눈다거나 하는 개념은 아니다.

SK주식회사 인력팀 과장은 “모든 사원에게 똑같은 기회가 부여된다”며 “다만 그중에서 탁월한 업무능력을 발휘하거나 지속적으로 노력해 발전하는 인재들에게는 더 많은 기회를 부여한다”고 말했다. EMD제도는 임원자격요건, 평가 및 선발, 개발 육성의 3개 부문으로 구성된다. 임원자격요건은 SK관리체계인 SKMS(SK Management System)를 근간으로 업무능력 등을 평가해 부여된다.

평가 및 선발은 상사뿐 아니라 관련 부서와 부하들의 전방위 평가를 바탕으로 임원후보를 선발하는 단계이다. 개발육성단계에서는 선발된 임원 후보를 다양한 업무에 배치시켜 임원이 갖추어야 할 능력 및 자질요건을 중점적으로 양성시킨다. 이외에 특색 있는 임원교육제도로 TIC(Thunderbird International Consortium)과정이 있다. 이는 GE, 다우 케미칼, AT&T 등의 경험과 정보를 교류하기 위한 프로그램이다. 이를 통해 국제적인 비즈니스 감각 배양 및 인적 네트워크를 구성하는 효과를 얻는다.

〈SKT, CEO 아카데미 운영〉

그룹차원에서 임원육성제도는 마련되어 있지만, 체계적인 CEO 양성프로그램을 통해 CEO를 양성하는 곳은 SK텔레콤이 유일하다. SK텔레콤은 지난 95년부터

CEO 아카데미를 운영한다. 교육대상은 전 임원(80여 명)이다. 교육프로그램은 1월부터 12월까지 연중 운영되며, 연간 약 50시간에 걸쳐 집합교육을 실시한다. 본인 희망 시에는 별도수강이 가능하다. 프로그램은 강연, 리더십, 랩(Lab)이고 활동 분과에서는 신규사업 발굴을 위해 산업과 문화동향 등을 보는 시각을 길러준다. 전략 세미나 분과는 임원의 전략적 의사결정능력 함양을 위한 강좌이다. SK 그룹차원의 공식적인 EMD제도를 제외하고는 CEO 양성프로그램이 없는 상태이다. 따로 CEO를 양성하는 프로그램은 없지만 에너지 업종이 주력이다 보니 E&M(Energy and Management)사업부 출신이 전문경영인을 맡는 게 특징이다. 경영지원부서 출신이 전문경영인이 되는 경우도 있지만 이는 극히 드물다. E&M사업부는 SK에서 CEO가 되기 위해 필히 거쳐야 할 코스인 셈이다.

[자료 : 매경이코노미, 2005.3.23]

2. 교육훈련 및 개발관리의 목표 및 효과

교육훈련의 목적에는 기대되는 성과에 관한 기술, 기대되는 성과가 발생하는 조건, 수용 가능한 성과수준에 대한 기준 등이 포함되어야 한다. 예를 들어 지식은 어느 정도 습득해야 한다든지, 태도는 어느 정도 습득해야 한다든지 등에 관한 세부적인 기준이 있어야 한다.

교육훈련 및 개발관리의 효과는 기업의 관점과 종업원의 관점으로 나누어서 분석해 볼 수 있다. 먼저, 기업의 관점에서 살펴보면 교육훈련을 통해서 종업원들의 역량이 커지면 이를 통해서 기업의 생산성 향상을 가져올 수 있으며, 급속한 경영환경의 변화에 대비하여 미래에 활용할 인력들을 확보할 수 있는 효과를 거둘 수 있다.

한편, 종업원의 입장에서 교육훈련의 효과를 살펴보면, 교육훈련기회를 자기성장의 기회로 활용할 수 있으며, 기업으로부터 받은 보상수준의 증가를 가져올 수 있다. 또한, 직무만족도가 향상되어 조직생활에 있어 기업에 대한 만족도가 증가할 수 있다.

3. 교육훈련 및 개발관리의 내용

1) 전문적 능력

기업의 업무를 처리하기 위해서는 전문적인 능력을 필요로 하는데, 어느 부서에서 어떤 직무를 수행하느냐에 따라 다르겠지만, 직급에 따라서도 전문적인 능력에는 차이가 있다고 하겠다. 일반적으로 기업의 교육은 직급별로 나누어서 실시되는데, 각 직급 및 직무에 따라 전문적인 교육이 실시된다.

2) 태도 및 정신교육

지식과 능력을 보유한 인적자원이라도 직무에 임하는 태도나 정신이 제대로 갖추어지지 않으면 본인의 직무를 잘 수행하는 데 있어서 어려움을 겪게 된다. 따라서 직무몰입과 직무만족도를 높이기 위한 태도 및 정신교육 내용을 개발하는 것이 기업에게는 필요한 부분이라고 할 수 있다.

3) 내부 및 외부 경영환경

최근 급속한 경영환경의 변화로 인하여 기업의 내부환경뿐만 아니라 기업의 외부환경도 빠르게 변화하고 있다. 이러한 경영환경하에서 기업이 생존하기 위해서는 기업 내부의 인적자원들에게 이러한 상황을 인식시키고 환경의 변화에 대비하는 것이 필요하다고 하겠다.

특히 스마트폰, 트위터 등 하루가 다르게 변화하고 있는 정보통신기술의 발전과 글로벌화의 가속화로 인하여 호텔관광산업을 포함한 모든 기업들의 경영환경이 급변하고 있기 때문에 기업들의 입장에서는 이러한 환경에서 경쟁력을 가질 수 있는 교육, 훈련 내용과 개발관리의 중요성이 더욱 부각되고 있다고 할 수 있다.

4. 교육훈련의 분석 및 평가

1) 교육훈련의 필요성 분석

효과적인 교육훈련의 필요성 분석은 조직차원, 과업차원, 개인차원으로 나누어서 분석해 볼 수 있다(Moore and Dutton, 1978; 황규대, 2008 참조하여 재인용).

(1) 조직차원의 분석

조직차원에서 교육훈련의 필요성 분석의 목적은 조직의 어떤 분야에 있어서 개발이 필요하며, 어떤 조건에서 개발이 조직효율성 증대에 기여할 수 있는지를 파악하는 것이라고 할 수 있다. 따라서 조직차원의 분석은 사업계획과 밀접하게 연관된다고 할 수 있으며, 훈련 및 개발이 사업계획과 밀접하게 연관되어 있다는 것을 기업이 관리자나 종업원들과의 커뮤니케이션을 통해서 전달해야 인적자원프로그램 개발의 중요성을 최대화할 수 있다.

표 5-1 조직필요성 분석을 위한 자료원천

주요 자료원천	분석의 활용
1. 조직목표와 목적	- 강조되어야 하는 교육훈련분야 제시 - 목표와 성과문제로부터의 일탈을 조명할 수 있는 지침 및 예상 영향에 관한 규범적 표본을 제공
2. 인력 인벤토리	- 퇴직, 사퇴 및 연령 증가 등으로 인하여 야기되는 차이 조정 - 교육훈련 가능 범위에 관한 인구통계관련 데이터베이스 제공
3. 스킬 인벤토리	- 각 스킬그룹에 포함된 종업원 수, 지식 및 스킬레벨, 직무당 교육훈련시간 포함 - 교육훈련 필요성의 크기 및 교육훈련비용 추정

주요 자료원천	분석의 활용
4. 조직분위기지표	- 조직차원에서의 QWL 지표들은 교육훈련내용의 구성과 관련된 문제에 초점을 맞추도록 지원 - 교육훈련을 통해 개선을 희망하고 있는 행위에 대한 차이 분석과 이에 대한 가치 부여에 용이 - 조직의 기대와 인지된 결과 사이의 불일치가 어디에서 발생하는가를 찾는 데 적절 - 귀중한 피드백 : 불만의 패턴과 반복 여부 식별 가능
5. 효율성 분석지표	- 원가회계 개념들은 실제 성과와 바람직한 혹은 표준성과 간의 비율을 제시
6. 시스템과 하위시스템의 변화	- 새로운 장비 혹은 기존 장비의 변화는 교육훈련문제를 제기함
7. 경영층의 요구 및 지시	- 교육훈련 필요성 결정의 가장 보편적인 기법의 하나임
8. 외부 인터뷰	- 많은 정보를 외부 인터뷰를 통해 얻을 수 있음 - 특히 문제 영역 및 감독자 훈련필요성 파악에 유용함
9. 작업계획 및 리뷰시스템	- 성과에 대한 고찰, 잠재력의 파악 및 장기 사업목표를 제공 - 실제의 성과 데이터를 주기적으로 제공함으로써 성과의 파악이 용이하고, 성과의 개선 혹은 성과의 하락에 대한 식별·분석이 용이함

(2) 과업차원의 분석

과업차원의 분석은 최적의 성과를 달성하기 위하여 종업원이 배워야 할 직무내용에 대해서 체계적으로 정보를 수집하는 과정이라고 할 수 있다. 과업분석의 결과로서 성과기준, 직무수행방법 등에 대한 정보를 수집할 수 있다. 이러한 정보를 기초로 하여 교육훈련 프로그램의 내용을 설정하게 된다.

▌표 5-2▌ 과업 필요성 분석을 위한 자료원천

주요 자료원천	분석의 활용
1. 직무기술서	- 직무의 의무 및 책임에 대한 윤곽을 제시하지만, 지나치게 포괄적이어서는 안 됨 - 성과 차이를 정의하는 데 용이함
2. 직무명세서 혹은 과업분석	- 각 직무를 수행하는 데 필요한 특정한 과업을 나열하며 직무기술서에 비해 보다 구체적임 - 직무 담당자에게 필요한 지식과 스킬의 판단에 활용함
3. 성과표준	- 직무 내 과업들의 목적 및 과업들이 판단되는 표준으로 기준 데이터를 포함 - 직무의 수준이 높을수록 성과요건이 성과수준과 결과 간의 갭을 크게 한다는 점에서 직무수준이 높을수록 심각한 한계가 존재함
4. 직무수행 정도	-
5. 직무-작업 표본 관찰	- 직무와 작업표본의 관찰을 통해 과업차원의 교육훈련 프로그램 필요성과의 관계를 분석
6. 직무관련 문헌고찰	-
7. 직무관련 설문조사	- 직무와 직무관련 설문조사를 통해 과업차원의 교육훈련 프로그램 필요성과의 관계를 분석
8. 훈련위원회 및 회의	- 교육훈련 필요성 및 열망에 대한 다양한 관점의 표현 및 제시 가능
9. 운영문제의 분석	- 과업 방해요인, 환경요인 등의 지적
10. 카드 분류	- 교육훈련 회의에서 활용, 교육훈련의 중요성에 따라 분류되며, How to 문장으로 표현

(3) 개인차원의 분석

개인차원의 분석은 개별 종업원의 교육훈련 필요성을 결정하는 데 목적이 있으며, 개인분석은 개별 종업원이 핵심과업을 얼마나 잘 수행하는가에 초점을 맞추고 있으며, 이 과정에서도 다양한 개발 필요성을 식별할 수 있다. 일반적으로 개인분석은 종업원의 성과를 규칙적으로 관찰할 수 있는 상급자에 의해서 행해지게 된다.

표 5-3 개인 필요성 분석을 위해 활용 가능한 자료원천

주요 자료원천	분석의 활용
1. 성과 혹은 약점 지표	- 강점뿐만 아니라 약점과 개선분야도 포함 - 교육훈련이 필요한 대상 및 교육훈련의 종류를 결정하기 위한 분석과 계량화가 용이함 - 성과차이를 식별하는 데 활용함
2. 관측과 작업 샘플링	- 주관적인 기법이지만 종업원 행위 및 행위의 결과를 제공함
3. 인터뷰	- 개인은 자신이 무엇을 배워야 하는가에 대해 알고 있는 유일한 사람이기 때문에 종업원을 니드분석에 몰입시켜 종업원의 학습노력에 대한 동기부여가 가능함
4. 설문지	- 인터뷰와 같은 방법 - 조직의 특정한 특성에 맞춰 조정이 용이함 - 사전구조화에 의해 bias 야기 가능
5. 테스트	- 목적에 맞게 조정 및 표준화 가능 - 직무관련 특성이 측정되도록 주의가 필요함
6. 태도조사	- 각 종업원의 사기, 모티베이션 혹은 만족의 결정이 용이함
7. 체크리스트 혹은 교육훈련진척 차트	- 최근 각 종업원의 스킬을 리스트화 - 각 직무에 대한 미래의 교육훈련요건을 제시함

주요 자료원천	분석의 활용
8. 스케일 평가	- 평가 시 타당성, 신뢰성 및 객관성이 확보될 수 있도록 주의가 필요함
9. 주요 사건	- 직무의 성공적 혹은 비성공적 성과에 중요한 행동을 관측함
10. 일기	- 개별 종업원이 자신의 직무의 상세한 사항을 기록함
11. 상황 조작	- 이들 기법을 통해 특정 지식, 스킬 및 태도를 제시함
12. 평가 진단	- 평가를 진단하기 위해 체크리스트에 대한 요인분석을 실시함
13. 평가 센터	- 평가기법 중 몇 개를 조합하여 집중적인 평가 프로그램을 마련함
14. 코칭	- 인터뷰와 비슷하게 일대일로 진행함
15. MBO 혹은 작업 계획 및 리뷰 시스템	- 조직차원의 실제 성과 데이터를 주기적으로 제공하여 기준측정치를 획득하고 성과의 개선 혹은 감소가 식별, 분석되도록 함 - 이러한 실제성과 및 잠재력의 고찰을 통해 보다 큰 조직목표 혹은 목적과 부합되도록 함

2) 교육훈련 평가

교육훈련이 종료된 후 이에 대한 평가가 필요한데, 이러한 평가를 통해서 교육목적이 제대로 수행되었는지, 교육과 관련된 개선점은 없는지, 이에 대한 피드백(feedback) 등이 필요하다.

교육내용의 평가는 교육비용 평가, 교육내용 평가, 피교육자 평가, 교육방법 평가, 교육실시자 평가 등으로 나누어볼 수 있다(임창희, 2006, p. 171 참조).

(1) 교육비용 평가

교육에 투입된 비용을 경제적으로 산출해 보는 것은 쉽지 않지만, 일반적으로 직접비용과 간접비용으로 나누어볼 수 있다. 직접비에는 인건비, 교육재료비, 프로그램개발비 등이 포함되고, 간접비에는 스태프교육비, 지원비 등이 포함된다. 교육비용에 대한 평가는 향후, 진행된 교육훈련프로그램을 위해서도 필요한 부분이라고 할 수 있다.

(2) 교육내용 평가

가) 실무와 직결되는 것인가와 관련된 평가
나) 실무에 적용이 쉬운 것인지에 관한 평가
다) 종업원의 능력 향상과 개발에 도움이 되는지에 관한 평가
라) 교육훈련 필요성 분석에서 요구되었던 내용인가에 관한 평가

(3) 피교육자 평가

가) 피교육자들을 제대로 선발했는지에 관한 평가
나) 참가자들의 반응이 양호한가에 관한 평가
다) 참가자들의 실력이 실제로 향상되었는지에 대한 평가
라) 참가자들이 향상된 실력을 경영실무에 적용하는가에 대한 평가

(4) 교육방법 평가

가) 참가자를 동기부여하고 반복학습하도록 유도할 수 있는가에 대한 평가
나) 교육결과를 참가자에게 수시로 피드백시키는가에 관한 평가
다) 교육기법, 도구 사용 등의 비용과 시간이 경제적인가에 대한 평가
라) 교육효과를 높이는 데 교육기법이 어느 정도 공헌했는가에 관한 평가

(5) 교육실시자 평가

가) 피교육자에게 동기를 부여하고 상담 · 지도했는지에 관한 평가

나) 학습효과를 높이도록 지원하고 분위기를 조성했는가에 관한 평가

다) 교육 전반과정에 참여했는가에 관한 평가

라) 상황에 알맞은 교육기법을 선택했는가에 관한 평가

마) 충분한 교육자격과 자질을 가진 자인가에 관한 평가

II. 경력개발관리의 이해

1. 경력개발관리의 개념

인적자원들은 기업에 입사한 이후 변화를 겪게 되는데, 신입사원, 일선 관리자, 중간 관리자, 최고경영자 사이에는 능력과 동기유발 차원에서 많은 차이점이 있다고 할 수 있다. 예를 들어 최고 경영자는 신입사원과 중간관리자들이 겪는 경력단계를 이미 경험하였으며, 중간관리자들은 신입사원들이 겪은 경력단계를 이미 경험하였다. 따라서 성공적인 기업과 관리자들은 이러한 종업원들의 경력에 관한 부분에 대하여 효과적으로 관리하고 지원을 하게 된다. 경력이란 개인의 인생에 있어서 업무와 관련된 경험 및 활동의 유형이라고 할 수 있는데, 업무와 관련된 지속적인 활동을 내포하고 있다고 할 수 있다.

기업의 인적자원관리 부분에서 경력개발(career development)이란 종업원이 기업에 입사하여 퇴직할 때까지의 전 기간에 걸쳐 수행하는 직무의 체계적인 관리를 통해 종업원의 경력을 지속적으로 개발하는 활동을 의미한다.

2. 경력경로

경력경로(career path)란 개인이 조직에서 최종경력에 이를 때까지 맡게 되는 직무의 배열 순서를 의미한다. 경력경로의 설계는 종업원이 수행하는 직무의 배열을 설계하는 과정을 의미하는 것으로, 설계방법으로는 전통적 경력경로, 네트워크 경력경로, 이중경력경로 등으로 나눌 수 있다.

전통적 경력경로(traditional career path)는 종업원이 수행할 직무가 조직도상에서 수직적으로 배열되는 경력경로를 의미한다.

네트워크 경력경로(network career path)는 종업원이 수행할 직무가 조직도상에서 수직적 · 수평적으로 배열되는 경력경로를 의미한다.

이중경력경로(dual career path)는 종업원을 직무의 특성에 따라 구분되는 집단으로 나누고 각각 다른 경력경로를 설계하는 방법이다.

3. 경력의 유형

전통적인 경력의 유형은 기업에 입사하여 근속연수가 늘어나고 성과향상에 따라서 승진을 하게 되고, 직위가 높아짐에 따라 권한과 책임의 증대도 생각하게 된다. 하지만 최근에는 급속한 경영환경의 변화로 인하여 새로운 형태의 다양한 경력유형이 나타나고 있다(황규대, 2008, p. 302 참조).

1) 선형경력

선형경력(linear career)이란 한 조직에서 상향적으로 전진하는 전통적인 경력과 유사한데, 최근에는 경영환경의 변화로 인하여 보다 나은 보상과 더 많은 권한과 책임을 위하여 개인들의 이직이 증가하였기 때문에 선형경력이 꼭 한 조직에서만 이루어진다고 할 수 없다. 최근 경영환경의 변화와 더불어 조직의 다운사이징(downsizing)과 인수합병(merger and acquisition) 등의 증가로 인해 이러한 추세는 더욱 가속화되고 있다고 할 수 있다.

한편, 기업들은 유능한 직원이 기업에 입사하면 기업에 장기간 근무하면서 높은 성과를 내고 헌신하기를 희망하게 되는데, 이러한 이유로 기업들은 외부에서 인력을 지속적으로 영입하는 것이 역기능도 있기 때문에 조직 내부적으로 직원들의 역량을 개발하고 지원하는 경향을 나타낸다.

2) 전문경력

전문경력(expert career)을 가진 조직구성원들은 관리자가 되기보다는 한 분야에서 전문성을 키워서 발전하기를 희망하는데, 이러한 유형의 조직구성원들은 예전부터 존재해 왔지만, 이전에는 크게 주목받지 못하였다.

하지만 최근에는 이러한 전문경력을 가진 인적자원들에 대해서 기업들의 보상이 증가하면서 이러한 경향이 점차 변화하고 있지만, 전문경력을 추구하는 인적자원들은 지속적으로 자신의 전문성을 개발해야 하는 부담감을 갖게 된다.

3) 순차경력

순차경력(sequential career)이란 새로운 역할을 시작하기 전에 기존의 역할을 끝내는 것을 의미한다. 조기퇴직 후 전혀 다른 경력을 쌓거나, 젊은 인적자원들이 다양한 경험을 위해서 순차경력을 희망할 수 있다. 이러한 순차경력을 추구하는 인적자원들은 전문성에 대한 명성을 구축하거나 승진과 관련하여 오랫동안 한 조직에 머무르지 않는 경향을 나타낸다.

4) 포트폴리오경력

프리랜서와 같은 포트폴리오경력(portfolio career)은 상향적 경력경로에서 크게 벗어난다고 할 수 있으며, 비정규직의 문제로 이러한 포트폴리오경력은 증대될 것으로 예상된다. 또한, 포트폴리오경력자들은 자신의 능력을 시장에서 판매할 수 있어야 한다.

5) 라이프스타일 추구경력

라이프스타일 추구경력(life style driven career)은 주로 직장과 가정 사이의 균형을 유지하려는 여성에게서 흔히 볼 수 있는 경력유형이라고 할 수 있는데, 가정이 있는 여성들은 가정에 대한 의무를 소홀히 하지 않기 위해 파트타임으로 근무하기를 희망한다. 이러한 동기를 지닌 사람들은 경력도 중요하지만, 균형 잡히고 만족스러운 인생관을 추구하는 유형이라고 할 수 있다.

6) 기업가적 경력

선천적으로 기업가적 특질을 가진 사람이 있는데, 그들은 창의적이고 독립적이며, 자신의 목표에 대한 열정이 높은 편이다. 그러나 지금까지 논의된 경력유형에 따라 서로 다른 방식으로 사업을 시작하는 경향이 있다.

많은 기업들은 기업가적 특질이 조직 내 혁신이나 창의적인 문제해결에 도움이 된다는 것을 인식하고 있기 때문에 기업은 조직 내에서 소수의 종업원 집단들에게 혁신적인 제품이나 서비스를 위한 창업자본을 제공하거나 사업계획을 창출하는 데 도움을 주고 있다.

7) 다원적 경력문화

지금까지 조직에는 한두 개의 경력유형이 존재하고 있다고 생각해 왔지만, 경영환경의 변화와 다양한 개인의 욕구에 부응하기 위하여 경력관리에 대한 다원적인 접근법에 대한 필요성이 제기되고 있다. 이러한 경영환경의 변화와 개인욕구의 다양성 증대로 인해, 개인적인 차원의 경력유형에 대한 관리가 필요하면, 기업차원에서도 이러한 개인들의 경력관리를 지원함으로써 보다 높은 성과향상을 가져올 수 있다.

4. 경력개발활동의 지원방법

위에서 언급된 바와 같이 기업들이 조직구성원들의 경력개발활동 지원을 위해서 할 수 있는 방법들로는 기업이 종업원들에게 개인적인 가치관, 능력, 흥미, 목표 등을 체크할 수 있는 가이드를 제공하는 워크북(workbook) 제공, 워크북 내용을 여러 사람이 모여 학습하고 토의하는 워크숍(workshop) 개최, 기업이 종업원들과 현재의 직무활동과 성과, 개인적인 목표 등을 상담해 주는 경력상담(career counselling), 경력개발센터(career develop center) 운영, 경험 많은 직원들이 경험이 적은 종업원들을 도와주는 멘토링(mentoring)제도 등을 들 수 있다. 멘토링제도와 관련하여 어떤 기업에서는 집단 멘토링제도를 시행하는데, 그 이유는 자격을 갖춘 멘토의 수가 부족하고, 멘토링을 지원하는 공식적인 보상시스템을 설계하기가 어렵기 때문이다. 집단 멘토링제도에서는 한 명의 멘토(mentor)가 다수 프로테제의 상담을 담당한다. 집단 멘토링을 통해서 멘토는 프로테제들이 조직을 이해하고 자신의 경험을 분석하며, 경력방향을 명확히 하도록 도와준다.

Ⅲ. 인사고과의 이해

1. 인사고과의 개념

인사고과(performance appraisal)는 종업원이 기업의 목표달성에 얼마나 기여했는지에 대한 평가과정이라고 할 수 있다.

인사고과는 종업원을 평가하는 활동인데 기업의 입장에서 보면 시간과 비용이 투입되는 관리부분이지만, 기업의 성과향상, 기업가치의 측정, 공정한 보상, 효과적인 인력계획과 배치, 종업원들의 능력개발 측면에서 꼭 필요한 부분이라고 할 수 있다.

2. 인사고과의 목적

1) 기업의 성과향상

기업 내의 모든 관리활동은 조직의 성과를 높이기 위한 것인데, 인사고과를 통해서 그 결과를 대상자들에게 피드백시키면 기업 전체적인 관점에서 볼 때 성과를 향상시킬 수 있으며, 개인의 입장에서도 자신의 능력을 개발하는 데 도움을 줄 수 있다.

2) 종업원에 대한 공정한 보상

기업의 입장에서 종업원들을 관리하는 데 가장 중요한 부분 중 하나가 종업원들의 성과측정을 정확히 한 후 그에 상응하는 공정한 보상을 해주는 것이다. 이러한 관점에서 볼 때 인사고과를 통해서 종업원들의 임금과 승진에 반영하는 부분이 필요하다. 기업의 보상이 공정하지 못하면 종업원들에게 동기부여를 하기 어렵고 기업의 입장에서는 생산성 향상을 가져오는 데 어려움이 있을 수 있다.

3) 효과적인 인력배치

인사고과는 인적자원을 운영하는 기업에게 기업이 보유하고 있는 인적자원의 가치와 능력 등의 정보를 제공해 주는데, 기업은 이러한 정보를 기초로 기업이 어느 정도의 인적자원이 더 필요한지, 아니면 필요 없는지를 판단할 수 있다.

따라서 기업의 입장에서는 이러한 인사고과를 통해서 인력수급계획을 세워 효율적인 선발관리와 방출관리를 할 수 있게 된다. 또한, 기존 인력들의 능력과 적성 등에 대한 정확한 평가가 이루어졌다면 이를 토대로 인력의 능력과 특기에 맞춰 적재적소에 배치할 수 있기 때문에, 기업의 입장에서는 효율적인 인적자원의 활용이 되고 종업원 측에서는 적성과 능력에 맞는 직무를 담당할 수 있다.

4) 종업원의 능력개발

인사고과를 통해서 기업은 종업원의 직무에 대한 동기부여를 높일 수 있을 뿐만 아니라, 인사고과에 대한 피드백을 통해서 종업원들의 능력을 더 개발시키는 데 도움을 줄 수 있다.

3. 인사고과기준

일반적으로 많은 기업들은 승진이나 전환배치의 결정 시 과거의 성과를 많이 고려하게 되는데, 과거의 성과를 고려하는 것은 충분히 이해가 되지만, 또한 다른 관점에서 볼 때 과거의 성과를 고려할 경우 두 직무의 내용에 대해서 자격요건상에 커다란 차이가 있으면, 한 직무에서의 좋은 성과가 반드시 다른 직무에서도 적용되는 것은 아니라는 것을 인지해야 한다. 따라서 현재 직무의 자격요건과 지원하는 직무에 필요한 자격요건 사이에 항상 직접적인 관계가 있는 것은 아니기 때문에, 이러한 상황에서 인사고과결과를 고려할 때에는 신중을 기해야 한다.

또한, 인사고과를 평가할 때에는 신뢰성, 타당성, 수용성, 실용성 등을 항상 생각해야 하며, 이러한 특성에 대한 설명은 다음과 같다.

1) 신뢰성

신뢰성(reliability)이란 인사고과내용이 얼마나 정확하게 측정되었는지에 관한 문제로, 특정 종업원에 대한 인사고과 평가가 모든 종업원들의 인사고과의 성과평가기준과 비교해서 정확하게 측정되었는지에 관한 문제라고 할 수 있다.

신뢰성에 문제를 일으킬 수 있는 요인들로는 시간적 오류(recency error), 중심화경향(central tendency), 귀속과정오류(error of attribution process) 등이 있다. 시간적 오류란 인사고과 기간 전반에 걸쳐 평가가 이루어져야 하는데, 최근에 일어난 업무평가를 기초로 평가가 이루어지는 것을 의미한다. 중심화경향이란 인사고과 대상자의 점수가 평균점수를 중심으로 집중되는 경향을 의미한다. 귀속과정오류란 종업원의 낮은 인사고과가 종업원의 개인적인 문제에 기인하는데도 외부적인 요인으로 평가하거나, 그 반대로 종업원의 낮은 인사고과가 외부적인 요인에 기인하는데도 종업원의 개인적인 문제로 평가하는 경우를 말한다.

이러한 문제점을 해결하기 위한 신뢰성 증대 방안으로는 상대고과와 절대고과의 적절한 사용, 고과결과의 공개, 다면평가 등이 있을 수 있다. 여기서 의미하는 다면평가란 다수의 평가자가 평가를 한 후 최고점과 최저점을 빼고 나머지 점수만 합산하여 사용하는 것으로 신뢰성을 높일 수 있다.

2) 타당성

타당성(validity)이란 고과내용이 고과목적을 얼마나 적절하게 반영하고 있는지의 문제로서 고과내용이 개별적인 고과의 목적에 부합하는 정도를 의미한다. 이러한 문제점을 해결하기 위한 타당성 증대방안으로는 목적별 고과와 고과집단의 세분화 등이 있다. 목적별 고과란 교육훈련 · 승진 · 이동 등 그때그때 목적에 맞는 요소를 찾아내어 그 요소들을 평가하는 것을 말하며, 고과집단의 세분화란 기업의 전체 종업원을 평가하기 위한 공통적인 부분도 필요하지만 직종별 · 직급별로 종업원들을 세분화하여 각 그룹에 맞는 차별화된 고과요소를 적용해야 한다는 의미이다.

3) 수용성

수용성(acceptability)이란 피고과자인 종업원이 인사고과의 결과를 수용하는 정도를 의미한다. 이러한 수용성의 증대방안으로는 종업원의 참여를 들 수 있는데, 고과요소를 선정할 때나 고과방식을 만들 때 종업원들을 참여시키고 확정된 후에는 이를 공개하는 것을 의미한다.

4) 실용성

실용성(practicability)이란 인사고과가 유용하게 쓰이는 정도를 의미하는 것으로, 이러한 실용성의 증대를 위해서는 인사고과에 대한 투자와 평가의 분별력 보완이 필요하다.

4. 인사고과요소

인사고과요소에는 여러 가지가 있지만, 일반적으로 성과평가, 능력평가, 태도 및 행동평가 등으로 나누어볼 수 있으며, 각 요소별 내용은 아래 표와 같다.

능 력	태도 · 성격	행 동	업 적
지식	인간관계	규정준수	매출액
기술	창의력	명령수행	생산량
자격증	리더십	고객서비스	불량률
	신뢰성		사고율

1) 성과평가

인사고과요소 중 성과평가는 가장 중요한 부분이라고 할 수 있는데, 일반적으로 성과평가는 양적 성과와 질적 성과로 분류할 수 있다. 양적 성과는 업무량, 업무의 질, 시간비용 등으로 나눌 수 있으며, 질적 평가는 유효성으로 나누어볼 수 있다. 양적 성과의 세부항목으로는 업무달성량, 정확성, 원가절감 등이 있으며, 질적 성과의 세부항목으로는 업무달성도, 공헌도 등이 있다.

2) 능력평가

능력이란 어떠한 업무를 수행할 수 있는 넓고 안정적인 특징이라 할 수 있는데, 일반적으로 인사고과에 포함되는 능력으로는 대내업무능력, 대외업무능력, 성취성, 책임감, 성실성 등이 있다.

3) 태도 및 행동평가

인사고과평가에 있어서 성과평가 및 능력평가와 더불어 평가하는 요소로 태도 및 행동평가가 있다. 종업원들의 태도 및 행동은 기업이 목표를 달성하는 데 있어 중요한 요소로서, 종업원들이 그들의 직무에 어떠한 태도를 가지고 임하며 어떠한 행동을 하느냐가 중요한 요소라고 할 수 있다.

5. 인사고과기법

인사고과기법에는 다양한 방법들이 있는데, 기업의 규모, 산업별 특성, 종업원 특성 등을 고려하여 기업에게 가장 알맞은 고과기법을 사용하는 것이 바람직하다고 할 수 있다.

1) 관찰법

관찰법이란 인사고과를 평가하는 상급자가 피고과자의 근무에 관련된 부분을 관찰함으로써 인사고과를 평가하는 가장 기본적인 방법이라고 할 수 있다.

2) 서열법

피고과자들의 능력, 업적 등을 종합적으로 평가하는 방법으로 고과요소별로 평가하여 각 요소별로 서열을 매기지만, 요소들 간의 가중치를 어떻게 배분하느냐에 따라 서열이 정해지게 된다.

3) 평정척도법

평정척도법(rating scale method)이란 사전적 기준에 근거하여 등급을 매기는 방법으로 성과, 능력, 태도 등 구체적인 고과내용에 따라 고과요소를 선정하고 사전적으로 등급화된 기준에 따라 고과대상자들의 인사고과를 매기는 방법이다.

4) 체크리스트법

체크리스트법(checklist method)은 성과, 능력, 태도 등의 구체적인 고과내용과 관련된 표준행동(standard behavior)을 제시하고 표준행동을 이행했는지 여부를 평가하는 방법이다.

5) 행위기준고과법

행위기준고과법(behavior based rating scale)이란 종업원들의 직무수행에 필요한 행동을 구체적으로 묘사한 문서를 기초로 종업원들을 평가하는 방법을 의미한다.

행위기준을 근거로 한 평가방법 중 가장 널리 알려진 방법이 행위기준척도(Behaviorally Anchored Rating Scale : BARS)이다. 행위기준척도를 개발하는 데는 중요 사건의 식별, 성과차원, 재해석, 중요 사건의 척도화, 측정도구 개발 등의 단계가 필요하다. 중요 사건의 식별이란 직무에 대한 지식을 가진 사람이 효과적이거나 비효과적인 직무행위를 기술한 것으로 이러한 기술을 중요 사건이라고 한다. 성과차원 단계에서는 중요 사건을 소수의 성과 차원들로 집단화한다. 재해석 단계에서는 직무를 잘 아는 두 번째 집단들이 중요 사건들을 재해석하며, 두 번째 집단에게 중요 사건을 기술한 목록과 성과차원의 정의를 주고 개별 중요 사건들을 성과차원에 배정하도록 한다.

중요 사건의 척도화 단계에서 두 번째 집단은 특정 성과차원 내의 중요 사건을 효율성 정도에 따라 평가한다. 중요 사건에 대한 평균 평가값은 해당 사건이 어느 정도로 직무수행에 효율성을 나타내는지를 보여준다. 측정도구 개발단계에서는 개별성과 차원에 대해 재해석과 표준편차의 기준을 통과한 중요 사건만 측정항목으로 활용된다.

BARS에 의한 인사평가방법은 개발과정에서 직무분석을 통하여 성과차원이 개발된다는 점과, 장기적으로 관찰된 행위에 근거하여 평가가 이루어진다는 점, 종업원의 참여가 가능하다는 점 등의 장점이 있다. 하지만 BARS는 많은 시간과 비용이 소모된다는 단점을 가지고 있다.

6) 목표관리법

목표관리법은 MBO(Management by Objectives)라고도 하며, 상급자와 미리 상의하여 달성할 목표량을 정해 놓고 일정기간이 지나면 성취한 성과와 계획했던 목표를 비교하면서 목표달성 정도를 평가하는 제도이다.

목표관리법은 두 가지 단계를 거쳐야 하는데, 첫 번째는 일정기간 동안 종업원이 달성해야 할 성과목표를 설정하는 것이고, 두 번째는 평가기간 말에 종업원의 성과를 목표에 맞춰 평가하는 단계이다.

목표관리법은 조직구성원이 목표가 무엇이고 어떻게 책임을 완수할 수 있는지를 논의하도록 함으로써 동기를 유발시킬 수 있다. 하지만 애매한 목표설정, 비현실적인 목표설정, 애매한 성과측정방법 등으로 인해 종업원들의 사기를 저하시킬 수 있다.

IV. 승진관리의 이해

1. 승진관리의 개념

승진(promotion)이란 종업원이 한 직무에서 더 나은 직무로 이동하거나 한 지위에서 더 높은 지위를 맡게 되는 것을 의미한다. 즉 신분, 보상, 책임, 위치, 권한 등이 더 높아지는 것을 의미한다. 승진과 반대되는 개념으로는 강등(demotion)이 있는데, 강등이란 권한, 책임, 보상이 감소하는 직무로의 이동을 의미하며 많은 경우에 징계를 목적으로 실행된다.

2. 승진의 기본원칙

기업마다 사정이 다르기 때문에 정해진 틀은 없지만, 일반적으로 기업의 승진관리에 있어서 기본적으로 지켜져야 할 원칙에는 적정성, 공정성, 합리성 등이 있다.

또한, 승진은 종업원들의 동기부여와 사기 차원에서 매우 중요한 관리부분 중 하나이기 때문에 이러한 기본원칙을 지키는 것이 중요하다고 할 수 있다.

1) 적정성

승진의 기본원칙 중 적정성이란 승진할 직위의 수가 적정하여 사원들이 승진할 능력과 시기가 되었을 때 승진이 가능해야 한다는 의미이다. 승진의 자격과 시기가 되었음에도 적정성의 문제로 종업원들의 승진이 제대로 이루어지지 않으면 사기가 저하되고 기업 전체적인 관점에서도 생산성이 저하될 수 있다.

2) 공정성

공정성이란 승진 대상자들에게 승진의 기회를 공정하게 배분해야 한다는 의미이다. 공정성은 주관적인 부분이 약간은 포함될 수 있기 때문에 완벽하게 객관적으로 유지한다는 것이 쉬운 일은 아니지만, 일반적으로 공정성이 지켜지지 않으면 종업원들의 불만이 쌓일 수 있으므로 승진관리의 원칙에서 매우 중요한 부분이라고 할 수 있다.

3) 합리성

합리성이란 승진결정에 영향을 미치는 평가요소들을 합리적으로 선택하여 평가했는지와 관련된 문제이다. 이러한 합리성을 유지하기 위해서는 인사고과요소가 합리적으로 마련되어야 한다.

3. 승진의 유형

승진의 유형에는 여러 가지가 있을 수 있지만, 일반적으로 직급승진, 자격승진, 대용승진 등으로 나누어볼 수 있다.

1) 직급승진

기업에서는 평사원, 대리, 과장, 차장, 부장 등의 직급이 있는데, 이러한 직급계층이 상향 이동하는 것을 직급승진이라고 한다.

2) 자격승진

자격승진이란 종업원이 갖추고 있는 직무수행능력을 위로 올려주는 것을 의미하는데, 예를 들어 6급에서 5급이 되는 것과 같이 위로 올라가는 경우이다.

3) 대용승진

대용승진이란 직급 호칭만 바뀌어서 겉으로 보면 승진이지만 직무, 책임에는 변화가 없는 승진을 말한다.

제 6 장
임금관리

Ⅰ. 임금관리의 이해

기업의 임금관리는 넓은 의미로는 기업이 종업원에게 제공하는 보상(compensation)에 관한 부분으로 기업의 목적 달성에 기여한 공헌의 대가로 종업원에게 제공되는 경제적·비경제적 가치를 의미한다. 인적자원관리에서 보상관리에 대한 의미는 고용관계의 일부분으로서 종업원이 기업으로부터 받는 금전적 보상과 서비스적 복리후생을 의미한다. 이러한 보상(compensation)은 직접보상인 임금과 간접보상인 복리후생으로 나누며, 임금과 관련된 부분은 임금관리, 복리후생과 관련된 부분은 복리후생관리로 다루게 된다. 임금관리는 기업의 인적자원들이 가장 관심이 많은 부분이라고 할 수 있으며, 기업은 임금관리를 통해서 우수한 인적자원을 채용하고 유지할 수 있으며, 종업원들의 동기를 유발시켜 궁극적으로 기업의 성과를 높일 수 있다. 이러한 임금관리는 안정성과 공정성을 기초로 관리되어야 하는데, 안정성은 임금관리가 종업원 개인의 경제적인 생활안정과 기업의 경영안정이 모두 달성될 수 있도록 적당한 균형을 유지해야 한다는 의미이다. 공정성의 의미는 배분공정성과 절차공정성으로 나누어서 생각해 볼 수 있는데, 배분공정이란 임금뿐만 아니라 비경제적, 심리적 보상까지 고려되었는지의 여부, 종업원이 공헌한 만큼 제대로 임금이 책정되었는지의 여부, 경쟁기업 등과 같이 기업 외부와 비교해서 적당한 임금수준이 책정되었는지의 여부 등에 관한 것을 의미한다. 절차의 공정이란 임금이 결정되기까지의 모든 절차가 공정했는지를 의미하는 것으로, 만약, 종업원 개개인의 성과측정이 잘못되었을 경우 절차의 공정성에 문제가 있다고 할 수 있다.

임금과 관련된 용어를 정리해 보면 아래 표와 같다(임창희, 2005, p. 236 기초로 재정리).

표 6-1 임금 및 보상과 관련된 용어 정리

구 분	내 용
임금(wage)	- 사용자가 노동의 대가로 노동자에게 봉급, 급여, 보너스 등의 어떤 명칭으로 지급하는 금품
봉급(salary)	- 임금보다 좁은 의미로 정신노동자에게 장기간 기준으로 지급되는 주급, 월급, 연봉
급여(pay)	- 복리후생을 제외한 일체의 금전적 보상
기본급(base)	- 기업이 정해진 규칙에 의해 종업원들에게 공통적, 고정적으로 지급하는 현금 보상
수당(allowance)	- 기본급 이외에 추가적으로 지급되는 금전적 보상으로 식비, 교통비, 보너스 등 종류가 많아서 제수당이라 함
장려금(incentive)	- 종업원을 동기화시키려고 성과에 따라 일시적 포상의 의미로 지급하는 보상
복리후생(benefits)	- 종업원의 생활안정, 생활향상을 위해 부가적으로 지급되는 일체의 현금급여와 현물급여
보너스(bonus)	- 종업원과 기본적으로 약속한 금액보다 추가되는 일체의 보상
보상(compensation)	- 위에서 언급된 모든 것을 포함하는 것으로 종업원이 받는 모든 형태의 금전적 대가와 무형적 서비스 및 혜택

한편, 보상전략을 개발하기 위해서는 조직문화, 경쟁압력, 종업원의 욕구, 조직전략이 보상에 미치는 의미에 대한 평가가 필요하다. 다음 단계로는 조직전략과 환경에 보상결정을 적합시키며, 그 후 전략을 절차로 구체화시키기 위한 보상시스템을 설계하고, 마지막으로 적합도를 재평가하는 것이 필요하다고 할 수 있다.

또한, 임금관리와 관련된 부분은 임금수준관리, 임금체계관리, 임금형태관리로 나누어서 생각해 볼 수 있다.

II. 임금관리의 영역

임금관리의 영역은 임금수준관리, 임금체계관리, 임금형태관리 등으로 나눌 수 있다.

1. 임금수준관리의 이해

임금수준관리(wage level management)란 직원들에게 지급하는 평균임금의 수준이 다른 기업과 비교하여 어떠한지와 관련된 문제라고 할 수 있다.

1) 임금수준 결정요인

(1) 생계비

생계비(cost of living)는 임금의 최저 하한선을 책정하기 위한 것인 만큼 그 측정이 정확해야 한다. 하지만 실질적으로 개인마다 생활수준이 다르기 때문에 최저 생계비를 측정하는 것이 쉬운 일은 아니다. 또한, 기혼자, 미혼자, 다자녀 가정 등 각 개인별로 특수하게 처한 상황이 다르기 때문에 기업의 입장에서는 객관적인 생계비 측정에 더욱 어려움을 느낀다고 할 수 있다.

(2) 기업의 지급능력

기업이 임금수준을 결정하기 위해서는 임금을 결정하기 전 기업의 지급능력(ability to pay)을 파악한 후 임금수준을 결정하는 것이 바람직하다. 하지만 이 요인 또한 각 기업이 처한 상황이 다르기 때문에 쉽지 않다고 할 수 있다.

(3) 노동시장의 상황

노동을 일반 제품처럼 시장에서 거래가 일어나는 제품으로 생각한다면 노동인력의 수요공급에 의해서 임금이 결정된다고 할 수 있다. 따라서 기업은 노동시장에서 수요와 공급이 어떻게 이루어지는지를 파악하는 것이 중요한데, 만약 공급이 부족한 상황에서 임금수준을 낮추면 우수한 인적자원 확보에 어려움을 겪게 된다.

(4) 최저임금법

기업이 임금수준을 결정할 때, 한 가지 더 고려해야 할 상황은 법으로 정해진 최저임금제를 지키는 것이라고 할 수 있다.

(5) 기타 요인

이 밖에도 기업의 임금수준에 영향을 미치는 요인들로는 기업의 규모, 노동조합 등이 있다. 규모가 큰 기업의 경우 규모의 경제 때문에 임금수준이 높을 수 있으며, 노동조합이 있는 기업들은 그렇지 않은 기업들과 비교해서 임금협상력을 더 보유할 수 있으므로 임금수준이 올라갈 수 있다.

2) 최저임금제

최저임금제는 필요한 관점과 필요하지 않은 관점으로 생각해 볼 수 있다.

최저임금제란 기업이 종업원들에게 최저임금수준 이하로는 지급하지 못하게 하는 제도를 의미하는데, 저임금노동자 보호, 임금인하 경쟁방지, 유효수요 창조 등의 이유로 최저임금제가 필요하다고 볼 수 있다. 최저임금제를 통해서 저임금노동자를 보호해 주는 것이 기본권 보장차원에서 필요하다고 할 수 있으며, 임금인하 경쟁방지 관점에서는 임금의 최저수준이 법제화되지 않으면 사용자 측은 수가 적기 때문에 가격담합이 가능하며 이들 간의 단결로 임금이 저하될 수 있다.

유효수요 창조의 관점에서 보면 근로자들의 임금소득수준이 너무 낮으면 소비가 침체되고 기업의 성과가 좋지 않아져 악순환의 고리가 이어질 수 있다.

한편, 최저임금제가 필요하지 않은 관점에서 살펴보면 노동시장에 인력이 충분하면 기업들은 최저임금제도에 해당하는 인력들을 반드시 채용하지 않아도 될 것이다. 최저임금이 보장되면 기업의 입장에서는 운영비의 부담을 갖기 때문에 가격전략을 낮게 가져가는 데 어려움을 겪을 수 있으며, 이러한 어려움을 소비자들이 부담해야 하는 상황이 발생하게 된다.

2. 임금체계관리의 이해

임금체계관리(wage system management)란 임금제도를 선정하는 문제인데 정해진 임금총액을 종업원들에게 배분하는 것과 관련된다. 기업의 입장에서 임금차이를 너무 크거나 너무 적게 관리해도 안 되고 적정한 수준의 임금체계관리가 필요하다고 할 수 있다.

1) 임금체계의 기준

임금체계의 기준은 크게 직무급, 직능급, 연공급, 성과급 등으로 나눌 수 있다.

(1) 직무급

직무급은 직무의 가치에 따라 임금을 지급하는 임금체계이기 때문에 먼저, 직무평가가 선행되어야 한다. 따라서 직무급은 높은 가치의 직무를 수행하는 종업원에게는 높은 임금을 주고, 낮은 가치의 직무를 수행하는 종업원에게는 낮은 임금을 주고, 동일한 가치의 직무를 수행하는 종업원에게는 동일한 임금을 지급하는 임금체계라고 할 수 있다.

직무급이 공정하고 합리적으로 운영되려면 직무분석과 직무평가가 제대로 이루어져야 하며, 직무에 맞게 인적자원이 배치되어야 하며, 직무 간의 자유로운 이동이 보장되어야 한다.

가) 직무급의 장점

① 개인별 차이에 대한 불만이 제거된다.

② 불합리한 상승이 억제된다.

③ 직원들 사이에 가치 있는 직무를 맡으려고 서로 경쟁하기 때문에 직원들의 직무에 관한 수준이 높아진다.

나) 직무급의 단점

① 직무가치의 평가와 절차가 복잡하다.

② 직무가치가 낮은 종업원은 새로운 직무와 직위가 제한적이기 때문에 이직률이 높아질 수 있다.

(2) 직능급

직능급이란 직무수행능력을 기준으로 임금을 결정하는 방법으로, 직무수행능력이 뛰어난 종업원은 많은 임금을 받고, 직무수행능력이 떨어지는 종업원은 낮은 임금을 받고, 동일한 직무수행능력을 가진 종업원들은 같은 임금을 받는 임금체계이다. 따라서 직능급은 연공서열이나 수행하는 직무가 같더라도 직무수행능력의 차이에 따라 임금이 달라지게 된다.

가) 직능급의 장점

① 개인의 능력개발을 유도하고 잠재능력도 인정해 주기 때문에 미래지향적 임금관리가 가능하다.
② 개인의 능력을 인정해 주기 때문에 우수한 인재의 확보가 쉽다.

나) 직능급의 단점

① 능력 있는 직원과 그렇지 않은 직원 간의 임금격차로 인해 기업 내 분위기가 안 좋아질 수 있다.
② 능력평가에 대한 공정성에 문제가 있을 수 있다.
③ 능력을 인정받다가 그렇지 못할 경우 임금이 낮아지고 이직률이 높아질 수 있다.

(3) 연공급

연공급은 근속연수인 연공(seniority)을 기초로 임금을 산정하는 방식으로 연공서열이 낮은 종업원에게는 낮은 임금이 지급되고, 연공서열이 높은 종업원에게는 높은 임금이 지급되며, 연공서열이 동일한 종업원에게는 동일한 임금이 지급되는 방식이다.

가) 연공급의 장점

① 장기근속이 가능하고 이직률이 감소한다.
② 임금계산의 공정성이 높다.
③ 필요에 따른 기업 내부의 직무순환과 부서이동이 용이하다.
④ 평가가 정확할 가능성이 높다.

나) 연공급의 단점

① 직무가 아닌 사람이 기준이 되기 때문에 불합리성이 제기될 수 있다.
② 능력 위주가 아니기 때문에 종업원들이 나태해질 수 있다.

(4) 성과급

성과급은 종업원이 직무수행을 통해 달성한 구체적인 성과를 가지고 임금을 지급하는 임금체계이다. 성과급은 직무급, 연공급, 직능급과 달리 성과에 따라 변화하는 변동급의 특징을 가지고 있다. 또한, 성과를 통해 종업원들의 동기부여가 높아질 수 있으며, 호텔관광기업의 경우 일반적으로 영업부서 직원들에게 적용할 수 있는 임금체계라고 할 수 있다. 종업원 개인적인 관점에서 볼 때, 높은 성과를 올리면 높은 성과급을 지급받을 수 있지만, 성과를 올리지 못하면 낮은 성과급을 지급받아야 하는 문제점이 있을 수 있다. 성과급은 개인성과급과 집단성과급으로 나눌 수 있는데, 개인성과급은 개인에게 지급되는 성과급이고, 집단성과급은 팀별, 부서별 등 집단에 대한 성과의 의미로 지급되는 임금체계이다.

가) 성과급의 장점

① 생산성을 높이고 원가절감에 장점이 있다.
② 근로자들에게 동기부여를 시킬 수 있다.
③ 성과에 따라 인건비가 산정되기 때문에 인건비 산정이 정확한 편이다.

나) 성과급의 단점

① 정신노동의 경우 성과측정의 어려움이 있다.
② 성과측정을 위한 시간과 비용이 소모된다.

3. 임금형태관리의 이해

1) 임금형태관리

임금형태관리(wage form management)란 한 사람에게 정해진 임금 총액을 언제 어떤 형태로 지급하느냐와 관련된 문제인데 연봉의 형태도 있을 수 있고, 월급의 형태도 있을 수 있다.

2) 임금형태의 유형

(1) 상여금

상여금이란 종업원의 근로의욕을 고취시키는 의미에서 경영성과에 따라 분배하는 참여적 임금이라고 할 수 있다. 참여적이라 함은 종업원의 노력이 있었기에 기업의 성과가 올랐으며, 그 성과분배에 주주뿐만 아니라 종업원도 참여시킨다는 의미이다.

(2) 수당

수당은 종업원이 정규노동 이외의 노동력을 제공한 경우, 혹은 종업원의 생활을 보장하기 위해 기업이 지급하는 직접보상의 형태이다.

수당의 유형은 기준내 수당과 기준외 수당으로 분류할 수 있는데, 기준내 수당은 다시 직무수당, 장려수당, 생활보조수당으로 나눌 수 있다. 직무수당에는 직책수당, 자격수당, 기능수당, 특수작업수당 등이 있으며, 장려수당에는 정 · 개근수당, 생산수당, 모범근속수당 등이 있다. 생활보조수당에는 가족수당, 물가수당, 주택수당, 지역수당, 통근수당, 피복수당, 의료수당 등이 있다.

기준외 수당으로는 초과근무수당, 특근무수당, 휴무수당, 업적수당 등이 있다. 초과근무수당으로는 시간외근무수당, 휴일근무수당, 심야근무수당 등이 있다. 특근무수당으로는 숙 · 일직수당, 변칙근무수당 등이 있으며, 휴무수당으로는 유급휴가수당, 유급휴일수당, 휴업수당 등이 있다. 업적수당으로는 초과업적수당이 있다.

Ⅲ. 보상정책

위에서 언급된 바와 같이 보상전략(compensation strategy)을 수립할 때에는 임금수준, 임금구조, 임금형태, 임금체계, 임금관리 등을 고려해야 한다. 이러한 의사결정변수들을 이용하여 독특한 기업전략이나 환경에 맞는 보상정책을 수립할 수 있다. 보상정책에 있어서 의사결정변수는 아래 표와 같다.

표 6-2 보상정책에 있어서의 의사결정변수

- 직무와 스킬의 비교
- 성과와 연공의 비교
- 개인성과와 집단성과의 비교
- 단기적 보상과 장기적 보상의 비교
- 임금수준과 시장의 비교
- 계층과 평등주의의 비교
- 고정임금과 인센티브의 비교
- 보너스와 지연보상의 비교
- 내재적 보상과 외재적 보상의 비교
- 집권적 임금관리와 분권적 임금관리의 비교
- 임금공개와 임금비밀의 비교
- 관료적 정책과 융통적 임금정책의 비교

제 7 장
복리후생관리, 이직관리

I. 복리후생관리의 이해

복리후생 프로그램은 법에 의해 강제될 수도 있으며, 사용자의 자유재량이나 단체교섭에 의해 제공될 수도 있는 부분이다. 종업원들과 노동조합은 복리후생에 대한 관심이 높으며, 복리후생의 설계에 일정부분 참여하기도 한다. 기업의 입장에서는 복리후생에 관한 의사결정을 내릴 때, 법정 프로그램은 반드시 제공되어야 하며, 인적자원관리를 강화하는 방식으로 설계되고 운용되는지 확인할 필요가 있다. 또한, 복리후생과 관련된 비용에 대해서도 정확한 예측이 필요한 부분이라고 할 수 있다.

1. 복리후생의 개념

복리후생(fringe benefits)이란 종업원의 노동력 제공과 직접적인 관계없이 종업원의 경제적 안정과 생활의 질을 향상시키기 위해 지급되는 간접보상을 의미한다.

임금과 복리후생의 차이점은 <표 7-1>과 같다.

표 7-1 임금과 복리후생의 차이점

구 분	차이점
지급관리	- 임금은 사원의 업무성과나 근로시간을 기준으로 지급되는 직접보상이지만, 복리후생은 업무성과나 직무와는 무관하게 지급되는 간접보상이다.
지급방식	- 임금은 개별 종업원마다 차등지급되지만, 복리후생은 조직구성원 전체 혹은 집단에게 동일하게 기회가 주어진다.
지급요구	- 임금은 요구 없이 당연한 노동대가로 지급되는 것이지만, 복리후생은 법정복리후생을 제외하고는 종업원이 요구하지 않으면 혜택을 받기가 어렵다.
지급효과	- 임금은 고용관계를 기초로 한 것인 만큼 기업에 이윤을 제공하고 임금을 받아서 경제생활에 사용하지만, 복리후생은 종업원의 인간적인 문화생활에 공헌하는 것이므로 경제적 만족보다는 심리적 만족을 얻고 공동체의식을 높인다.

2. 복리후생의 유형

1) 법정복리후생

대부분의 복리후생제도는 기업들이 자율적으로 도입하였으나, 꼭 필요한 복리후생 수준의 정착을 위하여 일부 제도는 법률로써 강요하는 제도가 되었다. 우리나라에서 시행되는 주요한 복리후생제도는 다음과 같다.

(1) 의료보험

근로자의 질병치료를 위한 지원형식으로 진료비, 입원비, 질병보조금 등을 지급하여 근로자 본인과 가족들에게 최소한의 의료서비스를 받을 수 있도록 보장한다.

(2) 연금보험

근로자가 노령으로 퇴직한 후 생계유지와 사고로 유족이 생길 경우 매월 급여의 일부와 기업의 부담으로 연금보험을 운영해야 한다.

(3) 산재보험

산재보험은 직업병이나 산업재해로부터 직원과 그 가족을 보호하기 위한 것으로 업무수행과 관련된 부분만 보장한다.

(4) 고용보험

고용보험은 실업보험을 의미하는 것으로 근로자가 실업의 상태가 되었을 때 종업원 및 가족의 생계를 보호할 목적으로 만들어진 복리후생 프로그램이라고 할 수 있다.

2) 법정외 복리후생

법정외 복리후생은 국가가 법으로 정한 복리후생 프로그램 외에 추가적으로 더 지급하는 것을 말하며, 일반적으로 기업이 별도로 프로그램을 만들어서 운영하고 있다. 예를 들면, 통근차량지원, 헬스클럽, 탁아소 운영 등으로 그 유형이 매우 다양하다고 할 수 있다.

II. 이직관리

기업의 인적자원 방출과 관련하여, 기업의 비용절감 차원과 경쟁력 보유 차원에서 다운사이징(downsizing), 조기퇴직(early retirement), 명예퇴직(honorable retirement) 등의 용어들이 사용되고 있다. 인력방출이란 인력채용의 반대되는 의미로 기업과 종업원의 관계가 종료되는 것을 의미하는데, 종업원이 기업을 떠난다는 의미에서 이직관리(turnover management)라고 한다. 이러한 인력의 방출은 저절로 이루어지는 것이 아니라 인력의 채용과 같이 관리가 필요한 부분이라고 할 수 있는데, 인력방출의 시기를 제대로 관리하지 못하면 인건비를 감당하지 못하면서 인력을 기업 내에서 활용하지 못하는 비효율적인 운영을 하게 된다. 기업의 인력방출 유형은 이직(turnover), 해고(dismissal), 퇴직(retirement)으로 나누어볼 수 있다. 또한, 인력방출과 관련된 부분에서 중요한 점은 관계마케팅(relationship marketing)과 관련된 부분인데, 방출관리의 유형 중 이직과 관련된 부분에서 이직률의 감소와 관련된 부분은 관계마케팅의 간접적인 결과라고 할 수 있다. 고객의 만족도가 높은 기업에서 근무하는 종업원들은 자신들이 하는 업무와 근무하는 기업에 대한 자부심이 높기 때문에 이직률이 낮아질 수 있다. 특히 호텔관광기업과 같은 서비스기업에서는 서비스 접점에서 고객들을 직접 응대하는 인적자원들의 중요성이 높기 때문에 종업원들의 이직률 감소는 기업과 고객 모두에게 긍정적인 영향을 미친다고 할 수 있다.

1. 인력방출관리의 중요성

기업에 있어 인적자원의 방출은 매우 중요한 부분 중 하나라고 할 수 있는데, 이 합리적인 비용관리를 통해서 기업의 경쟁력을 높일 수 있다. 만약, 불필요한 인력을 적절한 시기에 방출하지 못하면 기업이 생산하는 제품이나 서비스 생산원가의 상승이 불가피하기 때문에 기업의 전체적인 경쟁력이 하락할 수 있다. 또한, 기업들은 인력의 방출관리를 통해서 방출되지 않고 남아 있는 기존의 인력들에게 긴장감과 도전정신을 불러일으켜 생산성 향상을 가져올 수 있으며, 더 많은 승진기회를 제공함으로써 기업 인적자원들의 동기를 부여하는 효과를 가져오게 된다.

2. 인력방출의 원인

인력방출의 원인으로는 수요변동, 기술발전, 사업실패, 조직혁신 등을 들 수 있다(임창희, 2005, p. 316).

1) 수요변동

기업이 생산하는 제품에 대한 수요가 계절적·유행적으로 감소할 수 있고 제품수명주기가 갑자기 쇠퇴기로 접어들 수 있다. 이러한 상황에서 기업은 인력감축의 압박에 시달릴 수 있다.

2) 기술발전

사물인터넷(Internet of Things), 모바일(Mobile), 인공지능(Artificial Intelligence), 빅데이터(Big Data), 클라우드(Cloud) 등을 기반으로 한 디지털 전환(Digital Transformation)으로 변화가 빠르게 진행되고, 기업의 모든 업무에 적용되어 새로운 가치를 창출하게 되면서 그동안 인적자원들이 수행하던 업무들이 기계로 대체되는 속도가 빨라져 기존 인력이 덜 필요해지는 경우가 많아진다.

3) 조직혁신

조직구조의 개편, 직무절차의 간소화, 다운사이징, 조직통폐합 등의 경영혁신과정에서 불가피하게 인력을 감축해야 할 상황이 생기게 된다.

3. 인력방출의 유형

1) 이직

이직(turnover)이란 종업원이 기업에 입사하고 퇴사하는 것을 모두 포함하는 노동이동이라는 개념을 뜻한다. 이직에는 자발적 이직과 비자발적 이직이 있는데, 인적자원관리에서 다루는 이직이란 종업원이 스스로 기업을 퇴사하는 자발적 이직에 초점을 맞추고 있다.

(1) 기업의 입장에서 본 자발적 이직의 장점과 단점

기업의 입장에서 볼 때 종업원의 자발적 이직은 장점과 단점을 모두 가지고 있다고 할 수 있다. 자발적 이직의 장점과 단점은 아래 표와 같다.

표 7-2 자발적 이직의 장점과 단점

장 점	단 점
- 신규사원 조직활성화	- 신규채용 및 교육훈련과 관련된 이직비용
- 무능사원, 불만사원 퇴직	- 경력자 상실
- 잔류사원 이동·승진 기회	- 조직위화감, 불안감 조성
- 인력수급 유연성 제공	- 잔류사원의 업무량 증가

(2) 이직의 원인

가) 환경요인

외부 노동시장에 인력수요가 많다든지 수평적 노동시장의 발달로 기업을 이직하는 것이 사회적으로 쉽게 받아들여지면 이직이 증가하게 된다.

나) 기업요인

기업의 임금수준이나 인사제도 등에 불만이 있는 경우 이직이 증가하게 된다.

다) 직무요인

적성에 맞지 않는 직무나 장래성이 없는 직무라고 판단되었을 경우 이직이 발생하게 된다.

라) 인간적 요인

상사나 동료들과의 인간관계에 갈등이 생기면 이직의 가능성이 높아진다.

마) 개인적 요인

개인적인 성격, 성향, 능력, 태도 등에 따라서 이직성향의 높고 낮음이 결정될 수 있다.

2) 해고

해고(layoff)란 종업원의 의사와 관계없이 기업의 의지에 따라 종업원이 기업을 떠나는 것을 의미한다. 종업원의 행위를 교정하는 방법은 크게 네 가지로 분류할 수 있는데, 첫째, 선발이나 승진절차와 같은 예방적 방법 둘째, 훈련이나 상담과 같은 교정적 방법 셋째, 보상을 활용하는 방법 넷째, 해고와 같은 벌칙을 활용하는 방법이 있다.

해고는 징계해고와 정리해고로 분류할 수 있는데, 징계해고란 기업이 종업원의 잘못된 행동에 대해 점진적인 징계방식을 택하는 것으로 구두경고, 견책, 감봉, 정직, 해고의 순으로 진행된다.

정리해고는 아직 정년이 안 되었더라도 기업의 정책이나 구조조정과정에서 인력이 남을 경우 정년에 가까운 사람부터 미리 퇴직시키는 것을 의미한다.

3) 퇴직

생애고용인 경우를 제외하고 모든 기업은 종업원들이 일정 연령까지만 근무하도록 제한해 놓았기에 그 연령이 되면 무조건 기업을 퇴직해야 한다. 하지만 퇴직자들이 보유한 지식의 활용과 고령화 사회로 인한 사회적인 관점에서 고령 퇴직자들을 위한 여러 가지 프로그램 및 정책의 운영이 가능하다. 예를 들면, 퇴직상담 프로그램 운영, 재택근무 업무 제공, 반일근무제 적용, 고위 관리직에 대한 교육 및 재배치 등이 그러한 대안이 될 수 있다.

제 8 장

노사관계관리

I. 노사관계관리의 이해

1. 노사관리의 개념

노사관계는 노동을 공급하는 근로자와 공급받는 사용자 간의 개별적 고용관계에 기초를 두고 있지만, 실질적으로는 노동조합과 사용자 사이의 집단적 관계를 의미한다. 즉 근로자 단체와 경영진들 사이의 요구와 문제해결이 종업원 집단과 관리자 집단과의 집단적 수준에서 행해진다는 의미이다. 노사관계는 다음과 같은 이중적인 특성을 가지고 있다.

첫째는 협조관계와 대립관계의 특성인데, 생산 측면만 보면 노사가 서로 협조해야 하지만 생산의 성과를 배분할 때에는 서로 대립하는 관계가 형성된다. 둘째, 개별적 노사관계와 집단적 노사관계이다. 개별적 노사관계는 종업원과 사용자가 동등한 계약을 체결하고 권리와 의무를 다해야 하지만, 실질적으로는 이러한 상황이 어렵기 때문에 종업원들은 권익을 보호하기 위하여 집단적으로 노동조합을 결성한다.

2. 노동조합의 이해

1) 노동조합의 개념

노동조합(labor union)의 효과는 긍정적인 효과와 부정적인 효과로 나누어볼 수 있는데, 긍정적인 효과로는 종업원들의 임금인상, 고용안정, 근로조건 등의 개선에 긍정적인 효과를 발휘할 수 있다는 점이 있다. 또한, 좋은 근로조건을 확보하면 종업원들의 이직률이 감소하게 된다. 한편, 부정적인 효과로는 지나친 임금인상과 근로조건 개선의 요구로 기업의 경쟁력이 약화될 수 있으며, 이로 인해 종업원의 고용안정에 문제점이 발생될 수 있다는 점이다. 이렇게 노동조합은 긍정적인 효과와 부정적인 효과 모두를 가지고 있는데, 인적자원에 대한 의존도가 상대적으로 큰 호텔관광산업의 경우에는 노동조합의 영향력이 더 중요한 요인이 될 수 있다.

2) 노동조합의 역할

(1) 조직활동

노동조합에서 행하는 조직활동으로는 숍제도(shop system)와 체크오프제도(check off system)가 있다. 숍제도는 신규채용종업원의 신분과 관련된 기업의 인적자원 확보활동과 노동조합의 관계에 있어서 운영되는 시스템을 말한다. 숍제도에는 노동조합의 가입 여부와 관계없이 종업원을 고용할 수 있는 오픈숍제도(open shop system), 반드시 노동조합에 가입해야만 고용하는 클로즈드숍제도(closed shop system), 조합원이나 비조합원 모두 채용할 수 있지만 비조합원은 채용 후 일정기간이 지난 뒤에 반드시 노동조합에 가입해야 하는 유니온숍제도(union shop system) 등이 있다.

한편, 체크오프제도는 조합원의 임금에서 조합비를 일괄적으로 공제하는 제도를 말한다.

(2) 단체교섭

단체교섭(collective bargaining)이란 노동조합 혹은 조합원을 위하여 노동조합의 대표자가 사용자인 기업과 근로조건이나 기타 사항에 대하여 단체협약을 체결하는 것을 말한다.

(3) 쟁의행위

노사관계에 있어서 단체교섭을 통하여 기업과 노동조합 간의 합의가 이루어지지 않은 상태를 노동쟁의(labor disputes)라고 하며, 이러한 상황에서 노동조합은 주장을 관철하기 위해서 실력행사를 하는데 이를 쟁의행위라고 한다. 이러한 노동조합의 쟁의행위로는 파업(strike), 태업(sabotage), 불매운동(boycott), 피케팅(picketing), 준법투쟁 등이 있다.

가) 파업

파업은 조합원들이 집단적으로 노동의 제공을 거부하는 행위로 파업의 목적에 따라 경제적 파업, 부당노동행위파업, 동정파업, 총파업 등이 있다.

나) 태업

취업 및 작업의 상태는 유지하면서 의도적으로 작업능률을 저하시키는 행위이다.

다) 불매운동

기업과 거래관계에 있는 제3자의 제품구매 혹은 시설의 이용을 거절할 것을 호소하는 행위로 조합원을 대상으로 하는 1차적 불매운동과 조합원 이외의 사람에게 불매를 호소하는 2차적 불매운동으로 구분된다.

라) 피케팅

비노조원 혹은 쟁의행위에 동참하지 않는 조합원의 사업장 출입을 저지하며 동참할 것을 호소하는 행위이다.

마) 준법투쟁

법에 정해진 대로 권리를 행사하는 쟁의행위로 집단휴가와 정시 출·퇴근 등이 이에 해당한다.

II. 조직행동의 이해와 인적자원관리

조직행동이론은 인적자원들이 조직 안에서 어떠한 행동을 하고 있으며 그것이 조직 유효성에 어떠한 영향을 미치는지에 관해서 초점을 맞추고 있기 때문에, 구성원의 행동에 영향을 미치는 성격과 태도, 동기부여, 권력과 갈등관계, 커뮤니케이션, 리더십 등은 물론 조직구조, 조직변화전략, 생산성과 직무만족 등 많은 주제들이 연구대상이 된다고 할 수 있다.

1. 개인행동의 이해와 인적자원관리 : 성격과 조직행동

일반적으로 성격(personality)이란 개인이 외부에 반응할 때 동원하는 대응방식의 총체라고 할 수 있는데, 성격형성의 영향요인으로는 유전적 영향, 유년기의 영향, 인간관계적 영향, 조직과 사회의 영향, 기타 영향 요인 등으로 나누어볼 수 있다. 또한, 성격을 구성하는 특성에는 여러 가지가 있지만, 조직행동에 영향을 미칠 수 있는 중요한 요소들로는 자아통제력, 자존심, A형과 B형 성향, 권위주의 등을 들 수 있다. 이 중에서 A형과 B형 성향이란 우리의 신경세포에서 초조, 근심, 불안을 만들어내는 조바심

성향이 있는데, 이러한 성향이 많은 사람도 있고 적은 사람도 있다. 이러한 성향이 많은 사람은 A형, 적은 사람은 B형으로 분류된다.

성격은 사람들의 감정과 태도, 사고와 행동을 결정하기 때문에 그들의 조직행동에 영향을 미치게 된다. 그러나 성격뿐만 아니라 조직의 상황이나 개인의 직무태도도 조직행동에 영향을 미친다고 할 수 있다. 이렇게 개인의 성격과 인적자원관리의 관계를 연구하는 것은 사람마다 성격이 다르기 때문에 조직 내의 직무와 이를 연결시키려는 여러 선행연구들이 진행되었다. 여기서 한 가지 간과하면 안 되는 점은 성격이 인간행동에 영향을 미치는 중요한 요소이지만, 조직 내의 상황도 매우 중요한 요인이라는 것이다.

2. 조직의 이해와 인적자원관리

조직에 관한 정의는 다양하지만, 일반적으로 여러 연구자들의 연구결과를 종합적으로 정리하면 조직이란 공동의 목표를 가지고 있으며, 이를 달성하기 위하여 의도적으로 정립한 체계화된 구조에 따라 구성원들이 상호작용하며 경계를 가지고 외부환경에 적응하는 인간의 사회집단이라고 할 수 있다(김인수, 2005, p. 23).

1) 인간의 사회적 집단

조직은 사람들로 구성되는데, 조직이 사용하는 유형의 자산인 건물이나 공장 등과 무형의 자산인 기술이나 노하우 등은 조직이 아니다. 이러한 것들은 단지 조직이 그 목적을 달성하기 위하여 수단으로 사용하는 자원에 불과하다고 할 수 있다. 제조업의 무인공장은 조직이라고 할 수 없으며, 아무런 자산을 보유하고 있지 않더라도 공동의 목표를 가지고 그것을 달성하기 위하여 상호작용하는 복수의 사람들이 모였다면 조직이라고 할 수 있다.

2) 공동의 목표

모든 조직은 목적을 가지고 있으며 조직구성원은 그 목적을 달성하기 위하여 노력한다. 조직은 서로 상충될 수도 있는 다양한 목적을 가지고 있으며, 이러한 목적은 구성원이 가진 개인적인 목표와는 상관이 없거나 상충되는 경우가 많다. 하지만 조직이 목표가 없어지면 조직이라고 할 수 없는 것이고, 따라서 조직원들 모두 공통적인 공동의 목표를 가져야 한다.

3) 체계화된 구조

조직은 그 목표를 달성하기 위하여 조직의 과업을 분류하여 여러 부서에 할당하고, 구성원의 역할을 규명하고 그 역할 간의 관계를 결정하는 규정과 절차 등을 정한다. 이렇게 체계화된 구조의 테두리를 바탕으로 조직구성원이 상호작용하면서 조직의 목표를 달성하게 된다.

4) 조직의 경계

조직은 경계를 통하여 조직 내의 요소와 조직 외의 요소로 구분하고 누가 조직구성원이며 누가 조직 외의 사람인가를 구분한다. 조직 외의 사람들은 조직에 대한 의무와 권리가 없는데, 조직은 환경과 계속적으로 자원을 교환하기는 하지만 조직 자체의 경계를 분명히 함으로써 다른 조직과 구별될 수 있는 집단을 형성하게 된다.

5) 환경에의 적응

조직은 조직환경의 변화에 계속 적응해야 살아남을 수 있으며, 환경은 조직에 필요한 인적·물적 자원과 기술적 정보를 제공하고 시장을 제공하기 때문에 환경과 지속적인 교류를 하면서 기술이나 시장의 변동에 적응해야 생존할 수 있다. 그 외에도 정부정책이나 사회의 압력과 요구를 적절히 수용하고 대처할 수 있어야 존속하고 성장할 수 있다.

3. 조직의 유형

조직의 종류가 다양하며 조직이 적응해야 하는 상황이 다양하고 복잡해질수록 조직에 관한 이론을 개발하기 위해서는 적절하고 통합적인 유형 분류가 절실히 요구된다. 이러한 필요에 따라 많은 연구자들이 조직의 유형을 분류하려는 시도를 하였지만, 조직이 가진 다양성과 복잡성 때문에 모든 조직을 수용할 수 있는 통합적 조직유형 분류가 이루어지지 못하였다. 그동안의 조직유형의 분류는 연구자들의 조직관이나 연구의 목적에 따라 단일변수나 한정된 측면만을 기준으로 선택하여 시도한 부분들도 있었다고 할 수 있다. 그동안 제시된 조직유형에 사용된 분류기준을 살펴보면 조직의 내부적 속성을 기준으로 한 분류와 조직과 환경과의 관계를 기준으로 한 분류로 나누어볼 수 있으며, 조직의 내부적 속성을 기준으로 한 분류는 복종구조에 의한 분류와 부합되는 조직유형으로 나누어서 생각해 볼 수 있다(오석홍, 1980; 김인수, 2005, p. 25에서 재인용).

1) 조직의 내부적 속성을 기준으로 한 분류

(1) 복종구조에 의한 분류

Etzioni는 상급자가 동원하는 권한과 그에 대한 부하의 태도 사이에 형성되는 관계를 나타내는 복종의 구조(compliance structure)를 기준으로 조직을 분류하였다.

표 8-1 Etzioni의 조직유형

권한의 종류 / 복종의 종류	강압적	경제적	규범적
굴복적	강압적 조직		
타산적		공리적 조직	
도덕적			규범적 조직

앞의 표와 같이 조직의 유형은 세 가지의 기본적인 통제수단을 권한의 종류로 사용하고 있다. 강압적 수단이란 상급자가 신체적 위해나 위협을 동원하는 것을 말하며, 이때 조직구성원의 반응은 소외 또는 굴종으로 나타난다. 굴종이란 조직으로부터 이탈하고 싶은 마음이 있지만 선택의 여지가 없기 때문에 조직에 남아 복종하지 않을 수 없을 때 나타나는 반응을 말한다. 경제적 수단이란 돈이나 기타 물질적 보상을 바탕으로 상사가 권한을 행사하는 것을 말하며, 이 경우 부하는 타산적 복종을 나타낸다. 타산적 복종이란 경제적 보상이 적정하다고 생각되는 범위 내에서만 복종하는 것을 말한다. 규범적 수단이란 애정, 인격존중, 신망, 사명 등 감정적 내지는 도덕적 가치를 바탕으로 권한을 행사하는 것으로 이 경우 부하의 반응은 도덕적 복종으로 나타나게 된다. 도덕적 복종이란 조직이 부여한 임무와 자기가 맡은 일을 가치 있는 것으로 받아들이면서 조직에 순응하는 태도를 말한다.

(2) 부합되는 조직유형

<표 8-1>과 같이 9개의 가능한 유형 가운데 권한의 종류와 복종의 종류에서 세 가지만 서로 부합하게 된다. 대부분의 조직들은 이와 같이 권한의 성격과 복종의 성격이 부합되는 조직유형에 해당한다. 나머지 여섯 개의 경우 두 측면이 서로 일관성을 이루지 못하는데, 조직의 초기에 이 여섯 가지의 현상이 잠시 발생하더라도 조직구성원들은 곧 주어진 권한의 성격에 부합하는 복종의 성격을 나타내게 되어, 두 측면이 일관성을 이루는 조직을 만들게 되므로 일관적이지 못한 조직들은 존재하지 않는다고 볼 수 있다.

이렇게 도출된 세 가지 부합된 조직유형을 설명하면, 강압적 권한에 굴복적 복종을 하는 조직을 강압적 조직이라고 한다. 경제적 수단을 사용하는 권한에 대해 타산적 복종을 하는 조직을 공리적 조직이라고 하며, 대부분의 기업들이 여기 속한다고 할 수 있다. 규범적 수단에 도덕적 복종을 하는 조직을 규범적 조직이라고 한다.

2) 조직과 환경의 관계를 기준으로 한 분류

(1) 목적과 기능에 의한 조직유형

Katz and Kahn(김인수, 2005, p. 27에서 재인용)은 조직이 갖는 사회적 목적 또는 기능에 따라 경제적 생산을 지향하는 조직, 관리적 또는 정치적 목적을 지향하는 조직, 유지기능적 조직, 적응적 조직 등의 네 가지 유형으로 조직을 분류하였다. 경제적 조직은 사회에서 소비되는 재화나 서비스를 생산하는 기업 등을 의미하며, 이 조직들은 의식주 등에 관한 인간의 기본적 욕구를 충족시켜 주는 재화를 공급하는 한편, 재화나 서비스의 생산에 종사하는 구성원들에게 보상을 제공한다. 이러한 보상은 조직구성원들에게 공동의 질서를 유지하게 하는 유인으로 작용할 뿐만 아니라, 재화나 서비스를 소비할 수 있는 구매능력을 부여해 줌으로써 사회 전체를 통합하는 수단이 된다.

관리적·정치적 조직은 사회 내에서 사람, 자원, 하위체제의 통제, 조정에 관한 기능과 권력의 창출 및 분배를 통하여 사회가 바라는 목적을 달성하는 기능을 수행한다. 유지기능적 조직은 사람들이 조직생활과 사회생활에서 맡아야 할 역할을 감당할 수 있도록 사회화시킴으로써 사회의 규범적 통합을 확보하고 유지하는 기능을 맡고 있다.

적응적 조직은 지식을 창출하고 이론을 정립하고 검증하며, 어느 정도 실제의 문제에 이들 이론을 적용하는 기능을 갖는 조직들이라고 할 수 있다.

(2) 수혜자에 의한 조직유형

다음은 Blau and Scott(김인수, 2005, p. 28)가 제시한 수혜자 기준의 분류인데, 이 분류는 조직구성원, 조직의 소유주 또는 관리자, 고객 및 일반인 중 조직활동의 수혜자가 누구냐에 따라 조직을 네 가지로 분류하였다.

첫째는 조직의 구성원이 주된 수혜자가 되는 호혜적 조직이다. 이러한 조직에서는 조직 내에서의 구성원의 참여와 구성원에 의한 통제를 보장하는 민주적 절차를 유지하는 것이 가장 중요한 문제이다. 둘째는 소유주가 주된 수혜자가 되는 기업조직인데,

이러한 조직에서 가장 중요한 것은 경쟁적인 환경에서 생존하고 성장하기 위하여 조직운영의 능률을 극대화하는 것이다. 셋째는 고객이 주된 수혜자가 되는 봉사조직이다. 이러한 조직에서는 고객에 대한 봉사의 극대화가 매우 중요하지만, 업무를 수행하는 절차와 봉사 간에 갈등이 일어날 수 있는 문제점이 있다.

마지막으로 일반인들이 조직활동의 주된 수혜자가 될 수 있는 공익조직이 있다. 이러한 조직에서는 일반인들이 주된 수혜자가 되어야 하기 때문에 국민에 의한 외재적 통제가 가능하도록 민주적 장치를 발전시켜야 한다.

4. 조직의 변화

급변하는 경영환경의 변화로 조직들은 자의건 타의건 변화의 압력을 받게 되는데, 조직의 변화는 외부환경의 변화요인으로부터 오는 부분이 있고, 내부환경의 변화요인으로부터 오는 부분이 있다. 먼저, 외부환경의 변화요인으로부터 오는 변화요인으로는 급속한 기술환경의 변화, 정보통신기술의 발전 때문에 오는 환경의 변화 등 여러 가지 요인이 있으며, 이러한 환경에 대처하기 위하여 기업들은 조직의 특성을 파악하여 잘 대처해야만 한다. 기술환경의 변화 중 가장 두드러진 부분은 정보통신기술의 변화로부터 오는 부분이라고 할 수 있는데, 예를 들면, 인터넷이 일반화되기 전에는 특급호텔들이 인터넷이 설치되어 있는 것을 크게 홍보하며 고객들을 유치하기 위하여 노력하였으나, 지금은 인터넷이 일반화되었기 때문에 이러한 마케팅을 하는 호텔은 거의 없다. 조직의 외부환경변화요인과, 이를 극복하기 위한 핵심성공요인, 그리고 이러한 성공을 위해 요구되는 조직의 특성은 다음과 같다.

표 8-2 외부환경변화요인, 핵심성공요인, 그리고 요구되는 조직의 특성

외부환경변화요인
- 급속한 기술변화 - 고객욕구의 다양화 - 치열한 경쟁시장 - 정보통신기술의 발전 - 경쟁우위요소의 변화(원가, 품질 ⇨ 서비스, 시간)

⬇

핵심성공요인
- 창의적인 문제해결 능력 - 신속한 대응력 - 지식능력 - 풍부한 정보처리능력 - 위기관리능력 - 네트워크관리능력

⬇

요구되는 조직의 특성
- 자율적이고 유연한 조직 - 낮은 계층구조 - 정보의 공유 - 지속적 학습능력 - 긴장감과 도전감 부여 - 조직 간 네트워크관리

자료 : 송상호 외, 1996, p. 29.

표 8-3 내부환경변화요인, 핵심성공요인, 그리고 요구되는 조직의 특성

내부환경변화요인
- 고용불안의 가속화 - 전통적 유교가치관의 붕괴 - 개성화시대 - 관료주의 메커니즘에 따른 조직병리현상의 심화 - 노동의 질 추구 - 조직팽창과 관리비용 증대
⬇
핵심성공요인
- 민주적 조직관리 - 개인의 창의성 - 변화관리능력 - 높은 개인참여
⬇
요구되는 조직의 특성
- 분권화 - 임파워먼트 - 유연한 조직 - 다기능화 - 자기관리조직 - 계층단축 - 스태프의 축소

자료 : 송상호 외, 1996, p. 33.

최근 가속화되고 있는 기업의 변화는 내부적인 환경변화요인도 한 이유가 될 수 있는데, 새로운 조직을 필요로 하는 내부환경요인의 변화는 구조조정에 따른 고용불안의 가속화, 개인의 자율성을 중요시하는 개성중시의 트렌드, 노동의 질 추구, 조직의 비대화와 관리비용의 증대 등을 들 수 있다. 이와 같은 내부환경의 변화로 인해 핵심성공요인과 조직의 특성에도 변화가 필요한데, 그 어느 때보다 민주적인 조직관리가 요구되고, 개인의 창의성, 변화관리 능력, 높은 개인참여 등이 기업생존을 위한 핵심성공요인으로 등장하였다. 또한, 이러한 핵심성공요인을 조직 내에 반영하기 위하여 분권화(decentralization), 임파워먼트(empowerment), 유연한 조직, 다기능화, 자기관리 조직, 계층단축 등과 같은 특성을 가진 조직으로 변화되어야 한다. 조직의 내부환경변화에 기인한 조직의 변화, 핵심성공요인, 요구되는 조직특성은 <표 8-3>과 같다.

위에서 언급되었듯이 기업들은 내부환경과 외부환경의 변화압력으로 기업조직의 재구축 문제에 부딪히는데, 이러한 상황에서 나타날 수 있는 조직의 변화 방향은 다음과 같다.

1) 고객지향성

고객지향성이란 고객의 입장에서 생각하여 고객의 욕구나 가치를 효과적으로 충족시킬 수 있도록 조직을 설계하고 관리하는 것을 의미하는데, 특히 서비스의 중요성이 다른 산업에 비해서 더 크다고 할 수 있는 호텔관광기업의 경우에는 가장 중요한 변화방향이라고 할 수 있다. 이러한 변화경향은 앞으로의 기업의 성공과 실패는 기업이 아닌 고객에 의해서 결정된다고 할 때, 모든 조직운영의 원칙이 기업 내부의 원칙으로부터 고객편의 원칙으로 전환되고, 조직설계도 고객욕구에 신속하게 대응할 수 있는 유연한 조직, 고객지향적 조직의 형태로 전환되어야 함을 의미한다.

2) 개인지향성

개인지향성이란 개인 혹은 소집단의 자율성과 창의성을 극대화시킬 수 있도록 조직을 설계하고 관리하는 것을 의미한다. 즉 조직구성원 각자가 자신의 능력이나 적성에 맞게 스스로 경력계획을 세우고 자신의 능력을 평가하고 달성할 수 있는 기준을 제시하며, 이것을 조직이 지원함으로써 각 개인의 능력이 최대한으로 발휘될 수 있도록 조직을 설계하고 관리하는 방안이다. 최근 우리 기업들이 구성원의 참여와 동기를 유발하고 창의력을 끌어내며 혁신적인 아이디어와 문제해결을 위하여 여러 가지 관리기법을 적용하고 있는 것이 좋은 예라고 할 수 있다.

3) 공생지향성

공생지향성이란 기업활동을 내부화하거나 지나치게 경쟁함으로써 발생하는 비용을 최소화하고, 기업 간 상호신뢰와 협력을 통하여 모두 공생적 이익을 극대화할 수 있도록 조직을 설계하고 관리하는 것이다.

4) 학습지향성

학습지향성이란 지식의 중요성을 인식하고 지식창출과 지식관리를 체계적으로 실시하여 항상 학습하는 조직을 설계하고 운영하는 것을 의미한다. 정보화와 지식기반사회에서의 기업의 가치는 자본이나 생산효율성보다는 새로운 지식의 창출에 따라 경쟁력이 좌우된다고도 할 수 있는데, 새로운 지식의 창출은 바로 개인 혹은 조직에 내재화되어 있는 지식능력과 새로운 것을 습득하고 변화시킬 수 있는 개인 및 조직의 능력에 달려 있다.

5. 리더십과 인적자원관리

리더십에 대한 정의는 여러 학자들에 의해 다양하게 제기되어 왔는데, 이에 대한 정의를 정리하면 조직에서 실현 가능한 비전(vision)을 제시하는 것이라고 할 수 있다.

이러한 리더십의 기능은 사회·정치적인 관점과 관리적인 관점으로 나누어서 생각해 볼 수 있는데, 사회·정치적인 관점에서의 리더십의 기능은 비전과 사명의 설정, 조직 목표의 완수, 조직 내 협동심, 일체감 조성, 조직 내 갈등의 조정과 해결 등을 들 수 있다. 관리적인 관점에서의 리더십의 기능은 조직과업을 부하들에게 분배하고, 부하들에게 동기를 부여하고, 부하의 업무수행능력을 지도·개발하고, 조직구성원 간에 커뮤니케이션하는 것 등을 들 수 있다.

리더십과 관련된 이론들의 발전과정을 살펴보면, 리더를 강조한 이론에는 특성이론(trait theory)과 행동이론(behavior theory)이 있으며, 상황을 강조한 이론으로는 상황이론(contingency theory)이 있다.

특성이론은 효율적인 리더십의 원천을 리더가 가지고 있는 특성에서 찾으려고 했던 이론으로, 리더는 선천적으로 태어났다는 점에 비중을 둔 리더십이론이라고 할 수 있다.

행동이론은 모범적인 리더의 행동을 알게 되면 지속적인 훈련과 노력을 통해서 리더의 자질을 보완하면 훌륭한 리더가 될 수 있다는 이론으로, 리더는 꼭 태어나는 것은 아니며 만들어진다는 점에 초점이 있다고 할 수 있다.

상황이론은 이상적인 리더의 유형이 독립적으로 존재하는 것이 아니라 상황에 적합하면 어떤 리더십 유형도 좋은 성과를 낼 수 있다는 점을 강조한 이론이라고 할 수 있다.

제 9 장

국제호텔관광기업의 인적자원관리

I. 글로벌화의 이해

1. 글로벌화의 개념

최근 세계경제가 큰 변화를 겪고 있는데 그 핵심적인 내용은 여러 가지 장벽에 의해서 국가별로 운영되던 경제시스템이 국가별 언어(language), 문화(culture), 거리(distance) 등의 차이에도 불구하고 점점 하나의 경제시스템으로 통합되는 경향을 나타낸다는 것이다.

이러한 현상 속에서 여러 국가들 간의 상호의존성(interdependence)도 점차 높아지고, 모든 산업은 더욱 빠른 속도로 글로벌화되고 있고 글로벌기업들은 서로 무한경쟁을 하고 있는 현실이다.

글로벌화(globalization) 또는 우리말로 세계화에 대한 정의는 다양하지만, 일반적으로 기업이 개별국가시장에 대해 각각 다른 전략을 취하기보다는 전 세계시장을 하나의 시장으로 보고 통합된 전략을 수립하는 것을 의미한다(Porter, 1986; 장세진, 2004).

글로벌화는 시장의 글로벌화와 생산의 글로벌화의 두 가지 주요한 부분으로 구성되어 있는데, 시장의 글로벌화란 국가별로 나누어져 있던 시장을 하나의 거대한 글로벌시장으로 합병하는 것을 의미한다. 생산의 글로벌화는 기업들이 노동력 · 토지 · 원자재 · 에너지 등의 생산요소들을 가격과 품질 측면에서 국가별 차이를 이용하여 제품과 서비스를 다른 지역에서 생산하는 경향을 나타내는 것을 의미하는데, 생산의 글로벌화가 일어나는 이유는 기업들이 경쟁기업들보다 경쟁우위를 확보하기 위하여 낮은 비용구조와 높은 품질을 소비자들에게 제공하기 위하여 노력하기 때문이다.

글로벌화와 국제화(internalization)를 비교해 보면, 국제화는 국가단위로 시장이 구성되었던 상황에서 한 국가에 있던 기업이 다른 국가로 진출하는 것을 의미했던 반면, 글로벌화는 국가별로 시장을 구분하는 의미가 없어졌다는 것이다. 글로벌화된 환경하에서는 제품 · 서비스 · 기술 등이 각 국가에서 국가로의 이동이 자유롭고, 인적자원과 자본의 흐름도 자유롭다고 할 수 있다.

특히, 글로벌화가 관광산업에 미치는 영향은 매우 크다고 할 수 있는데, 글로벌화로 인해 국제관광이 촉진되어 관련 산업이 빠른 속도로 성장하고 있다. 이러한 글로벌경영환경하에서 국제관광과 관련된 기업인 호텔, 항공사, 외식업체, 여행사 등이 다국적 기업화되는 추세이다. 따라서 글로벌화는 이제 일반적인 현상이 되었으며, 국제관광 경영적인 측면에서도 많은 국제관광기업들이 급변하는 글로벌 경영환경에 적합한 경영전략을 수립하는 것이 필요하다고 하겠다.

2. 글로벌화의 촉진요인

1) 자본집약적인 생산방식과 규모의 경제의 중요성 증대

우리나라의 많은 기업들이 해외로 진출하는 것이 일반화하고 있는데, 가장 큰 이유 중 하나는 우리나라 소비자들만을 대상으로 제품을 판매하면 생산비용을 충당하기가 어렵기 때문이다. 그만큼 이제는 글로벌화가 일반화되었고, 글로벌 경영환경의 변화도 급속하게 일어나고 있다.

이러한 환경하에서 최근 모든 산업의 생산방식에서 공통적으로 일어나는 현상 중 하나는 노동집약적인 생산시스템에서 자본집약적인 생산시스템으로의 전환 가속화를 들 수 있다. 이러한 현상은 생산활동에 있어서 노동비용의 비중이 점차 감소하는 동시에 자본비용이 증가한다는 의미인데, 자본비용 증가의 주요한 이유는 연구개발비용의 증가와 첨단생산설비로 인한 비용 증가이다.

특히, 이러한 현상은 정보통신(telecommunication)과 생명공학(biotechnology) 등의 첨단산업과 자동차 · 화학 등 생산비용이 많이 소요되는 산업에서 더욱 두드러지게 나타나고 있다. 이러한 생산활동비용의 증가로 기업의 입장에서는 규모의 경제(economies of scale)를 이용한 대량생산을 하게 되고, 각 국가별 내수시장만으로는 대량생산된 제품의 수요가 한정되어 있기 때문에 전 세계시장으로의 제품판매를 모색하게 된다. 우리나라의 현대, 기아자동차가 세계 곳곳에 생산기지를 건설하고 전 세계시장을 대상으로 자동차 판매에 힘쓰는 것이 좋은 예라고 할 수 있다.

2) 기술의 발전

글로벌화를 촉진시키는 요인 중 하나는 기술의 발전인데, 특히 교통기술의 발전, 정보통신기술의 발전, 첨단산업기술의 발전 등을 이유로 들 수 있다. 먼저, 교통기술의 발전과정을 살펴보면, 제2차 세계대전 이후 항공산업기술의 발전과 컨테이너 운송의 도입으로 급격한 교통의 발전을 가져왔으며, 이러한 교통산업의 급속한 발전이 글로벌화를 더욱 촉진시키는 중요한 원인이 되었다.

또한, 빠른 기술의 발전과 더불어 많은 연구개발(R&D)에 대한 투자가 글로벌화를 촉진시키는 원인이 되었다.

예를 들어 첨단산업이라고 할 수 있는 전자, 통신, 컴퓨터, 의약품제조산업 등에서는 총매출액에서 연구개발비용이 차지하는 비율이 평균적으로는 7~8%, 높게는 15%까지도 소요되고 있는데, 이와 같이 연구개발비용이 많이 투자되는 사업에서는 국내

시장의 수요만으로는 그처럼 높은 연구개발비를 충당하기 어렵다. 그렇기 때문에 위에서 언급된 첨단산업의 경우 전 세계시장을 대상으로 신제품개발과 판매가 지속되어야 연구개발비용을 충당할 수 있게 된다. 따라서 이렇게 첨단산업에 속해 있는 다국적기업들은 전 세계시장을 대상으로 하고 있기 때문에 글로벌화는 더욱 가속화된다고 할 수 있다.

3) 전 세계 소비자 취향의 동질화

글로벌화의 가장 큰 요인 중 하나는 이질적이었던 각국 소비자의 취향이 점점 동질화되고 있다는 점이다. 이렇게 전 세계 소비자의 수요와 구매행태가 과거에 비해 동질화되는 가장 큰 이유는 인터넷을 중심으로 한 정보통신기술의 발전이라고 할 수 있다.

이와 같이 하루가 다르게 발전하고 있는 정보통신기술의 발전으로 기업들은 전 세계를 단일시장으로 보고 빠른 시간 내에 전 세계 소비자들의 수요에 부응할 수 있는 제품을 만들어야 경쟁력을 가지고 생존할 수 있게 되었다.

여기서 한 가지 비교해야 할 점은 최근 전 세계 소비자 취향의 동질화는 과거 국제화의 영향으로 선진국에서 먼저 개발된 제품이 점차 저개발국가로 이동되어 시차를 두고 전 세계 소비자 취향이 동질화되었던 이른바 제품수명주기이론(product life cycle theory)과는 다르다는 것이다. 예전에는 시차를 두고 전 세계 소비자 취향의 동질화가 있었던 것에 비하여, 최근에는 인터넷의 일반화로 선진국과 후진국 간 약간의 시차는 있겠지만 거의 비슷한 시기에 같은 제품이나 서비스에 대해서 전 세계의 모든 소비자들의 취향이 동질화되었다고 할 수 있다.

또한, 소비자취향의 동질성이 비슷한 시기에 나타나는 다른 이유로 전 세계 소비자들의 구매력 증대를 꼽을 수 있다. 개발도상국들의 경제적 발전이 국민들의 소득증대로 나타나고, 이러한 국민들의 소득증대가 선진국에서 생산되는 제품을 소비하려는 경향으로 나타나고 있다.

4) 무역장벽의 감소

최근 전 세계적으로 극소수의 국가를 제외하고 무역장벽이 낮아지고 있는 상황이며, 자본의 이동도 자유로워지고 있다. 특히, WTO(World Trade Organization : 세계무역기구)체제의 출현으로 이러한 현상은 앞으로 더욱 가속화될 것으로 예측된다.

또한, 요즘 활발하게 진행되고 있는 여러 국가들과의 자유무역협정(free trade agreement)의 진행 등에 힘입어 가까운 시일 안에 국가 간 무역장벽의 감소는 더욱더 가속화될 것으로 예측된다. 우리나라의 경우도 최근 미국, 인도, EU 등과 자유무역협정을 체결하거나 체결을 진행 중이며, 이러한 영향으로 서비스산업은 더욱더 글로벌화될 것으로 기대되며, 특히 호텔관광산업에 있어서 많은 영향이 있을 것으로 예상된다.

이러한 글로벌 경영환경의 변화 속에서 우리나라의 관광기업들도 글로벌화된 세계적인 관광기업들과 경쟁하기 위해서는 우리나라 기업들만이 보유한 경쟁우위를 활용할 수 있는 적합한 방법을 찾아보는 것이 시급하다고 할 수 있다.

사례

글로벌라이제이션

롤랜드 빌링어(Roland Villinger) 맥킨지 서울사무소 대표
강혜진 맥킨지 서울사무소 부파트너

기업의 글로벌라이제이션(globalization)이란 기준으로 평가할 때 한국은 소수정예라는 특징을 갖고 있다. 글로벌시장이란 링에 오른 기업은 많지 않지만, 챔피언은 많이 배출했다는 얘기다. 맥킨지가 2005년 말 기준으로 전 세계 시가총액 상위 2,000개 기업(G2000)의 글로벌 경쟁력 등급을 평가한 결과, 3.4%인 68개 기업이

최고 등급인 '글로벌 챔피언(global champion)'으로 분류됐다. 글로벌 챔피언은 과거 10년간의 경영성과, 진출지역 및 사업의 다각화 정도, 매출액 · 시가총액 등 다양한 항목에서 강력한 글로벌 위상을 갖고 있는 기업으로, MS(마이크로소프트) · GE(제너럴일렉트릭) · 존슨앤존슨(Johnson&Johnson) · HSBC 등 내로라하는 서구 기업들과 함께 인도 릴라이언스그룹(Reliance Group) 등 아시아 기업들도 포함돼 있다.

■ 소수정예 한국의 글로벌기업

조사결과를 들여다보면, 한국 입장에서 고무적인 현상과 우려스러운 대목이 한 가지씩 눈에 띈다. 먼저 고무적 현상은 한국이 경제규모에 비해 글로벌 챔피언을 많이 배출했다는 것이다. 세계 GDP에서 한국의 비중은 2% 남짓이지만, 글로벌 챔피언 중 4%(3개)를 한국기업들이 차지했다. 실제로 GDP 1조 달러당 글로벌 챔피언의 수는 한국이 3.7개로, 미국(2.2개), 일본(0.7개), 중국(0.4개) 등을 능가한다.

반면 우려스러운 대목은 한국에 글로벌기업의 저변이 취약하다는 것이다. G2000 중 한국기업의 비중은 2%(41개)로 글로벌 챔피언(4%)의 절반 수준이다. 또 글로벌 챔피언의 다음 등급인 '글로벌 유망주(global contender)'로는 G2000 중 426개 기업이 선정됐는데, 이 중 한국기업의 비중은 2%(9개)에 그쳤다. 글로벌 유망주는 내수시장에서 강력한 경쟁력을 갖추고 있지만, 사업규모와 진출지역, 사업분야의 다양성 등에서 글로벌 챔피언만큼의 수준을 확보하지 못한 기업이다. 인도 복제약(generic) 의약품 시장의 선두주자인 란박시(Ranbaxy) 같은 기업들이 글로벌 유망주에 해당한다.

반면 중국의 경우, 글로벌 챔피언에서 차지하는 비중은 2%로 낮지만, 점진적으로 세계화를 진행하는 G2000이나 글로벌 유망주에서 차지하는 비중은 각각 4%로 한국보다 높다. 특히 중국과 인도 기업들이 빠른 속도로 글로벌화하고 있다는 점을 감안할 때, 한국의 소수정예주의가 오래 지속되기는 어려울 것으로 보인다. 단적인 예로, 해외직접투자액의 경우 한국은 2003년 34억 달러에서 2006년 71억 달러로 연평균 28% 증가하는 데 그쳤지만, 중국과 인도는 같은 기간 연평균 77%,

68% 급증했다.

■ 글로벌라이제이션의 6가지 과제

글로벌라이제이션은 한국기업이 피할 수 없는 숙명적 도전이자 극복해야 할 과제다.

하지만 성공적으로 글로벌화하는 것은 쉬운 일이 아니다. 실제로 성공보다는 실패 사례가 더 많다. 글로벌화 추진과정에서 기업들이 직면하게 되는 주요 도전 과제는 다음과 같다.

① "왜 글로벌인가?" 목표와 전략을 명확히 하라

의외로 글로벌화를 주장하는 많은 기업들이 왜, 어디서, 어떻게, 언제 글로벌화할지에 대한 명확한 전략을 갖고 있지 않아 실패하곤 한다. 글로벌화를 추진하는 기업들은 다음과 같은 몇 가지 질문을 던져봐야 한다. 진출하려는 시장이 매력적인가, 새로운 사업을 구축할 것인가 아니면 기존 업체를 인수할 것인가, 언제 어떻게 글로벌 전략을 실천에 옮길 것인가, 언제까지 임직원들의 역량을 글로벌 수준으로 키워야 하고 그를 위해 얼마만큼의 노력이 필요한가 등이다. 한발 더 나아가, 기업들은 R&D부터 판매까지 가치사슬(value chain)의 어떤 부분을 어느 지역에서 특화시킬 것인지를 고민해야 한다.

예컨대 원가경쟁력이 중요하면 인건비 · 재료비 · 운송비 등이 싼 지역에, 기술경쟁력이 중요하면 인재 선발과 활용이 유리한 곳에 거점을 두는 식이다. 의류업체 리앤펑(Li&Fung)은 37개국 7,500개의 협력기업 네트워크를 구축해 활용하고 있다. 방한복을 만들 때 직물공급은 중국, 디자인은 홍콩, 지퍼는 대만, 재봉작업은 방글라데시에서 이루어지는 식이다.

② 항상 M&A에 준비된 자세 갖춰야

HSBC와 미탈스틸 등 글로벌 챔피언의 약 65%는 인수합병(M&A)을 통한 성장에 크게 의존하고 있다. 반면 한국기업들은 글로벌 M&A에 소극적이다. 언제라도

M&A를 추진할 수 있는 철저한 준비가 돼 있지 않을 경우, 매물이 시장에 나온 뒤에야 다급하게 검토하게 되므로, 인수기회를 놓치거나 너무 비싼 가격을 지불하는 잘못을 저지르기 쉽다. 이를 해결하려면 먼저 M&A의 전략적 목적을 명확히 한 후 잠재적 인수대상 리스트를 작성해 관리해야 한다. 또 회사 내에 M&A 전담팀을 구성해 내부적으로 전문성을 쌓고, 외부에 신뢰할 만한 투자은행(IB)과 컨설팅회사 같은 자문단을 확보해야 한다. 세계 1위 철강업체인 미탈스틸 회장의 회고록에는 "그의 성공은 전 세계 지도를 놓고 손실을 내는 철강회사를 찾아 인수하고 흑자로 돌려놓는 노력에 있었다. 그는 끊임없이 다음 거래를 찾고 있다"는 평가가 실려 있다.

③ 외국의 법적·사회적 리스크를 고려하라

해외 M&A를 추진할 때는 노동법, 퇴직금제도, 환경규제 등 그 나라만 독특하게 갖고 있는 위험요소를 고려해야 한다. 예컨대 미국의 경우, S&P 500대 기업의 85%는 퇴직연금을 지급하기 위한 내부 유보금이 부족한 상태이며, 부족금액은 총 1,500억 달러에 달한다. 이러한 사안들을 제대로 평가하지 않고 인수했다가는 큰 낭패를 겪게 된다. 기업들은 정치·여론 등 경영 외적인 변수를 과소평가하는 경향이 있다. 중국 국영 해양석유공사(CNOOC)는 미국의 에너지회사인 유노칼(Unocal) 인수를 시도했다가 반대여론 때문에 실패했다. 중국의 유노칼 인수를 반대했던 측은 "기간산업을 '적성국(敵性國)'에 매각하는 것은 국가안보를 위협하는 것"이라며 반대여론을 조성했다. 중국은 대대적인 홍보캠페인을 벌였지만 효과를 보지 못했다.

④ 자사의 브랜드와 기업이미지 구축에 투자하라

글로벌기업으로 성장하겠다는 야망을 가진 회사는 브랜드 가치와 기업이미지를 구축하는 투자를 게을리해서는 안 된다. 기업이미지는 해외시장에서 빨리 성장하는 데 큰 장애물이 될 수도 있다. 급성장하는 중국이 이미지 관리에 실패한 대표적 국가다. 글로벌 브랜드 담당자들을 대상으로 "'Made in China' 표시가 중국

기업의 이미지에 도움이 되는가, 해가 되는가"를 물어봤을 때 79%가 "해가 된다"고 답했다. 또 중국제품을 봤을 때 떠오르는 5가지 단어는 '싸다, 품질이 낮다, 가치가 낮다, 신뢰할 수 없다, 정교하지 않다'로 조사됐다.

⑤ 글로벌 인재를 유치하고 충분한 책임과 권한을 부여하라

글로벌경영을 주장하는 한국기업들이 가장 취약한 분야다. 선도적인 한국 전자회사들은 매출액의 80%가 해외에서 발생하지만 외국인 임원 비중은 평균 2~3%에 불과하다. 해외사업장의 주요 요직은 대부분 한국 본사에서 파견된 임직원들이 차지하고 있다. 이들은 다국적 문화에 대한 경험과 이해도가 낮을 뿐 아니라, 공식적인 보고체계를 무시하고 본사의 직속상사에게 비공식적으로 보고함으로써 현지 임직원들의 사기를 떨어뜨린다.

한국기업들이 진정한 글로벌기업으로 발돋움하고 싶다면 보다 적극적으로 외국인 경영진과 인재를 영입하고, 이들에게 적절한 책임과 권한을 부여해야 한다. 그러지 않으면 역량 있는 글로벌 인재의 유치는 더욱 어려워진다.

⑥ 조직과 문화의 통합을 위해 최고경영진이 직접 나서라

마지막으로, 장기적인 관점에서 조직과 문화를 통합하는 노력이 필요하다.

기업이 세계화할수록 조직은 더욱 복잡해지고, 임직원들은 자신의 생각을 정확히 전달하는 데 어려움을 겪게 된다. 문화·언어 등의 차이로 여러 국적의 동료와 일할 때 쓸데없는 오해와 갈등이 발생하기도 한다. 따라서 최고경영진은 외국의 문화와 언어를 이해하고 국가 간 네트워크를 구축하는 데 적극적으로 나서야 한다. 해외 M&A를 추진할 때도 문화적 진단과 함께 인수 후 통합 계획을 세워야 한다.

진화론의 창시자인 찰스 다윈은 "살아남는 생물은 가장 강한 생물도, 가장 영리한 생물도 아니고 변화에 가장 잘 적응하는 생물"이라고 말했다. 역동적인 글로벌 경제의 변화 속에서 살아남기 위해서는 그 어느 때보다 민첩한 적응력이 필요하다.

[공동기획 | McKinsey&Company, 자료 : 조선일보, 2007.10.19]

II. 다국적기업의 이해

1. 국제경영의 개념 및 의의

국제경영이란 간단히 말해서 두 개 이상의 국가와 관련하여 이루어지는 모든 기업활동, 혹은 이를 경영하는 활동을 의미한다. 학자들의 견해 중 대표적인 몇 개의 예를 들어보면 Robock과 Simmonds 및 Zwick는 그들의 공저인 International Business and Multinational Enterprises에서 국제경영을 다음과 같이 정의하고 있다. "국제경영이란 국경을 넘는 사업활동을 경영교육 및 학문적 연구의 대상으로 하는 분야로서, 여기서 국경을 넘는 사업활동의 대상에는 재화, 서비스, 자본, 인력, 기술이전 그리고 인력관리 등이 모두 포함된다"(International Business as a field of management training and scholarly research area primarily with business activities that cross national boundaries, whether they be movements of goods, services, capital, or personnel ; transfer of technology ; or even the supervision of employees)(Johanson & Vahlne, 1977).

한편, Robinson은 그의 저서 International Business Management에서 국제경영을 다음과 같이 정의하고 있다. "국제경영이란 한 나라, 한 영토 또는 한 식민지 이상의 사람 또는 기관에 영향을 미치는 공사(public and private)의 경영활동을 대상으로 하는 연구 및 실무의 한 분야이다"(International Business as a field of study and practice encempasses that public and private business activity affecting the persons or institutions of more than on national state, territory or colony)(Davidson, 1980).

다시 말해서 만약 기업의 모든 경영활동이 순순하게 국내에서만 이루어지지 않는다면 이 기업은 국제경영에 참여하고 있다고 말할 수 있다. 오늘날의 거의 모든 기업들은 국제경영 활동과 관련되어 있다고 해도 과언이 아니다. 우리들이 가장 잘 알고 있는 국제경영활동의 형태로는 수출입과 현지생산활동이 있다. 또한 라이선싱(licensing)과 프랜차이징(franchising) 등의 계약방식과 관광・운송・보험 등의 각종 국제서비스활동도 국제경영의 주요 형태이다.

2. 다국적기업에 대한 이해

다국적기업(multinational corporation)에 대한 정의는 학자들마다 다양하지만, 일반적으로 두 개 국가 이상에서 현지법인을 운영하고 있는 기업이라고 정의할 수 있다. 다국적기업은 말 그대로 여러 개의 국적을 가진 기업을 뜻하는 것으로서 해외직접투자(foreign direct investment)를 통해 현지 판매법인이나 현지생산법인을 소유한 기업을 의미한다.

표 9-1 다국적기업의 기준과 명칭

관점	기 준	명 칭	학 자
구조	경영활동이 일어나는 국가의 수 ≥ 2	Multinational Firm	D.E. Lilienthal, J. Fayerweather
	기업 소유권자의 국적의 수≥2	Multinational Firm	J. Behrman
	최고경영층의 국적의 수≥2	Transnational Enterprise	D. Kircher
	6개국 이상에 제조업 투자	Multinational Enterprise	R. Vemen
	초국적주체에 의하여 관리되는 기업	Cosmo Corporation	G. Ball
성과	해외부문의 매출액·투자·생산·고용 등>25%	International Corporation	S. Rolfe
	해외부문의 매출액·이익·자산·종업원 수>일정 비율	Multinational Corporation	J. Bruck & F. Lee
형태	경영의 관점이 국제적·세계적인 관점에서 자원 배분	World Corporation Supernational Corporation	G. Clee & A. Discipio
	본국 중심적 사고, 현지 중심적 사고, 세계 중심적 사고	Ethnocentric Firm Polycentric Firm Geocentric Firm	R. Robinson H. Perlmutter
	세계시장을 하나의 시스템으로 보아 각국의 경영전략을 유기적으로 조정	Global Corporation	M. Porter

3. 다국적기업의 조직구조

다국적기업의 조직구조와 관련해서 중요한 점은 조직구조의 집권화와 분권화에 관련된 부분인데, 다국적기업의 집권화와 분권화에 있어서 의사결정의 집권화란 다국적기업 조직 내에서의 의사결정이 어느 수준에서 이루어지는 것인가에 초점을 맞춘 것이다. 의사결정이 본사 수준에서 내려질 경우 집권화(centralization)에 속하고 자회사 수준에서 많은 의사결정권한이 주어질 경우 분권화(decentralization)에 속한다고 할 수 있다.

이것은 조직이론에서 조직의 기본변수 중 하나인 집권화 개념의 특성 중 장소적 분석개념이 외국에 해외자회사를 하부단위조직으로 구성하고 있는 다국적기업의 조직에 적용된 것이다. 다국적기업의 본사는 자회사의 모든 활동에 직접 개입한다는 것이 사실상 불가능하고 비능률적이므로 의사결정의 비중에 따라 선택적으로 관여한다고 할 수 있다. 따라서 모든 기능영역이 동일한 정도로 집권화되어 있지는 않다고 할 수 있다.

집권화와 분권화는 경향성을 나타내는 용어라고 할 수 있다. 이는 극단적인 의미의 집권화와 분권화는 존재하지 않음을 의미하며, 어떠한 다국적기업 조직도 본사 또는 자회사에서 단독으로 의사결정을 하지는 않는다는 의미이다. 따라서 집권화와 분권화를 연속선상의 개념으로 파악하려 한다든지, 집권화 정도 혹은 분권화 정도 등으로 분석하게 된다. 즉 상대적인 비교의 틀로서 스펙트럼상의 어느 위치를 차지하는 것으로 판단하게 된다(양창삼, 1990).

Johanson과 Vahlne은 기업들의 해외진출과정이 처음에 수출로 시작하여 판매법인으로 확장되고, 그 다음 단계에서 생산법인을 설립하여 순차적으로 해외시장에 진출한다고 주장하였다. 즉 해외시장의 중요성이 증가함에 따라 그만큼 투자를 증대시킨다는 이론이다. 이러한 기업들의 순차적인 해외시장의 진출은 Johanson과 Vahlne의 주장대로 해외시장의 중요성이 점점 높아진다는 관점에서도 볼 수 있지만, 한편으로는 기업들이 해외시장에 순차적으로 진출하는 이유를 위험관리의 측면에서도 볼 수 있다. 다시 말하면 기업들의 해외시장 진출 초반에는 현지시장에 대한 경험부족과 정보부족으로 수출을 통해 해외시장에 진출한 후 어느 정도 해외시장진출에 대한 정보가 축적되면 판매법인을 설립하고, 그 이후에 생산법인을 설립하게 된다.

한편, Davidson은 기업이 세계의 여러 국가에 진출할 때 동시다발적인 방법보다 문화 · 언어 · 경제적 환경이 비슷한 국가로부터 상이한 국가의 순서로 순차적으로 진출한다고 주장하였다.

또한, 장세진은 기업이 여러 사업부를 가지고 있는 다각화기업일 경우 현지기업에 비해 경쟁우위가 강한 사업부에 최초의 투자가 이루어지고, 경쟁우위가 약한 사업분야로 순차적으로 진입한다고 주장하였다(Chang, 1995; 장세진, 2004, p. 250 재인용).

위에서 언급한 대로 기업들이 해외시장에 순차적으로 진입하면서 다국적기업의 조직구조도 계속해서 변화하게 되는데, 그 내용은 다음과 같다.

1) 수출부서 조직구조

내수 위주의 기업에 수출량이 늘어나면서 수출만을 전담할 조직을 영업부 산하에 두는 조직구조를 말한다. 처음에는 수출부서를 조직하여 활동하다 수출제품이 증가하고 수출지역이 다변화되면서 수출부서가 제품별 혹은 지역별로 분화된다.

2) 국제사업부 조직구조

국제사업부 조직구조는 해외시장에 대한 비중이 증가하면서 기업들이 기존의 제품별 국내사업부와 마찬가지로 해외영업부나 국제사업부와 같은 새로운 사업부를 설치하여 국제업무를 담당하게 하는 조직구조를 말한다. 국제사업부 조직구조는 내수에 초점을 맞추는 조직구조이기 때문에 주요 의사결정권한이 내수 위주의 제품별 사업부에 집중되어 있다. 따라서 국제사업부는 해외영업이라는 제한된 영역에서만 의사결정권한을 행사할 수 있기 때문에 전반적인 기업활동이 내수 위주에 초점이 맞춰지는 조직구조이다.

3) 글로벌사업부 조직구조

기업의 해외사업비중이 증가하면서 국제사업부 조직은 글로벌사업부 조직으로 확대・개편되는데, 기업의 상황과 해외시장의 외부환경에 따라 제품별 글로벌사업부제와 지역별 글로벌사업부제 및 글로벌 매트릭스조직 중에서 선택해서 운용한다. 세 조직구조의 특성은 다음과 같다.

(1) 제품별 글로벌사업부제

국제사업부가 별도로 존재하였던 국제사업부 조직은 내수부문은 제품사업부로, 해외부문은 국제사업부로 각각 분리되어 운영되었지만, 제품별 글로벌사업부제 조직구조에서는 개별제품별 사업부가 내수부문과 해외부문을 모두 관리하게 된다. 현재 글로벌경쟁을 하고 있는 서유럽 대규모 기업들의 구조를 살펴보면, 대부분의 경우 글로벌제품별 사업부제 조직을 갖춘 기업들이 많은데, 그 이유는 제품별 사업부가 내수사업만이 아니라 해외영업과 전 세계에 대한 모든 생산과 판매활동을 함으로써 규모의 경제를 살리고, 제품을 동시다발적으로 많은 시장에 판매하는 등 효율적인 생산체제를 갖출 수 있다는 점에서 글로벌사업부 조직의 장점이 있다고 하겠다(장세진, 1994, pp. 356-357).

그러나 제품별 글로벌사업부제 조직구조는 해외사업관련 제품사업부 간 조정의 어려움이 있고, 해외지역에 대한 전문성이 축적되어 활용되기가 어렵다. 또한 제품사업부 간 지역에 대한 정보가 공유되지 못하고, 해외에 있는 다제품 생산공장의 경우 원가배분과 수익측정 등에서 갈등요소가 존재하는 단점이 있다.

(2) 지역별 글로벌사업부제

지역별 글로벌사업부제는 전 세계지역을 몇 개의 주요지역으로 나누고 각각의 지역사업부가 생산・판매・연구개발 등을 책임지는 조직구조이다. 지역별 글로벌사업부제는 현지시장 특성에 맞추어 제품의 생산과 마케팅을 현지화시킬 수 있는 장점이 있지만, 의사결정권한이 지역사업부에 있기 때문에 개별제품의 글로벌 표준화 가능성이 약해지고, 제품에 대한 전문지식 축적 및 활용이 어렵게 된다.

지역별 글로벌사업부제는 다음과 같은 경우에 적용할 수 있다.

① 현지국가의 특수한 여건에 대응하여 지역별 생산체제를 갖출 필요가 있는 기업의 경우
② 제품이 상당히 표준화되어 있어 기술적인 문제보다는 마케팅이 중요한 이유
③ 제품이 제품수명주기상 성숙단계에 위치하는 경우
④ 현지시장의 여건에 대응하는 것이 가장 중요한 목표인 경우
⑤ 총매출에서 해외시장의 매출비중이 확대되는 경우

(3) 글로벌 매트릭스조직

매트릭스조직은 기업을 제품차원과 지역차원으로 나누어 조직에 소속된 모든 사람들을 제품과 지역 양쪽 조직에 속하게 만든 조직형태이다. 매트릭스조직은 해당사업부가 제품측면과 지역측면을 같은 비중으로 함께 관리하기 때문에 제품과 지역차원에서 발생하는 경영문제를 유연하게 관리할 수 있는 장점이 있다(전용욱 외, 2003, pp. 50-51).

그러나 매트릭스조직을 취했던 많은 기업들이 얼마 후 다시 지역별 혹은 제품별 사업부조직으로 돌아가게 되었는데, 이의 가장 큰 이유는 매트릭스조직이 구조상 무척 복잡하고 혼란스럽기 때문이다. 특히 상급관리자 두 명의 지시를 받아야 하는 중간관리자들에게는 제품별 상급관리자와 지역별 상급관리자의 의견이 다를 경우 어느 의견을 따라야 하는지의 문제가 발생하게 된다.

4. 해외자회사의 유형

Barlett과 Ghoshal은 다국적기업 조직이 획일적인 통제시스템을 가진 조직이 아니라 각 시장의 특성과 개별 자회사의 능력에 따라 차별화된 네트워크 조직이라고 주장하

였다. 또한 자회사 현지시장의 중요성과 자회사의 핵심역량에 따라 전략적 리더(strategic leader), 기여자(contributor), 실행자(implementer), 블랙홀(black hole)의 4가지로 분류하였다(Barlett & Ghoshat, 1989). 여기서 핵심역량(core competencies)이란 경쟁기업에 비해서 우월한 능력을 의미한다.

1) 전략적 리더

전략적 리더(strategic leader)란 자회사가 전략적으로 중요한 시장에 위치하고 있고, 높은 수준의 핵심역량(core competencies)을 보유하고 있는 경우를 말한다. 여기서 전략적으로 중요한 시장이란 다음과 같은 면에서 평가될 수 있다(장세진, 2004, pp. 181-182).

① 시장규모가 크고 그 시장에서 이익을 얻을 수 있는 가능성이 높은 시장 : 주요시장에서 성공하면 그만큼 규모의 경제를 활용할 가능성이 높아지고, 신규시장의 진출을 위한 재원 마련에도 크게 도움이 된다.

② 글로벌고객의 모국 : 글로벌고객을 상대하는 기업은 전 세계적으로 사업활동을 하는 고객에게 효과적인 서비스를 제공하기 위해서 고객의 모국과 그 고객이 활동하는 주요국가에 진출하고 있어야 한다.

③ 경쟁기업의 내수시장 : 경쟁기업을 가장 효과적으로 견제할 수 있는 방법은 그 경쟁기업의 가장 중요한 시장을 공략하는 방법이다.

④ 기술혁신이 많이 일어나는 시장 : 기술혁신의 본거지에 위치하는 것은 뛰어난 기술력을 확보함과 동시에, 경쟁기업의 움직임을 포착하는 데 크게 도움이 된다.

2) 기여자

기여자(contributor)란 시장규모가 작거나 전략적으로 중요하지 않은 시장에 위치하고 있지만 높은 수준의 핵심역량을 보유하고 있는 자회사의 유형을 말한다.

3) 실행자

실행자(implementer)란 전략적으로 그다지 중요한 시장에 위치하고 있지 않으며, 단순한 현지업무를 수행할 수 있는 정도의 핵심역량을 보유한 자회사의 형태를 의미한다.

4) 블랙홀

블랙홀(black hole)은 본사에서 계속해서 경영자원을 투입해도 핵심역량을 개발하지 못하는 자회사의 형태를 의미한다.

		현지시장의 중요성: 저	현지시장의 중요성: 고
핵심역량 보유 정도	고	실행자	전략적 리더
	저	블랙홀	기 여 자

【그림 9-1】 자회사 유형

5. 해외지역 본사제도

1) 해외지역 본사제도의 개념

해외지역 본사(regional headquarters)제도란 지역별 전략국가에 현지를 관할하는 제2의 본사를 설립하는 것을 말한다. 해외지역 본사는 금융 · 정보 · 컨설팅 · 자원조직을 전략적으로 보강하여 제반 경영요소의 통합 · 분배 · 조정기능을 갖게 되며, 이러한 해외지역 본사제도가 정착되면 지역 내 사업장 간의 시너지효과가 극대화될 뿐만 아니라 현지에서 신속한 의사결정이 이루어지고, 현지문화에도 쉽게 적응할 수 있게 된다.

2) 해외지역 본사의 역할

해외지역 본사의 역할은 기업적인 역할과 통합적인 역할로 분류할 수 있다. 기업적인 역할은 신규사업추진과 해외지역전략의 실행력 강화 및 전략지역에 대한 상징성 부여 등의 역할을 수행하는 것을 의미한다. 이를 좀 더 살펴보면 다음과 같다.

첫째, 신규사업추진의 역할이란 해당지역 내 신규사업을 개발하고, 개발과 관련된 마케팅정보 · 전략정보를 수집하며, 사업기회를 발굴하고, 제휴대상기업을 탐색하는 역할 등을 수행하는 것을 말한다.

둘째, 해외지역전략 실행력 강화의 역할이란 다음과 같은 내용을 의미한다. 환경의 변화가 빠른 지역이나 시장정보와 경쟁정보가 체계적으로 수집되지 않은 지역의 경우 본사의 글로벌전략 차원에서 사업 추진이 어려운 경우가 많다. 또한 국가별로 나뉘어 있는 지역의 경우도 특정국가의 관리자가 사업추진에 대한 아이디어를 본사전략에 반영시키기 어려운데, 이러한 경우 해외지역 본사는 글로벌전략에 지역 및 국가전략을 반영할 때, 특정국가의 아이디어를 적극적으로 반영하는 역할을 수행할 수 있다.

셋째, 전략지역에 대한 상징성 부여의 역할이란 특정지역이 전략적으로 중요하다고 판단될 때 대내외적으로 중요성을 알리는 역할을 들 수 있다. 그러기 위해서는 먼저 대내적으로 본사의 사업담당 또는 자원담당의 임원들에게 지역의 미래잠재력에 대한 확신을 심어주고 태도의 변화를 일으키게 하는 역할을 담당해야 하는데, 이러한 상황에서 지역본사 담당자는 고위임원이어야 한다.

통합적 역할은 조정역할과 자원공동활용의 역할로 나눌 수 있다. 조정역할이란 지역전략과 사업전략이 서로 일관성을 유지하고, 상호 상충되지 않게 하면, 사업 간 혹은 국가 간 시너지효과가 충분히 발휘될 수 있게 하는 역할을 의미한다.

자원의 공동활용은 지원센터기능과 관리센터기능으로 나눌 수 있다. 지원센터기능이란 역내 자회사 간 업무가 중복되어 낭비가 발생되는 경우 이를 관장하여 공통 서비스를 제공하는 역할을 수행하는 것을 의미한다. 예를 들면, 입찰준비 · 재고관리 · 인적자산관리업무 · 제품개발 등의 업무가 있다. 관리센터의 기능은 외환관리 · 조세관리 · 재무관리 등을 효율적으로 수행하기 위하여 특정자원의 집중관리를 위해 전문가를 공동활용하는 역할을 의미한다.

3) 해외지역 본사제도의 성공요건

(1) 권한 있는 임원의 지역본사 배치

해당지역 내 법인들에게 실질적인 조언을 하고 권한을 행사할 수 있는 임원이 지역본사에 배치되면 지역본사의 위상이 높아질 것이다.

(2) 본사와의 협력

해외지역 본사의 현지화 추구전략에도 불구하고 일반적인 경우에 대부분의 경영자원을 본사가 보유하고 있기 때문에 현실적으로 본사와 해외지역 본사와의 협력이 필요하다. 이를 위해 본사에서는 해외 지역본사에 힘을 실어주는 노력이 필요하고, 해외지역 본사의 입장에서는 본사의 의사결정권자와의 정기적인 만남을 통하여 권한을 부여받을 수 있다.

(3) 현지인력의 활용

지역 내 현지화(localization)를 추진하기 위한 해외지역 본사의 인사정책은 본사에서 파견된 관리자의 활용이 아니고 효과적인 현지 인적자원의 활용이다. 따라서 우수한 현지 인적자원의 선발과 교육프로그램의 개발 및 선발 · 교육된 우수한 인적자원의 효과적인 관리가 중요하다.

(4) 경영자원 보유를 위한 노력

핵심적인 자원의 본사 보유로 해외지역 본사의 책임 및 권한은 제한적일 수밖에 없다. 해외지역 본사의 궁극적 목적인 각 지역에 본국 모회사의 기능에 필적하는 능력을 구축하기 위해서는 경영자원의 독립된 기업으로서의 경영능력을 겸비했을 때만 가능하다.

(5) 본국 중심주의적 사고방식의 타파

본국 중심주의적 사고방식이란 본국에서 파견된 해외파견인력이 현지국에 가서도 본국의 가치관과 행동방식을 그대로 적용하려는 성향을 의미한다. 이러한 본국 중심주의적인 사고방식의 상호 이질적인 문화환경은 효과적인 해외사업을 운영하는 데 있어서 커다란 장애요인이 될 수 있다.

6. 해외자회사 자율성의 개념

해외자회사의 자율성은 다국적기업의 해외자회사에 대한 통제(control)에 관한 문제인데, 그중에서도 의사결정의 집권화(centralization)와 분권화(decentralization)와 관련된 문제이다. 즉 해외자회사(subsidiary)를 관리하는 데 있어서의 의사결정권한을 본사와 자회사가 어떻게 보유하고 배분하는가에 관한 문제이다. 다시 말하면 다국적기업 해외자회사의 자율성(autonomy)이란 해외자회사가 본사(headquarters)의 통제(control)와 상관없이 가질 수 있는 의사결정권한(decision-making authority)의 정도(degree)를 의미한다. 지금까지 다국적기업 해외자회사의 자율성 결정요인에 관한 많은 연구들이 진행되었지만 아직까지 일관된 연구결과들이 도출되지 못하고 있다.

7. 본사 전략과 자회사 자율성

다국적기업의 해외자회사들은 조직구조상 기업의 일부이지만 지리적으로 다른 국가에 위치하고 있다.

다국적기업들은 해외자회사를 관리하는 데 있어서 이러한 특수한 상황을 고려해야 한다. 많은 산업에서 글로벌화가 촉진되면서 다국적기업 내부적으로 다른 여러 부서들이 하나로 통합되기 위해서 하나의 중요한 전략이 요구되는데, 이러한 상황은 다국적기업의 통합적인 활동을 촉진한다(Porter, 1986; Prahalad and Doz, 1987). 동시에 다국적기업은 현지국 소비자들의 독특한 취향과 특수한 상황을 고려해야 하며, 많은 산업에서는 글로벌화와 현지화가 동시에 요구되기 때문에 다국적기업들은 이러한 두 가지 요구를 모두 만족시키기 위해 노력한다(Bartlett and Ghoshal, 1987). 위에서 언급된 두 가지 전략적 요구인 통합(integration)과 차별화(differentiation)는 다국적기업들의 전략과 밀접한 관련이 있다. 글로벌화가 가속화되면서 나타나는 다국적기업들의 국제화 유형은 크게 세 가지로 나누어볼 수 있다. 그 세 가지는 현지화전략(multidomestic strategy), 글로벌전략(global strategy), 초국적전략(transnational strategy)이다.

첫째, 현지화전략을 구사하는 다국적기업은 기업활동의 범세계적인 배치는 넓게 펴져 있으면서 기업활동의 범세계적인 조정은 낮은 형태의 전략을 사용한다. 다시 말하면 현지화전략을 사용하는 다국적기업의 형태를 의미하는데, 이러한 다국적기업들은 각 국가별로 자회사를 설립하고 각 자회사의 관리는 각 국가별 자회사에 일임하는 형태의 전략을 구사하기 때문에 본사와 자회사의 협조관계는 긴밀하지 못한 경향을 나타낸다. 산업별로는 건설, 제약 등의 업종에서 주로 이루어진다.

둘째, 글로벌전략을 사용하는 다국적기업들은 기업활동의 범세계적인 배치는 지역적으로 집중되어 있으면서, 기업활동의 범세계적인 조정은 높은 강도인 국제전략을 의미한다. 여기서 기업활동의 범세계적인 조정이 높은 강도라는 것은 본사에서 자회사에 대한 통제의 정도가 강하다는 의미이다. 즉 다국적기업의 본사가 전 세계 주요 지역에 소수의 자회사를 설치하고 본사가 강하게 조정하고 통제하는 형태의 전략을 의미한다. 이러한 전략은 가전제품과 같이 표준화된 제품의 시장에 적합한 전략이며 규모의 경제를 이용하여 비용을 절감할 수 있는 장점이 있다.

셋째, 초국적전략을 구사하는 다국적기업들은 기업활동의 범세계적인 배치가 지역적으로 넓게 퍼져 있으면서 기업활동의 범세계적인 조정의 강도가 높은 형태의 국제전략을 의미한다. 초국적전략을 구사하는 다국적기업들은 세계 여러 지역에 해외직접투자를 통해서 해외자회사를 설립하고 이들 자회사에 대해서 강력한 통제를 하는 전략을 구사한다.

대부분의 국제경영 관련 연구에서는 기업의 유형을 낮은 통합(low integration)과 높은 현지화(responsiveness)로 구성된 현지화(multidomestic) 기업, 높은 통합과 낮은 현지화로 구성된 글로벌기업, 높은 통합과 높은 현지화로 구성된 초국적(transnational)기업으로 구분한다.

지금까지 통합적인 시각에서 다국적기업의 유형을 분류한 연구는 매우 미미한 편인데, 그래도 Bartlett and Ghoshal(1989)의 연구가 가장 폭넓은 연구라고 할 수 있다. Bartlett and Ghoshal의 연구 중 초국적기업(transnational)에 대한 연구가 이 분야에서 가장 많은 영향을 미쳤다고 할 수 있다. 하지만 Bartlett and Ghoshal의 연구는 단지 9개의 다국적기업만을 대상으로 하였고 다양한 종류의 특성을 체계적으로 분석하지 못하였다(Harzing, 2000).

같은 유형의 다국적기업을 표현하는 데 있어서 학자들끼리 약간의 표현의 차이가 있다. 예를 들어 Bartlett and Ghoshal(1989)의 표현과 달리 Adler and Ghadar의 연구에서 글로벌(global)기업은 Bartlett and Ghoshal 연구의 초국적기업(transnational)을 의미하고 multinational과 international은 global과 현지화 기업을 의미한다.

Bartlett and Ghoshal(1990)은 다국적기업의 주요한 글로벌전략을 비용적인 측면과 현지화에 대한 압력의 정도에 따라 현지화전략, 글로벌전략, 초국적전략 등으로 분류하였다. 국가별 전략을 추구하는 다국적기업들은 일반적으로 각국에 자회사를 설립하고 자회사의 운영은 자회사에게 일임하기 때문에 본사와 자회사 간 상호의존성이 낮은 전략유형이다. 글로벌전략은 경험효과와 location economies를 통해 비용절감을 추구하는 전략이라고 할 수 있는데, 기업이 생산, 마케팅, 연구개발 등을 수행함에 있어서 세계의 주요한 몇 지역에 자회사를 설립해 두고 본사에서 자회사들을 통제하는 형태의 전략이다. 초국적전략은 다국적기업이 경쟁이 치열한 글로벌 경영환경하에서 생존하기 위해서 세계 여러 지역에 자회사를 설립해 두고 비용절감효과가 있는 글로벌 전략의 추구와 동시에 현지화에 대한 압력에 대해서도 대처하는 전략을 말한다. local responsiveness란 소비자의 선호도에 대한 지역적인 차이에 대해 자회사가 반응하는 범위를 말하는데, 그렇기 때문에 자회사의 전략과 역할에 있어서 매우 중요한 구성요소이다(Harzing, 2000).

경쟁적인 측면을 살펴보면, 글로벌기업과 초국적기업은 글로벌 level에서 경쟁해야 하지만 현지화 기업은 국내적으로 경쟁해야 한다. 조직구조를 살펴보면, 글로벌기업은 집권화되어 있고 자회사는 주로 본사의 전략을 보완해 주는 역할을 수행한다. 이것이 제품과 전략에 있어 pipeline 역할을 수행한다는 의미이다(Harzing, 2000). 현지화 기업은 특성상 분권화되어 있고 조직의 구조가 상대적으로 느슨하다. 초국적기업은 현지화와 글로벌의 특성을 모두 포함하고 있다. Bartlett and Ghoshal(1989)은 글로벌기업의 전략적인 기본은 규모의 경제를 이용해 비용을 절감하는 것이고 현지화 기업은 국가 간의 차이에 대해 최대한 반응하는 것이고 초국적기업은 위에서 언급된 두 가지 요구에 대한 측면을 동시에 모두 수용하는 것이라고 하였다.

Perlmutter(1969)는 다국적기업이 추구하는 목표, 통제방식, 의사소통, 자원배분, 전략, 구조 및 문화 등에 따라 다국적기업의 경영방식을 본국지향(ethnocentric), 현지지향(polycentric), 지역지향(regiocentric), 세계지향(geocentric) 등 네 가지로 분류하였다(1985). 본국지향방식은 본사가 대부분의 의사결정권한을 가지고 자회사들을 통제하는 방식이고, 현지지향방식은 현지 자회사의 경영을 현지 관리자에게 일임하는 방식이며, 지역지향방식은 경영환경이 유사한 국가들을 하나의 지역으로 통합해서 경영하는 방식이며, 세계지향방식은 글로벌화와 현지화를 동시에 추구하는 경영방식으로 본사와 자회사, 자회사와 자회사 간에 글로벌 네트워크를 구성하여 협조하는 방식을 말한다.

Perlmutter의 다국적기업 분류방식과 자회사의 자율성 관계를 살펴보면 본국지향방식은 본사가 대부분의 의사결정권한을 가지고 있기 때문에 자회사의 자율성이 가장 적다고 할 수 있고, 현지지향방식은 자회사의 경영을 현지 관리자에게 일임하는 방식이기 때문에 자회사의 자율성이 가장 많은 다국적기업의 유형이라고 할 수 있다.

8. 자회사 유형과 자율성

다국적기업의 국제경영활동과 관련된 주요한 유형과 역할에 대한 연구들을 살펴보면 Holm and Pedersen(2000), Bartlett and Ghoshal(1990), Jarillo and Martinez(1990), Gupta and Govindrajan(1991), Benito and Narula(2003) 등이 있다.

1) Holm and Pedersen의 연구

Holm and Pedersen(2000)은 자회사의 역량보유 정도와 그 역량(competence)을 다국적기업 전체에서 사용할 수 있는 정도(level of MNC use of subsidiary competence)에 따라 자회사의 유형을 center of excellence, unit of excellence, non-excellent unit center, unit with local threshold competence 등의 네 가지로 분류하였다.

center of excellence로 발전한 다국적기업의 자회사들은 center와 excellence의 두 가지 중요한 특성을 가지고 있으며, 시장에서 다른 경쟁자들에 비해 경쟁우위를 가질 만한 확실한 역량을 가지고 있는 자회사는 excellent하다고 할 수 있다. 이러한 자회사들의 역량이란 생산, 제품개발, 마케팅 등 기업의 기능별 부문에 있어서의 역량을 의미한다. center of excellence는 center와 excellent의 특성이 모두 필요하다. Holm and Pedersen은 자회사의 역량보유 정도와 그 역량을 다국적기업 전체에서 사용할 수 있는 정도에 따라 자회사를 위에서 언급된 네 가지 유형으로 분류하였다. 첫째, center of excellence는 자회사가 보유한 역량이 우수하고 이러한 자회사의 역량이 다국적기업의 다른 unit에서 사용되는 정도가 높은 유형의 자회사이다. 둘째, unit of excellence는 자회사가 확실한 역량을 개발했지만 이러한 역량이 다국적기업 전체에 사용되지 못하고 특정 자회사에서만 독자적으로 사용되는 자회사 유형을 말한다. 셋째, unit with local threshold competence는 다른 경쟁자들에 비해서 확실한 역량도 보유하지 못하고 다국적기업 전체적으로 자회사의 역량이 적용되고 있지 못한 자회사의 형태이다. 마지막으로 non-excellent unit center는 다국적기업의 본사에서 center로 임명을 받았지만, 아직 set up이 덜 돼서 확실한 역량을 개발하지 못한 상태의 자회사이거나 center of excellence의 위치에서 확실한 역량이 상실되어 non-excellent center로 변화한 유형을 들 수 있다.

2) Bartlett and Ghoshal의 연구

Bartlett and Ghoshal(1989)은 다국적기업의 자회사를 현지시장의 중요성과 자회사의 핵심역량 보유 정도에 따라 전략적 리더, 기여자, 실행자, 블랙홀의 네 가지 유형으로 분류하였다. 첫째, 전략적 리더(strategic leader)는 전략적으로 중요한 시장에 위치하고 있는 자회사가 높은 수준의 핵심역량을 보유하고 있는 경우이며, 둘째, 기여자(contributor)는 전략적으로 그다지 중요한 시장에 위치하고 있지는 않지만 높은 수준의 핵심역량을 보유하고 있는 자회사의 유형을 말한다. 셋째, 실행자(implementer)는 전략적으로 그다지 중요하지 않은 시장에 위치하고 있으면서 현지업무만을 수행하는 자회사 유형이며, 넷째, 블랙홀(black hole)은 본사에서 경영자원을 투입하지만 핵심역량을 보유하지 못한 자회사 유형을 의미한다.

3) Jarillo and Martinez의 연구

Jarillo and Martinez(1991)는 현지화 정도와 조직의 통합 정도에 따라 자회사를 autonomous자회사, active자회사, receptive자회사 등 세 가지 유형으로 분류하였다. 첫째, autonomous자회사는 다른 유형의 자회사들과 비교해서 상대적으로 기업 대부분의 기능적인 부문을 독립적으로 운영한다. 둘째, receptive한 자회사는 몇몇 기능부문을 수행하며, 마지막으로 active한 유형의 자회사는 많은 기능별 부문을 수행하며, 본사 및 다른 자회사들과 상호의존적인 관계를 형성한다. 그래서 탄탄한 네트워크를 통한 active한 node를 구성하게 된다. 여기서 중요한 점은, 초국적 전략을 구사하는 모든 다국적기업들이 active한 전략을 구사하지는 않는다는 것이며, 사실상 통합적인 다국적 기업 대부분의 자회사들은 receptive한 전략을 구사한다고 할 수 있다.

4) Gupta and Govindrajan의 연구

Gupta and Govindrajan(1991)은 지식흐름의 패턴(knowledge flow pattern)을 기준으로 자회사의 유형을 integrated player, global innovator, implementer, local innovator 등의 네 가지로 분류하였다. 먼저 Gupta and Govindrajan이 정의한 지식흐름이란 기술이나 능력과 같은 전문지식(expertise)이나 전략적 가치가 있는 외부시장(external market) 자료(data)의 이전(transfer)을 의미한다. 전문지식유형의 이전은 구매기술(purchasing skills)과 같은 투입과정(input process), 제품디자인, 과정디자인, 포장디자인(product design, process design, packaging design)과 같은 throughput(처리량)과정, 혹은 마케팅 노하우와 유통 전문지식과 같은 결과과정 등을 들 수 있다. 외부시장자료의 이전이란 핵심고객, 경쟁자, 공급자에 관련된 글로벌한 정보를 말한다. 하지만 월 재무자료와 같은 기업 내부적인 행정정보(internal administrative information) 등의 이전을 의미하는 것은 아니다. 위에서 언급된 지식흐름의 패턴에 따라 자회사의 유형을 분류한 것에 대해서 좀 더 자세하게 설명하면 두 가지 요인으로 요약할 수 있는데, 첫째, 자회사가 지식의 흐름을 본사 및 다른 자회사들에게 얼마나 유출(outflow)시키느냐 하는 점과, 둘째, 자회사가 본사 및 다른 자회사들로부터 지식을 얼마나 유입(inflow)하는가 하는 정도에 관한 것이다. 위에서 언급된 바와 같이 지식흐름의 패턴 면에서 분류된 네 가지 자회사의 유형 중 global innovator(high outflow, low inflow)의 역할은 다른 자회사들에게 근원(fountainhead)의 역할을 한다. 전통적으로 특히 미국과 일본의 다국적기업들은 글로벌 혁신자의 역할을 국내에 위치한 본사에서 수행하였다. 그러나 Bartlett and Ghoshal(1989), Harrigan(1994), Ronstadt and Kramer(1992) 등의 연구에 의해서 변화를 겪게 되었는데,

그 내용은 각국의 다양성과 기술적 발전으로 변화를 가져오게 되었다는 이론적인 설명이다.

integrated player(high outflow, high inflow)의 역할도 global innovator의 역할과 유사한데, 이는 integrated player에서 창출된 지식을 다른 자회사들이 활용할 수 있는 책임을 내포하고 있기 때문이다. 하지만 글로벌 혁신자 유형의 자회사와는 다르게 integrated player는 자사의 지식적 필요를 스스로 충족시킬 만한 역량을 보유하지 못하였다. integrated player의 대표적인 사례로는 IBM사의 일본 자회사를 들 수 있다. implementer (low outflow, high inflow)의 역할은 지식을 직접 창출하지는 않지만 본사나 다른 자회사들로부터 많은 지식을 받아들이는 유형의 자회사이다. local innovator(low outflow, low inflow)는 대부분의 기능적인 부문에서 거의 완전하게 지역적인 책임을 맡고 있는 유형의 자회사로서 전통적으로 multidomestic 다국적기업들이 local innovator의 역할을 수행하였다. 또한, local innovator의 역할은 초국적기업이나 글로벌기업에서도 나타날 수 있는 자회사 유형이다. local innovator의 사례로 켄터키후라이드치킨의 일본 자회사를 들 수 있는데, 대부분의 켄터키후라이드치킨은 미국의 본사와 여러 가지 면에서 유사하지만 일본의 자회사는 메뉴, 규모, 건축적인 부분, 광고테마 등이 미국이나 다른 국가와는 매우 다르다. 한편, Gupta and Govindrajan의 연구에 대하여 Johnston(2005)은 Gupta and Govindrajan의 연구는 너무 자회사의 관점에서 연구가 진행되었고, 본사 및 자회사들끼리의 활발한(munificence) 거래는 상호의존성과 직접적으로 관련이 있기 때문에 다국적기업의 전체적인 통합의 정도(degree of integration)에 영향을 준다고 하였다. 또한, 본사 및 자회사들 사이에서 일어나는 지식의 유입과 유출을 통해서 자회사의 자율성 정도를 이해할 수 있음을 내포하고 있다고 하였다.

5) Benito and Narula의 연구

Benito and Narula(2003)는 외부환경이 자회사의 역할에 어떠한 영향을 미치는지 연구하고자 하였는데, 외부환경은 자회사의 범위(scope)와 경쟁우위(level of competence)

에 중요한 영향을 미친다.

Benito and Narula(2003)는 연구를 통해서 다국적기업의 자회사가 새로운 역할을 통해서 기업 전체를 발전시키는 것에 대한 중요성에 초점을 맞추면서, 높은 수준의 경쟁우위를 창출하는 자회사일수록 더 많은 자율성을 누린다고 하였다. 또한, 다국적기업 자회사의 유형을 경쟁우위의 정도(level of competence)와 활동의 범위(scope of activities)에 따라 strategic center, highly specialized unit, miniature replica 등으로 분류하였다. 먼저, miniature replica는 많은 활동을 하지만 경쟁우위수준이 낮은 유형의 자회사로 기본적으로 본사의 통제를 벗어나지 못하는 자회사이다. 이러한 유형의 자회사들은 전략적인 위치에서 규모와 범위의 경제를 통해서 가치를 창출하는 전형적인 유형이라고 할 수 있다. 한편, 활동의 범위는 낮지만 높은 수준의 경쟁우위수준을 보유한 highly specialized unit은 지식(knowledge)과 경쟁력을 통해서 다국적기업 전체의 가치를 창출한다. 일반적으로 이러한 유형의 자회사들은 연구개발활동(research and development activities)과 관련된 자회사들이 많다.

Benito and Narula의 연구에 나타난 자회사의 유형과 자율성의 관계를 살펴보면 높은 수준의 경쟁우위를 보유한 자회사의 유형일수록 더 많은 자율성이 있다는 저자들의 이론을 바탕으로 보면 가장 많은 자율성을 가지는 자회사의 유형은 strategic center이며, 자율성이 가장 적은 유형의 자회사는 miniature replica라고 할 수 있다.

9. 다국적기업의 인적자원관리

인적자원관리(human resources management)는 조직 내의 인적자원을 가장 효과적으로 활용하기 위한 활동인데, 다국적기업의 인적자원관리는 국내기업들과 비교해서 더 복잡하기 때문에 고려해야 할 사항이 상대적으로 더 많다고 할 수 있다. 왜냐하면 국가별로 노동시장(labor market), 문화(culture), 법률시스템(legal system), 경제시스템(economic system)이 달라서 선발 · 승진 · 성과측정 · 보상 등에 관한 사항도 일치하지 않기 때문이다.

사례

외국인 파워 엘리트가 몰려온다

재계의 외국인 파워가 거세다. LG전자가 최고경영자급 8명 중 6명을 외국인으로 채웠고, 기아자동차, SK텔레콤, 두산 등도 최근 잇따라 외국인 임원을 영입했다. 이 같은 바람은 새로운 일이 아니다. 10여 년 전 외환위기 때도 이미 경험했다. 1998년 OB맥주엔 벨기에 측 합작사인 인터브루 사장이 취임했다. 독일 코메르츠 방크와 합작한 외환은행도 외국인 임원을 선임했다. 대한항공은 2000년 초 미국 델타의 운항본부장을 부사장으로 영입했다. 그 당시 재계는 외국인 전문경영시대가 올 것으로 예상했다. 하지만 아직까지는 그런 현상이 일어나지 않고 있는데, 이유는 당시 대부분의 외국인 임원의 영입이 실패로 돌아갔기 때문이다. 대한항공만 비교적 성공한 편이었고 나머지 기업들은 모두 실패했다. 하지만 지금은 그때와는 상황이 조금 다르다고 할 수 있는데, 삼성전자, LG전자, 기아자동차 등 외국인 임원을 영입한 기업들은 글로벌 금융위기에도 불구하고 좋은 성과를 냈다. 외국인 임원 한두 사람이 낸 성과는 아니지만 그래도 이들이 일정 부분 기여했다고 할 수 있다.

지난 1월 LG전자에 영입된 토머스 린튼 부사장(CPO : 최고 구매책임자)은 사업부별로 원자재 · 부품을 구매했던 것을 전사적으로 통합하는 혁신을 단행했다. 올해 3조 원 비용절감 목표 가운데 1조 원을 린튼 부사장이 책임지고 있는데 목표를 초과달성할 것으로 전망된다. 이 회사 직원들은 사내 의사결정이 빨라진 데 대해 놀라고 있다.

이 회사의 글로벌 구매전략그룹 소속 관계자는 린튼 부사장이 먼저 찾아와 의견을 묻고 의사결정을 해주니 업무처리가 빨라졌다고 말했다. 아우디 출신 디자이너 피터 슈라이어를 부사장으로 영입한 기아자동차는 지난해 슈라이어 부사장이 내놓은 쏘울과 포르테, 로체 이노베이션의 3가지 신차의 디자인 경영에 본격적으로 나섰다. 기아자동차 홍보팀은 슈라이어 부사장은 BMW가 그렇듯이 차종이 달라도 저건 우리 기아자동차라고 알아볼 수 있는 패밀리룩 디자인을 제안하고 완성한 사람이라고 하였다. 외환위기 때 우리나라에 온 외국인 임원들은 투자지분만큼 권리를 행사하거나 얼굴만 빌려주고 높은 연봉을 받는 경우가 많았지만 지금은 국내기업들의 꼭 필요한 부분을 적극적으로 지원하는 역할을 수행한다고 할 수 있다.

2002년 외국인으로선 처음 삼성전자 임원에 오른 데이비스 스틸 북미 총괄 상무는 외국인 임원으로서 한국기업에서 살아남을 수 있었던 이유로 유연성을 꼽았다. 유연성이란 다른 말로 한국문화 이해하기다. 스틸 상무는 삼성전자는 내가 자란 환경과 다른 문화적 배경을 가진 사람들이 모여 있는 곳인 만큼 내가 사고를 유연하게 하는 게 중요하다며 한국어를 배우고 한국 사람들과 친밀함을 쌓기 위해 정말 많이 노력했다고 했다.

LG전자 1호 외국인 임원인 더모트 보든 부사장(CMO : 최고 마케팅 책임자) 역시 한국은 관계 중심적인 사회라며 인맥 쌓는 게 중요하다고 생각해 이 부분을 신경 쓰고 있다고 했다.

그러나 여전히 외국인 임원이 조직에 적응하기는 쉽지 않다. 한 헤드헌팅 업체에서는 겉으로는 잘 드러나지 않지만 LG전자의 파격적인 외국인 임원 영입으로 인해 내부의 충격이 있었다며, 외국인 임원을 한두 명만 영입하면 도태되지만 한꺼번에 많이 영입하면 하나의 세력으로 자리 잡고, 거대한 글로벌조직에 영향을 미치게 된다고 하였다.

[자료 : 중앙일보, 2009.10.20]

위의 사례와 같이 호텔관광산업에서도 외국인 관리자들이 많이 영입되고 있으며, 특히 글로벌화의 가속화로 예전과는 달리 많은 인적자원들이 해외근무를 경험하게 되기 때문에 글로벌한 관점에서의 인적자원관리에 대한 필요성이 중요해지고 있다고 할 수 있다.

1) 다국적기업의 인적자원관리정책

다국적기업의 인적자원관리정책은 크게 본국중심주의(ethnocentrism), 현지국중심주의(polycentrism), 세계중심주의(geocentrism)로 나눌 수 있다.

(1) 본국중심주의

본국중심주의(ethnocentrism) 인사정책은 기업이 본사(headquarters) 및 자회사(subsidiary)의 주요 책임자를 모두 본국 출신 관리자가 맡게 하는 형태의 인사정책을 말한다. 원래 이러한 형태의 인사정책은 일반적으로 한국, 일본 등 본국중심적인 성향이 강한 국가의 다국적기업들이 사용한 정책이었다. 다국적기업들이 본국중심주의 인사정책을 사용하는 이유는 첫째, 현지국에서 기업 주요 책임자의 업무를 수행할 만한 자격을 갖춘 인적자원을 찾기 힘들다고 생각하기 때문이다. 특히 이러한 현상은 다국적기업들이 저개발국에 진출할 때 많이 나타나는 현상이다. 둘째, 다국적기업들은 본국중심주의 인사정책을 사용하는 것이 통일된 기업문화를 유지하는 가장 좋은 방법이라 생각한다. 셋째, 다국적기업들은 그들의 핵심역량(core competencies)을 해외로 이전시켜 가치를 창조하려 할 때, 그들의 핵심역량을 가장 잘 이전시킬 수 있는 지식을 본국의 인적자원들이 보유하고 있다고 생각한다. 위와 같은 여러 가지 장점에도 불구하고 본국중심주의 인사정책은 다음과 같은 문제점을 지니고 있다. 첫째, 현지국 직원들의 채용·승진·보수 등에 대한 대우가 본국에서 파견되는 직원들에 비해 좋지 않음으로 인해 현지국 직원들의 사기가 저하되고, 불만이 고조될 수 있다. 이러한 현상은 이직률의 증가와 생산성의 저하 등으로 이어질 수 있고, 유능한 현지국 직원들의 지원기피 현상으로 이어져 장기적으로 다국적기업의 입장에서 문제점을 내포할 수 있다. 둘째, 본국중심주의 인사정책은 지나친 본국중심적인 기업문화와 경영방식으로 인하여 현지국과의 문화적 차이를 이해하지 못하게 된다. 이러한 현상으로 현지국에서의 마케팅과 경영방식에 문제가 생길 수 있다.

(2) 현지국중심주의

현지국중심주의(polycentrism) 인사정책은 현지국에서 채용한 인적자원이 현지 자회사를 운영하도록 하는 인사정책이다. 현지국중심주의적 인사정책을 추구하는 글로벌기업들은 본국에서 해외인력을 파견하는 것에 비해서 많은 비용을 절감할 수 있고, 현지국의 문화와 환경에 보다 잘 적응할 수 있다. 하지만 현지국중심주의 인사정책은 몇 가지 문제점을 가지고 있다. 첫째, 현지에서 채용된 직원들은 자신의 자회사 이외에 다른 국가의 자회사에서 일어나는 기업활동에 대한 정보에 어둡고 관심이 낮아 자신이 근무하는 국가 중심으로 사고하는 편협성이 생길 수 있다. 또한, 다른 국가의 자회사에서는 근무하기가 어려운 문제점을 안고 있다. 언어장벽과 문화 차이로 인해 본사와 해외 자회사의 인적자원 교류가 긴밀하지 않아 본사와 해외 자회사 간에 갈등이 일어날 소지가 있는 점도 현지국중심주의적인 인적자원관리정책을 운영하는 데 있어 문제점이라고 할 수 있다.

(3) 세계중심주의

세계중심주의(geocentrism) 인사정책은 인적자원의 국적에 관계없이 직원들을 채용하고 활용하는 인사정책이다. 글로벌기업이 세계중심주의적인 인사정책을 실시하게 되면 기업이 보유한 인적자원을 효과적으로 활용할 수 있다. 또한 다른 문화나 환경에 노출되더라도 효과적으로 업무를 수행할 수 있는 인력을 양성하는 데 도움이 된다. 하지만 이렇게 글로벌기업에 적합한 인력을 양성하는 데는 많은 비용이 소요된다는 점과 각 나라마다 다른 관리정책과 고용규제는 글로벌기업이 세계중심주의적인 인적자원관리정책을 추구하는 데 있어 문제점이라고 할 수 있다.

| 표 9-2 | 다국적기업 인적자원관리정책 비교

인사정책	장점	단점
본국중심주의	- 현지국에 적합한 관리자가 없는 것을 극복할 수 있음 - 통일된 기업문화 가능 - 본국 핵심역량 이전 용이	- 현지 직원들의 불만 고조 - 본국 위주의 사고방식이 지배함
현지국중심주의	- 본국 위주의 사고방식 강요문제 약화 - 비용절감	- 직원이동의 한계성 - 본사와 자회사의 거리감
세계중심주의	- 효율적인 인력활용 가능 - 강력한 기업문화와 비공식적 관리 네트워크 구성 가능	- 국가별 출입국 관리정책의 차이로 인한 인력이동의 문제점 - 비용 상승

2) 해외파견 인적자원관리

위에서 언급된 다국적기업의 인적자원관리정책 3가지 중에서 본국중심주의(ethnocentrism) 인사정책과 세계중심주의(geocentrism) 인사정책은 해외파견인력의 비중이 큰 인적자원관리정책이다. 해외파견인력과 관련된 가장 큰 주제 중 한 가지가 해외파견인력의 실패와 관련된 주제이다. 해외파견인력의 실패(expatriate failure)란 해외파견인력이 파견기간을 다 채우지 못하고 조기에 본국으로 귀환하는 것을 의미한다.

Tung의 연구결과에 따르면, 미국 · 유럽 · 일본의 다국적기업을 대상으로 조사한 결과 미국 다국적기업의 약 76%가 해외파견인력의 실패율이 10% 이상 된다고 보고하고 있다. 또한 Tung의 연구에 따르면 미국의 다국적기업들 중 약 7% 정도는 해외파견인력의 실패율이 20% 이상이라 보고하고 있다. 또한 해외파견인력 실패율 비교에서 나타나는 바와 같이 미국의 다국적기업들은 유럽 및 일본의 다국적기업들과 비교해서 훨씬 높은 해외파견인력의 실패율을 나타낸다고 하였다. 해외파견인력을 활용하는 데는 선발 · 훈련 · 평가 및 귀환 후 재적응의 문제가 발생하게 된다.

▌표 9-3▐ 해외파견인력 실패율 비교

구 분	조기귀환비율(%, recall rate percent)	기업(%, percent of companies)
미국 다국적기업	20～40%	7%
	10～20	69
	〈 10	24
유럽 다국적기업	11～15%	3%
	6～10	38
	〈 5	59
일본 다국적기업	11～19%	14%
	6～10	10
	〈 5	76

자료 : R.L. Tung, "Selection and training procedures of U.S., European, and Japanese multinationals", California Management Review, 25(1982), pp. 57-71.

(1) 선발

해외파견인력의 실패율을 줄이려면 미리 적절한 인력선발과정을 통해서 해외파견 업무에 알맞은 인력을 선발하는 것이 중요하다. 기업들은 해외파견인력을 선발함에 있어 단순히 업무능력만을 고려해서 선발하게 되면 실패할 가능성이 커진다. 그렇기 때문에 기업들은 배우자를 포함한 가족문제나 파견 관리자의 다른 문화에 대한 적응 능력 등 다양한 측면에서 선발기준을 마련해야 한다. Mendenhall과 Oddou는 해외파견인력이 갖추어야 할 자질로서 해외파견인력의 자신감(self-orientation), 타인에 대한 이해능력(others-orientation), 감지력(perceptual ability), 문화수용능력(cultural toughness) 등 4가지가 필요하다고 하였다.

(2) 훈련

해외파견인력 실패의 가장 일반적인 두 가지 요인은 해외파견인력의 배우자를 포함한 가족이 새로운 현지환경에 실패하는 것과 해외파견 관리자가 현지의 새로운 환경에 잘 적응하지 못하는 것이다. 이러한 문제점은 훈련(training)을 통해서 상당부분 극복할 수 있다. 하지만 일반적으로 아직까지도 많은 기업들이 해외파견인력의 훈련부분에 있어서 체계적인 관리가 미흡한 상태이다. 해외파견인력과 그 배우자 및 가족들을 위한 훈련에는 문화적응훈련(cultural training), 언어적응훈련(language training), 업무적응훈련(practical training) 등이 있다.

(3) 성과측정

다국적기업의 입장에서 가장 어려운 업무 중 하나는 해외파견인력의 업무성과를 측정하는 일이다. 해외파견인력의 성과를 객관적으로 측정하는 일은 매우 어려운데, 일반적으로 해외파견인력의 성과측정은 본국의 관리책임자와 현지국의 관리책임자가 동시에 평가하게 된다. 이와 같은 평가시스템은 본국의 평가자와 현지국의 평가자가 서로 다른 평가기준을 적용할 수 있는 문제점을 안고 있다. 현지국 관리자는 해외파견 관리자가 얼마나 효과적으로 현지국의 경영환경에 적응하여 문화적 차이를 극복하고 현지업무를 잘 관리하는가에 초점을 두는 반면, 본사에서는 현지관리자의 활동이 본사가 추구하는 전략과 얼마나 일치하는가에 초점을 두기 쉽다(장세진, 2004, pp. 376-377).

일반적으로 본국 평가자들은 지리적으로 해외자회사와 멀리 떨어져 있기 때문에 외형적으로 드러난 자료만으로 해외파견인력들을 평가하지만 경기변동사항과 환율변동 등 해외파견인력을 평가하는 데 있어서의 외부적인 여러 변수들도 고려되어야 한다. 많은 해외파견인력들은 본사의 해외파견인력에 대한 평가가 적절치 못하다고 생각한다. 따라서 해외파견인력에 대한 성과평가(performance appraisal)는 해외근무를 기피하는 현상을 유발시킬 수 있다.

(4) 보상

위에서 언급된 해외파견인력의 성과측정과 더불어 다국적기업의 인적자원관리정책에 있어서 중요한 주제가 되는 것이 해외파견인력의 급여수준과 그 밖의 보상에 관한 문제이다. 특히 세계중심주의(geocentrism)적인 인사정책을 사용하는 글로벌기업에서는 이와 같은 급여수준의 결정이 중요한 문제로 대두된다. 왜냐하면 현지국중심적인 글로벌기업에서는 현지 수준에 맞는 임금을 지급하는 것만으로 충분할 것이고, 본국중심적인 글로벌기업에서는 본국에서 파견된 인력의 급여를 어떻게 설정할 것인가는 단순한 문제이기 때문이다. 그러나 세계중심주의적인 기업처럼 국적과 관계없이 세계 각 국가의 자회사에서 인력을 활용하는 경우에는 해외파견인력에 대해 어느 정도의 급여를 지급하는 것이 상당히 복잡한 문제가 될 수 있다.

이와 같은 문제에 있어 임금수준결정방법 중 가장 일반적으로 사용되는 것은 각 국가별로 물가수준과 생활환경에 따라 동일한 수준의 구매력(purchasing power)을 가질 수 있도록 하는 방법이다. 또한, 해외파견인력에게 급여를 지급할 때 고려해야 할 점은 해외근무에 대한 수당, 생활비 보조 및 자녀들의 교육보조비 등의 수당, 의료보험, 연금, 세금 등의 문제이다.

(5) 귀환 후 재적응

다국적기업은 해외파견인력을 선정하고 훈련시키는 것도 중요하지만, 해외파견인력들이 본국으로 돌아왔을 때 다시 본국의 업무에 잘 적응할 수 있도록 하는 일도 매우 중요하다. 한 조사에 의하면 본국으로 돌아가는 근무자의 60~70%가 본인들이 어떤 위치(position)에서 근무할지를 알지 못했고, 60%의 응답자는 조직 내에서 그들의 역할과 경력의 진행에 대해서 알지 못했으며, 77%가 실질적으로 해외에서 근무할 때보다 낮은 수준의 업무를 수행하였다(Hill, 2001, p. 46). 또한 본국으로 돌아온 15%의 해외근무자들이 1년 이내에 직장을 그만두었고, 40%는 3년 이내에 직장을 그만두었다(Grant, 2001, p. 469). 이러한 문제들을 해결하는 방법이 인적자원계획(human resources planning)인데, 해외파견인력의 선발과 훈련뿐만 아니라 이들이 해외업무를 마치고 본국으로 돌아왔을 때 그들의 지식과 경험을 조직 내에서 어떻게 효과적으로 활용할 것인가에 대한 프로그램 개발이 필요하다.

사례

LG전자 인도법인 :
정신교육 받은 판매직원 2000명이 전역 누비며 시장 장악

〈한국式, 인도를 사로잡다〉

LG전자 인도법인에 근무하는 P.K. 다스(Das, 42) 씨는 2005년 5월 한국에서 있었던 일을 잊지 못한다. 당시 그는 14명의 동료 인도인 직원들과 함께 경남 창원 LG전자의 사내혁신교육센터인 '혁신학교'에서 4박 5일간 교육을 받았다. 하루 4시간만 자고 12km 새벽 구보하기 등 난생 처음 겪는 스파르타식 교육이었다. '플라스틱 빨대로 생감자에 구멍 뚫기'며, '날계란 세우기'처럼 불가능이라고 생각했던 과제를 부여받아 해결하는 경험도 했다. 불가능을 가능케 만드는 한국식 정신교육의 세례를 받은 것이었다.

표 9-4 인도에서 통한 LG전자의 한국식 경영

분 야	내 용	효 과
교 육	LG혁신학교	해병대 훈련 같은 강도 높은 교육으로 악바리 근성을 키워 영업조직 활기
마케팅	요리강습 판촉 트럭 판촉전	소비자에게 전자레인지 활용법 알리면서 판촉·비데오콘 등 경쟁사들 LG 따라하기 한창
노사문화	피자 미팅(CEO가 일주일에 이틀씩 함께 점심 먹으면서 대화) 성적 좋은 직원 자녀에게 PC, 장학금 지급	무분규, 무노조

〈직원들 '악바리 근성' 키워 트럭에 싣고 다니며 판촉
시골 구석구석 돌아다녀 노사문제에도 접목시켜〉

◆ 정신교육의 힘 = 다스 씨는 지금 인도 남동부 IT도시 하이데라바드에 주재하며 LG전자의 남부지역 판매담당 매니저를 맡고 있다. 그의 담당지역에서 LG전자는 가전시장 점유율이 30%를 넘어 단연 1위다. 그가 일하는 스타일은 '악바리 코리안'이다. 술 싫어하고, 야근 꺼리는 인도의 기업문화에서 그는 폭탄주며 밤샘 근무도 마다하지 않는다. 새벽 1시에 미팅을 마치고도 새벽 5시면 지방 출장을 떠난다. 인도 남부 수천 km를 누비며 한 달에 20일을 출장으로 보낸다. 그는 "경쟁사에 지고는 못 산다"고 말했다. 원래 그랬던 것은 아니다.

한국식 정신교육을 통해 근성 있고 파이팅 넘치는 산업전사로 새로 탄생했다. 다스 씨는 "생에 가장 힘든 교육이었지만 나를 가장 많이 바뀌게 했다"며 "이런 교육은 한국기업밖에 없을 것"이라고 말했다. 다스 씨처럼 LG전자의 '혁신학교'를

나온 직원들이 LG전자 인도법인엔 2,000여 명이 있다. 이들의 활약 덕에 11억 인도시장에서 냉장고·에어컨·세탁기·전자레인지 등은 LG전자가 1등을 질주하고 있다. 삼성전자며 소니·히타치·월풀·비데오콘 같은 경쟁업체들을 모조리 제쳤다.

◆ 한국식 체험 마케팅=직원교육만 그런 게 아니다. '요리강습 판촉전' 중산층이 폭발적으로 늘어나는 인도에서 전자레인지 수요는 충분했다. 그런데 좀처럼 팔리지 않았다. 전자레인지 활용법을 잘 몰랐기 때문이다.

[뉴델리=이인열 기자, yiyul@chosun.com]

III. 글로벌화와 호텔산업 및 인적자원관리

1. 국제호텔경영전략의 개념

국제호텔경영전략(global strategic hotel management)이란 글로벌화된 환경에서 호텔기업들의 경영전략에 관해서 이해하는 부분이다. 국제호텔경영전략의 이해를 위해서는 경영전략에 관한 기본적인 개념과 호텔산업의 개념 및 특성, 호텔경영의 형태 등에 관한 이해가 필요하다.

경영전략을 한마디로 요약하면 경쟁에서 이기는 방법을 말하며 경영전략에 관한 다양한 정의가 있지만, 여러 정의들을 요약하면 경영전략이란 희소한 경영자원을 배분하여 기업에게 경쟁우위를 창출하고 유지시켜 줄 수 있는 주요한 의사결정이라고 정의할 수 있다. 호텔경영전략에 있어 다른 산업과 가장 큰 전략적 결정을 해야 하는 부분은 호텔의 경영형태에 관한 부분이라고 할 수 있다. 독립경영형태로 운영할지, 아니면 체인호텔로 운영할지에 관한 부분이다. 체인호텔전략은 사업규모의 확대와 관련이 있는데 재고가 불가능한 상품을 판매하는 호텔산업에 있어서 하나의 숙박시설을 대규모화하는 것은 판매에 한계가 있어서 어렵고 다른 지역에서 신규시설을 운영한다는 것은 사업의 확대를 의미한다.

호텔산업에 있어서도 세계적인 브랜드를 보유한 체인호텔(chain hotel)은 체인호텔들끼리 혹은 현지화전략을 구사하는 독립호텔들과 세계 여러 지역에서 치열한 경쟁을 해서 생존해야 한다. 현지에 위치하고 있는 독립호텔(independent hotel)들은 지역내의 독립호텔들이나 글로벌전략을 구사하는 세계적인 브랜드의 체인호텔들과 경쟁해야 한다. 위에서 언급된 경영전략의 정의에서 중요한 점은 희소한 경영자원을 배분한다는 점이다. 만약 경영자원이 희소하지 않다면 전략을 논할 필요가 없지만, 대부분의 기업들은 시간, 자금, 인력 등 희소한 경영자원을 배분해야 하는 의사결정에 직면하고 있다. 또한, 경영전략은 일반적으로 경쟁상황을 가정한다. 왜냐하면 경쟁이 없는 상황에서는 전략이 필요하지 않기 때문이다. 호텔산업뿐만 아니라 모든 산업에서 경쟁은 예전에 비해 더 치열해지고 있으며 앞으로 더욱 치열한 경쟁은 가속화될 것으로 예상된다. 이와 같은 치열한 경쟁상황에서 경영전략은 어떻게 자사에게 경쟁우위를 점할 수 있는가를 체계적으로 분석하게 해줄 수 있는 방법이다. 이와 같이 희소한 경영자원을 배분하여 경쟁우위를 창출하고 유지시켜 줄 수 있는 전략적 의사결정은 많은 경우 선택과 포기를 내포하고 있다. 전략이란 본질적으로 희소한 자원을 배분하는 결정이고 일단 한 방향으로 선택하면 많은 경영자원의 몰입이 필요하고 따라서 다른 방향은 포기할 수밖에 없다.

특히, 호텔산업은 글로벌화로 인한 국제관광의 증가로 인하여 경쟁이 가장 치열한 산업 중 하나인데 국제호텔경영전략(global strategic hotel management)을 통해서 세계적인 체인호텔들의 글로벌전략, 해외시장 진입전략, 해외직접투자, 전략적 제휴 및 국제합작투자, 해외인수합병 등에 관해서 분석해 보아야 한다.

2. 호텔기업의 경영전략분석

호텔기업의 경영전략분석을 위해서 호텔기업의 외부환경분석과 호텔기업의 경영자원부분으로 나누어 분석해 보았다(장세진, 2002, pp. 103-166 참조).

1) 호텔기업의 외부환경분석

기업의 환경이란 기업의 행동방식과 경영성과에 영향을 미치는 여러 가지 요소들을 의미하는데, 경제적 환경, 기술적 환경, 사회적 환경, 정부의 규제 및 정부와의 관계 등이 포함된다. 이러한 환경뿐만 아니라 더 중요한 것은 사업에 직접 관련된 관계로서 공급자와의 거래관계, 고객과의 관계, 경쟁기업들 간의 관계 등이 포함된다.

이러한 관점에서 호텔산업에 있어 환경적인 부분인 기존 기업과의 경쟁, 잠재적 진입자와의 경쟁, 대체재와의 경쟁, 구매자 및 공급자의 교섭력에 대해서 알아보고자 한다.

(1) 기존 기업과의 경쟁

대부분의 산업에서 경쟁의 양상과 산업 전체의 수익률을 결정하는 가장 중요한 요인은 그 산업 내에서 경쟁하고 있는 기업들 간의 경쟁관계이다. 어떤 산업에서는 기업들끼리의 과당경쟁으로 인해 가격이 생산원가 이하로 내려가기도 한다. 이와 같이 산업 내에서 기존 기업들 간의 경쟁양상과 강도를 결정하는 요소로는 산업의 집중도, 경쟁기업의 동질성 정도, 제품차별화 등을 들 수 있다. 산업의 집중도란 같은 산업에 속한 기업의 수와 그 개별기업의 규모를 의미한다. 시장의 경쟁구조가 독점(monopoly)인 산업에서는 지배적인 기업이 가격에 대한 영향력을 크게 행사할 수 있으며, 호텔산업에서 6성급의 호화호텔이나 특1급호텔과 같이 과점(oligopoly)인 산업경쟁구조의 경우에는 기업들끼리 가격경쟁을 대체적으로 자제한다고 할 수 있다.

경쟁기업의 동질성과 관련해서는 같은 산업 내에서 기업들의 전략이나 목적이 유사할 경우 기업들끼리 경쟁을 회피할 가능성이 있으며, 제품차별화와 관련해서는 산업 내에서 경쟁하는 기업들의 제품 디자인이나 품질이 동일할수록 소비자들은 특정 기업의 제품을 선호할 이유가 없어지게 된다. 따라서 기업 입장에서는 동일한 제품들에 대해서 가격이 경쟁수단이 될 수 있다.

(2) 잠재적 진입자와의 경쟁

어느 산업의 수익률이 상당히 높으면 많은 기업들이 그 산업에 진입하는 것을 희망하게 된다. 이러한 상황에서 시장의 진입이 자유로워지면 경쟁정도가 높아져서 그 산업의 수익률은 낮아지게 된다. 또한, 실제적으로 새롭게 시장에 진입하는 경쟁기업이 없더라도 다른 기업들이 그 산업에 진입할 준비가 되어 있다면 그 산업에 있는 기존 기업들은 가격을 높게 책정하는 데 어려움을 겪을 수 있다. 호텔산업의 경우 시장진입 방법(entry mode)에 따라 차이가 있을 수 있지만, 일반적으로 초기투자비용이 많이 들고 여러 가지 규제 등으로 인하여 시장진입장벽이 다른 산업에 비해 비교적 높은 편이라고 할 수 있다. 또한 호텔산업은 매몰비용(sunk cost)이 높기 때문에 기업들이 쉽게 진입하기도 어렵고 쉽게 빠져나가기도 힘든 산업이다. 이렇게 매몰비용이 없거나 적은 경우에는 진입장벽(entry barrier)과 퇴거장벽(exit barrier)이 낮으므로 산업 내에서 가격이 경쟁적인 수준으로 낮아질 수 있다.

(3) 대체재와의 경쟁

어떤 산업의 수익률은 소비자가 그 제품이나 서비스에 대해서 기꺼이 지급하려는 가격에 따라 결정되므로 대체재(substitute)의 유무에 따라 크게 달라지게 된다. 이와 같이 대체재의 존재가 그 산업의 가격결정에 영향을 미치는 정도는 소비자들이 그들의 욕구를 대체제로 쉽게 대체할 수 있느냐 하는 문제와 대체재가 가진 유용성이라고 할 수 있다. 이러한 관점에서 볼 때 대체재가 호텔산업을 대체하기는 매우 어렵다고 할 수 있다. 호텔산업의 특성상 마땅한 대체제가 존재하지 않고 일부 호텔의 기능상 대체재가 존재한다고 해도 가격에 비한 품질의 차이가 너무 크기 때문에 호텔기업들은 대체재와의 경쟁에 대한 부담이 크지 않다고 할 수 있다.

(4) 구매자와 공급자의 교섭력

모든 기업은 궁극적으로 소비자들에게 제품이나 서비스를 공급하면서 기업활동을 영위하게 된다. 구매자의 교섭력을 결정하는 두 가지 중요한 요소는 구매자들의 가격에 대한 민감성 정도와 공급자에 대한 구매자들의 교섭능력이다. 제품의 차별화가 클수록 구매자는 가격에 대한 민감성 정도가 떨어지게 되고 공급자의 수에 비해서 구매자의 수가 많으면 공급자의 교섭능력이 커지게 된다. 반대로 구매자의 수에 비해서 공급자의 수가 많으면 구매자의 교섭능력이 커지게 된다. 위에서 언급된 구매자들의 가격 민감성 정도에 관한 부분이 호텔산업에 있어서는 호텔의 유형적인 측면도 중요하지만 다른 호텔들과 차별화할 수 있는 종업원들의 서비스가 매우 중요한 요인이라고 할 수 있다.

2) 호텔기업의 경영자원

일반적으로 기업의 경영자원은 유형자원(tangible resource), 무형자원(intangible resource), 인적자원(human resource)의 세 부분으로 나눌 수 있다. 유형자원은 우리가 쉽게 알 수 있는 유형적인 자원인 건물, 공장, 기계 등의 물적자산과 금융자산 등이 있다. 무형자원은 기업의 이미지, 브랜드, 경영노하우 등과 같은 무형의 자원을 의미하며 상황에 따라서는 유형자원보다 더 중요한 자원이 될 수 있다. 인적자원은 기업이 보유한 가장 중요한 경영자원이라고 할 수 있다. 특히, 호텔산업과 같은 서비스업에서는 다른 산업에 비해서 인적자원에 대한 중요성이 더욱 크다고 할 수 있으며, 호텔산업에서는 그 호텔의 인적자원 서비스가 호텔의 경쟁력을 결정하는 가장 중요한 자원이다.

3. 국제호텔 브랜드 전략

상표(brand)란 특정 판매업자의 제품이나 서비스를 다른 판매업자로부터 식별하고 차별화시키기 위하여 사용되는 명칭, 말, 상징, 기호, 디자인, 로고와 이들의 결합체라고 정의할 수 있다. 또한, 상표의 개념으로는 상표명, 상표마크, 등록상표 등이 있다. 상표명(brand name)은 코카콜라, 폴로 등과 같이 상표 중에 말로 발음하고 나타낼 수 있는 문자, 단어, 숫자부분을 말하며, 상표마크(brand mark)는 폴로의 말과 같이 상표 중에 상징, 디자인, 독특한 색상이나 문자와 같이 인식은 되지만 말로 표현할 수 없는 부분을 말한다. 등록상표(trade mark)는 그 상표의 독점적 사용이 법적으로 보장되어 보호받을 수 있는 상표를 의미한다. 브랜드에 대한 중요성이 점점 커지면서 기업들은 글로벌 브랜드로서의 포지셔닝을 위해 많은 비용을 투자하고 있다.

세계적인 체인호텔인 하얏트(Hyatt) 그룹은 Park Hyatt, Andaz, Grand Hyatt, Hyatt Regency, Hyatt Place, Hyatt Summerfield Suites, Hyatt Resorts, Hyatt Vacation Club 등의 브랜드를 보유하고 있다. Hyatt 그룹과 마찬가지로 세계적인 체인호텔을 보유하고 있는 Marriott Corporation도 JW Marriott, Residence Inn, Courtyard, Fairfield Inn 등의 브랜드를 보유하고 있다. 이렇게 기업들이 한 가지 브랜드가 아닌 복수브랜드 전략을 구사하는 이유는 시장을 세분화하고 경쟁기업들에 대한 전략적 대응(strategic interaction)을 하기 위해서라고 할 수 있다.

서비스 제품의 포지션(position)은 고객이 서비스를 지각하는 방식을 의미하는데, 특히 경쟁기업의 서비스와 관련이 많다고 할 수 있다. 포지셔닝은 현재 제공되고 있는 서비스의 이미지를 고객들의 마음속에 유지시키고 강화시키는 데도 매우 중요한 부분이라고 할 수 있는데, 예를 들어 Marriott Corporation의 다른 브랜드인 Residence Inn은 "집으로부터 떨어져 있는 집"이란 이미지로 장기 투숙객들에게 포지셔닝되어 있다. Marriott Corporation은 여러 서비스 마케팅요소들을 이용하여 고객들에게 이러한 포지셔닝이 되도록 하였는데 브랜드 네임 자체가 표적시장의 특성을 잘 요약해서 나타내고 있다. 또한, 호텔의 커뮤니케이션에 집(home)과 이웃(neighborhood)이란 단어를 자주 사용하였고 시설로 인한 커뮤니케이션 역시 부엌을 갖추고 있고 거실과 벽난로까지 설치하여 최대한 집과 같은 느낌이 나도록 하였다.

1) 브랜드 관리의 중요성

차별화된 이미지를 가진 파워 브랜드의 개발은 장기간에 걸쳐 경쟁사들과의 경쟁에서 이길 수 있는 확고한 기반을 제공한다. 브랜드(brand)란 판매자의 제품이나 서비스를 경쟁사의 것과 차별화하기 위해 사용하는 이름과 상징물의 결합체를 의미한다. 기업이 생산하는 것은 상품이지만 소비자가 사는 것은 브랜드이다. 상품은 경쟁사에 의해 모방되고 실제로 소비자 취향에 따라 변화하지만 성공적인 브랜드는 소비자들의 마음속에 강하게 자리 잡게 된다. 브랜드는 오래전부터 시장에서 중요한 역할을 해왔는데, 예를 들어 중세 유럽에서 상인들은 소비자들에게 제품의 품질에 대한 확신을 심어주고 생산자를 유사한 모방제품으로부터 보호하기 위한 수단으로 브랜드를 사용하였다. 브랜드 자산(brand equity)이란 한 제품에 브랜드를 붙임으로써 추가되는 어떤 가치로서, 브랜드 자산의 효과는 높은 브랜드 애호도, 시장점유율 혹은 수익의 증가로 나타나게 된다. 브랜드 자산의 원천이 형성되는 요인으로는 브랜드 인지도(brand awareness)와 브랜드 연상(brand association)을 들 수 있는데, 브랜드 인지도란 소비자가 한 제품범주에 속한 특정 브랜드를 재인지(recognition)하거나 회상(recall)할 수 있는 능력을 말한다. 특히 소비자의 제품관여도가 낮은 경우에 높은 인지도는 소비자의 친밀감을 불러일으켜 바로 구매로 연결시키는 매우 강력한 마케팅전략 우위의 요소가 되기도 한다. 이러한 관점에서 볼 때 호텔서비스는 브랜드 인지도가 매우 중요한 마케팅전략에 있어 경쟁우위를 확보할 수 있는 산업이라고 할 수 있다. 브랜드 연상은 브랜드와 관련된 모든 생각과 느낌과 영상이미지를 종합적으로 의미한다. 브랜드 이미지는 소비자가 그 브랜드에 대해서 갖는 전체적인 인상을 말하는데 이러한 브랜드 이미지는 브랜드와 관련된 여러 연상들이 결합되어 형성된다.

제10장 호텔관광사업의 이해

Ⅰ. 관광사업의 개요

1. 관광사업의 정의

관광사업은 매우 다양한 관광행동이나 관광현상에 대처하지 않으면 안 되는 사업이다. 그렇기 때문에 관광사업은 관광의 효용과 관광사업에 따른 여러 가지 효과를 높이기 위하여 끊임없는 노력과 개발이 요구되며, 따라서 그 내용도 매우 다양하고 광범위하기 때문에, 관광사업의 개념도 다양하게 제시되고 있다.

관광사업의 개념 규정에 있어서 독일의 글뤽스만(R. Glücksmann)은 관광사업을 "일시적 체재지에 있어서 외래관광객들과 이를 수용한 지역의 주민들과의 제 관계의 총화"라고 정의하였으며, 일본의 이노우에 마스조(井上万壽藏)는 "관광사업은 관광객의 욕구에 대응해서 이를 수용하고 촉진하기 위하여 이루어지는 모든 인간활동"이라고 정의하였다. 또 다나카 기이치(田中喜一)는 관광사업을 "관광왕래를 유발하는 각종 요소에 대해 조화적 발달을 도모함과 아울러 일반적 이용을 촉진함으로써 경제적·

사회적 효과를 올리려고 하는 조직적인 활동"이라고 정의하였다. 스즈키 타다요시(鈴木忠義)는 관광사업을 "관광의 효용과 그 문화적 · 사회적 · 경제적 효과를 합목적적으로 촉진함을 목적으로 한 조직적 활동"이라고 정의하였다.

우리나라 「관광진흥법」은 제2조 제1호에서 "관광사업이란 관광객을 위하여 운송 · 숙박 · 음식 · 운동 · 오락 · 휴양 또는 용역을 제공하거나 그 밖에 관광에 딸린 시설을 갖추어 이를 이용하게 하는 업(業)을 말한다"고 정의하고 있다.

이상의 여러 정의들을 종합해 보면 "관광사업이란 관광의 효용과 그 문화적 · 사회적 · 경제적 효과를 합목적적(合目的的)으로 촉진함을 목적으로 한 조직적 활동"이라고 요약할 수 있다.

2. 관광사업의 분류

1) 사업주체에 의한 분류

관광사업은 사업주체에 따라 공적 관광기관과 사적 관광기업으로 나눌 수 있다. 공적 관광기관은 정부나 지방자치단체 등의 관광행정기관과 관광협회나 업종별 협회 등 관광공익단체로 나누어지며, 영리목적인 사적 관광기업은 직접관련 관광기업과 간접적 관광관련 기업으로 나누어볼 수 있다.

(1) 관광행정기관

공적 관광사업으로 관광정책 관련 기관을 의미하는데, 국가 · 정부 · 지방자치단체 등 관광행정기관을 가리킨다. 이는 관광객 · 관광기업 · 관광관련 기업들과 직간접적으로 영향을 주고받으며 관광개발업무와 관광진흥업무를 담당한다.

(2) 관광공익단체

공적 관광기관으로 관광공사 및 관광협회 등의 공익법인과 관광인력을 양성하는 교육기관 및 관광관련 연구소 등이 있다.

대표적인 공익단체로는 관광진흥, 관광자원개발, 관광사업의 연구개발 및 관광요원의 양성 · 훈련을 목적으로 설립된 한국관광공사(KNTO), 관광과 문화분야의 조사 · 연구를 통하여 체계적인 정책개발 및 정책대안을 제시하고 지원함으로써 국민의 복지증진 및 국가발전에 기여함을 목적으로 설립된 한국문화관광연구원(KCTI), 그리고 우리나라 관광업계를 대표하는 한국관광협회중앙회(KTA)와 업종별 · 지역별 관광협회 등이 있다.

(3) 관광기업

관광객과 직접적으로 관계되어 영리를 목적으로 하는 기업들 즉 관광객의 소비활동을 주된 수입원으로 하는 기업들을 말한다. 여기에는 여행업, 숙박업, 교통업, 쇼핑업, 관광정보제공업, 관광개발업 등 대부분의 관광사업이 포함되며, 「관광진흥법」에 의한 자영업들도 여기에 포함된다.

(4) 관광관련 기업

관광객과 직접 대면하지는 않으나 관광기업과 직접적인 관계를 가짐으로써 관광객과는 간접적(2차적)으로 관련을 갖는 간접관광사업 또는 2차 관광사업이라 지칭되는 기업을 말한다.

호텔에서 외주를 받은 세탁업자, 청소업자, 경비업자와 식품납품업자 등이 여기에 포함되며, 일반적인 소매상점, 요식업체, 오락업체 등도 관광객이 이용할 때에는 여기에 해당된다.

2) 관광법규에 따른 분류

2017년 1월 현재 「관광진흥법」에서 규정하고 있는 관광사업의 종류는 여행업, 관광숙박업, 관광객이용시설업, 국제회의업, 카지노업, 유원시설업, 관광편의시설업 등 크게 7개 업종으로 구분하고 있으며(동법 제3조 제1항), 동법 시행령에서는 이를 각각의 종류별로 다시 세분하고 있다(동법 시행령 제2조). 이를 도표화하면 다음의 <표 10-1>과 같다.

▮표 10-1▮ 「관광진흥법」에 따른 관광사업의 분류

종 류	세분류	
여행업	일반여행업, 국외여행업, 국내여행업	
관광숙박업	호텔업	관광호텔업, 수상관광호텔업, 한국전통호텔업, 가족호텔업, 호스텔업, 소형호텔업, 의료관광호텔업
	휴양콘도미니엄업	
관광객이용시설업	전문휴양업	민속촌, 해수욕장, 수렵장, 동물원, 식물원, 수족관, 온천장, 동굴자원, 수영장, 농어촌휴양시설, 활공장, 등록 및 신고 체육시설업 시설, 산림휴양시설, 박물관, 미술관
	종합휴양업	제1종 종합휴양업, 제2종 종합휴양업
	야영장업(일반야영장업, 자동차야영장업)	
	관광유람선업(일반관광유람선업, 크루즈업)	
	관광공연장업	
	외국인관광 도시민박업	
	한옥체험업	
국제회의업	국제회의시설업, 국제회의기획업	
카지노업		
유원시설업	종합유원시설업, 일반유원시설업, 기타유원시설업	
관광편의시설업	관광유흥음식점업, 관광극장유흥업, 외국인전용 유흥음식점업, 관광식당업, 관광순환버스업, 관광사진업, 여객자동차터미널시설업, 관광펜션업, 관광궤도업, 관광면세업, 관광지원서비스업	

자료 : 조진호 외 3인 공저, 관광법규론(서울: 현학사, 2017), p. 122; 관광진흥법 제3조 제1항; 관광진흥법시행령 제2조 및 별표 1.

(1) 여행업

현행 「관광진흥법」에서의 여행업이란 "여행자 또는 운송시설·숙박시설, 그 밖에 여행에 딸리는 시설의 경영자 등을 위하여 그 시설이용의 알선이나 계약체결의 대리, 여행에 관한 안내, 그 밖의 여행 편의를 제공하는 업"을 말한다(동법 제3조제1항제1호).

여행업은 사업의 범위 및 취급대상에 따라 일반여행업, 국외여행업 및 국내여행업으로 구분하고 있다.

(2) 관광숙박업

현행 「관광진흥법」은 관광숙박업을 호텔업과 휴양콘도미니엄업으로 나누고(제3조제1항제1호), 호텔업을 다시 세분하고 있다(동법 시행령 제2조제1항제2호).

가) 호텔업

호텔업이란 관광객의 숙박에 적합한 시설을 갖추어 이를 관광객에게 제공하거나 숙박에 딸리는 음식·운동·오락·휴양·공연 또는 연수에 적합한 시설 등을 함께 갖추어 이를 이용하게 하는 업을 말한다.

호텔업은 운영형태, 이용방법 또는 시설구조에 따라 관광호텔업, 수상관광호텔업, 한국전통호텔업, 가족호텔업, 호스텔업, 소형호텔업, 의료관광호텔업 등으로 세분하고 있다.

① 관광호텔업

관광호텔업은 관광객의 숙박에 적합한 시설을 갖추어 관광객에게 이용하게 하고 숙박에 딸린 음식·운동·오락·휴양·공연 또는 연수에 적합한 시설 등(이하 "부대시설"이라 한다)을 함께 갖추어 관광객에게 이용하게 하는 업(業)을 말한다. 종전에는 관광호텔업을 종합관광호텔업과 일반관광호텔업으로 세분한 적도 있었으나, 2003년 8월 6일 「관광진흥법 시행령」을 개정하면서 이를 관광호텔업으로 단일화한 것이다.

② **수상관광호텔업**

수상관광호텔업은 수상에 구조물 또는 선박을 고정하거나 매어 놓고 관광객의 숙박에 적합한 시설을 갖추거나 부대시설을 함께 갖추어 관광객에게 이용하게 하는 업을 말한다.

③ **한국전통호텔업**

한국전통호텔업은 한국전통의 건축물에 관광객의 숙박에 적합한 시설을 갖추거나 부대시설을 함께 갖추어 관광객에게 이용하게 하는 업을 말한다.

④ **가족호텔업**

가족호텔업은 가족단위 관광객의 숙박에 적합하도록 숙박시설 및 취사도구를 갖추어 관광객에게 이용하게 하거나 숙박에 딸린 음식 · 운동 · 휴양 또는 연수에 적합한 시설을 함께 갖추어 관광객에게 이용하게 하는 업을 말한다.

⑤ **호스텔업**

호스텔업은 배낭여행객 등 개별 관광객의 숙박에 적합한 시설로서 샤워장, 취사장 등의 편의시설과 외국인 및 내국인 관광객을 위한 문화 · 정보 교류시설 등을 함께 갖추어 이용하게 하는 업을 말한다.

⑥ **소형호텔업**

관광객의 숙박에 적합한 시설을 소규모로 갖추고 숙박에 딸린 음식 · 운동 · 휴양 또는 연수에 적합한 시설을 함께 갖추어 관광객에게 이용하게 하는 업을 말한다.

⑦ **의료관광호텔업**

의료관광객의 숙박에 적합한 시설 및 취사도구를 갖추거나 숙박에 딸린 음식 · 운동 또는 휴양에 적합한 시설을 함께 갖추어 관광객에게 이용하게 하는 업을 말한다.

나) 휴양콘도미니엄업

휴양콘도미니엄업이란 관광객의 숙박과 취사에 적합한 시설을 갖추어 이를 그 시설의 회원이나 공유자, 그 밖의 관광객에게 제공하거나 숙박에 딸리는 음식 · 운동 · 오락 · 휴양 · 공연 또는 연수에 적합한 시설 등을 함께 갖추어 이를 이용하게 하는 업을 말한다.

(3) 관광객이용시설업

관광객이용시설업이란 ① 관광객을 위하여 음식 · 운동 · 오락 · 휴양 · 문화 · 예술 또는 레저 등에 적합한 시설을 갖추어 이를 관광객에게 이용하게 하는 업 또는 ② 대통령령으로 정하는 2종 이상의 시설과 관광숙박업의 시설(이하 "관광숙박시설"이라 한다) 등을 함께 갖추어 이를 회원이나 그 밖의 관광객에게 이용하게 하는 업을 말한다.

「관광진흥법」은 관광객이용시설업의 종류를 전문휴양업, 종합휴양업(제1종, 제2종), 야영장업(일반야영장업, 자동차야영장업), 관광유람선업(일반관광유람선업, 크루즈업), 관광공연장업, 외국인관광 도시민박업, 한옥체험업 등으로 분류하고 있다.

지금껏 관광객이용시설업의 일종으로 분류되어온 외국인전용 관광기념품 판매업은 2014년 7월 16일 「관광진흥법 시행령」 개정 때 관광객이용시설업에서 제외되었다.

(4) 국제회의업

국제회의업이란 대규모 관광수요를 유발하는 국제회의(세미나 · 토론회 · 전시회 등을 포함한다)를 개최할 수 있는 시설을 설치 · 운영하거나 국제회의의 계획 · 준비 · 진행 등의 업무를 위탁받아 대행하는 업을 말한다. 국제회의업은 국제회의시설업과 국제회의기획업으로 분류된다.

(5) 카지노업

현행 「관광진흥법」에서의 카지노업이란 전문영업장을 갖추고 주사위 · 트럼프 · 슬롯머신 등 특정한 기구(機具) 등을 이용하여 우연의 결과에 따라 특정인에게 재산상의 이익을 주고 다른 참가자에게 손실을 주는 행위 등을 하는 업을 말한다.

(6) 유원시설업

유원시설업(遊園施設業)은 유기시설(遊技施設)이나 유기기구(遊技機具)를 갖추어 이를 관광객에게 이용하게 하는 업(다른 영업을 경영하면서 관광객의 유치 또는 광고 등을 목적으로 유기시설이나 유기기구를 설치하여 이를 이용하게 하는 경우를 포함한다)을 말한다. 현행「관광진흥법」에서의 유원시설업은 종합유원시설업, 일반유원시설업, 기타유원시설업으로 분류하고 있다.

(7) 관광편의시설업

관광편의시설업은 앞에서 설명한 관광사업(여행업, 관광숙박업, 관광객이용시설업, 국제회의업, 카지노업, 유원시설업) 외에 관광진흥에 이바지할 수 있다고 인정되는 사업이나 시설 등을 운영하는 업을 말한다.

현행「관광진흥법」은 관광편의시설업의 종류를 관광유흥음식점업, 관광극장유흥업, 외국인전용 유흥음식점업, 관광식당업, 관광순환버스업, 관광사진업, 여객자동차터미널시설업, 관광펜션업, 관광궤도업, 관광면세업, 관광지원서비스업 등으로 구분하고 있다.

3) 기타 분류

위에서 언급된 관광사업의 분류방법 외에 우리나라 관광진흥법에서 관광사업으로 규정되고 있지는 않지만 현실적으로 관광사업으로 분류되는 사업들로는 외식사업, 리조트업, 테마파크, 관광교통업 등이 있다.

(1) 외식사업

외식이란 가정 밖에서 행하는 식사행위를 총칭해서 의미하는 것으로 우리나라에서 외식산업이란 용어는 요식업, 식당업, 음식업 등으로 불렸다가 규모가 커지고 경영적인 측면에서 점점 체계를 갖추어 가면서 생성된 용어라고 할 수 있다. 우리나라의 외식산업은 한국표준산업분류에 의하면 대분류에는 '도소매 및 음식숙박업', 중분류에는 '음식 및 숙박업', 소분류에는 '음식점업'이 포함된다. 음식점업은 다시 식당업, 주점업, 다과점업으로 세부적으로 구분된다. 식당업은 한국음식점, 중국음식점, 일본음식점, 서양음식점, 음식출장조달업, 간이체인음식점, 달리 분류되지 않는 식당업으로 세세분류되고 있다. 주점업은 일반유흥주점업, 무도유흥주점업, 한국식 유흥주점업, 극장식 주점업, 외국인전용유흥주점업, 달리 분류되지 않는 주점업으로 세세분류하고 있으며, 다과점업은 제과점업, 다방업, 달리 분류되지 않는 다과점업으로 세세분류하고 있다.

(2) 리조트업

리조트(resort)의 어원은 프랑스 고어인 resortier에서 유래된 말로, 어떤 장소에 자주 간다와 어떤 장소에 머무른다라는 의미를 가지고 있다. 다시 말하면 리조트란 사람들을 위해 휴양 및 휴식제공을 목적으로 일상생활권을 벗어나 경관이 좋은 지역에 위치하여, 다양한 레크리에이션 및 여가활동을 위한 기능과 시설을 갖춘 단지(complex)를 의미한다고 할 수 있다. 리조트사업은 리조트의 기능과 시설에 관련되는 사업 등을 포함하는데 숙박, 식음료, 레크리에이션과 관련된 업종들이 여기에 포함된다고 할 수 있다. 또한, 리조트사업은 경제적, 사회적, 자연적 영향에 따라 수요의 탄력성이 크며, 초기에 많은 투자비용이 들어가는 특성을 가지고 있다.

(3) 테마파크

테마파크(theme park)의 정의는 다양하지만 일반적으로 중심 주제나 연속성을 가지고 있는 몇 개의 주제하에 설계되며 매력물의 도입, 전시, 놀이 등으로 구성하여 중심 주제를 실현하도록 계획된 공원이다. 테마파크는 1955년 미국 캘리포니아주 애너하임에 디즈니랜드가 만화 주인공들을 중심으로 한 놀이공원을 개장하면서, 특히 미국에서 대중화되었다. 테마파크는 탑승시설, 관람시설, 공연시설, 식음료시설, 특정상품판매소와 게임시설, 고객편의시설, 휴식광장, 지원관리시설 등으로 구성되어 있으며, 테마파크를 분류하는 방법으로는 공간별 분류방법, 주제별 분류방법, 형태별 분류방법 등이 있다. 먼저, 공간별 분류방법으로는 자연 그대로를 감상하는 자연주제형, 자연을 주제로 하지만 관광객의 적극적인 참여활동을 중심으로 하는 자연활동형 등이 있으며, 이 밖에도 도시주제형과 도시관람형 등이 있다. 주제별 분류방법으로는 인간사회의 민속을 주제로 하는 형태, 역사를 주제로 하는 형태, 구조물을 주제로 하는 형태, 지구상의 생물을 주제로 하는 형태 등이 있다. 마지막으로 형태별 분류를 살펴보면 환경재현형, 문화형, 자연공원형, 이벤트형 등이 있다.

3. 관광사업의 효과

1) 경제적 효과

(1) 긍정적 효과

관광산업의 경제적 효과 중 긍정적인 효과를 살펴보면, 국제수지개선, 조세수입증대, 소득증대 및 고용창출 등을 들 수 있다.

먼저, 국제수지개선을 살펴보면, 일정기간 동안 한 나라와 다른 나라 사이에 이루어진 모든 경제적 거래를 국제수지라고 하는데, 한 나라의 관광수입은 무역 외 수지로 국제수지에 크게 기여한다. 또한, 관광산업은 높은 외화가득률을 갖는데, 외화가득률이란 수출상품의 최종판매가격과 생산에 투입된 원자재 비용과의 차이를 말하는 것으로 관광상품은 다른 일반상품에 비해 높은 외화가득률을 갖는다.

또한, 관광산업은 조세수입을 증대시키는데, 일반적으로 조세수입은 국가나 공공단체가 행하는 공공재의 공급과 지출을 위한 재원확보의 수단을 의미한다. 정부는 관광산업체를 통해 조세수입을 확보할 뿐만 아니라 관광객이 구입한 상품이나 관세 등으로부터 나오는 세금은 국가재정에 도움을 주게 된다. 관광산업의 경제적 효과 중 가장 중요한 것 중 하나가 소득증대 및 고용창출이라고 할 수 있다.

관광산업은 다른 산업과 비교하여 상대적으로 고용효과가 매우 큰 산업이라고 할 수 있다.

고용효과란 관광고용승수효과로서 관광객의 최소 한 단위 소비지출 증가가 지역 내에 고용기회를 얼마나 증대시켰는지를 말하며, 구체적으로 직접·간접·유발 고용효과를 의미한다.

직접고용효과는 관광객이 직접적으로 비용을 지출함에 따라 그들로부터 수입을 올리는 호텔·여행사 등과 같은 관광사업체의 고용효과를 의미하며 간접고용효과는 관광객이 직접적으로 비용을 지출하는 산업이 아닌 관광산업과 관련이 있는 산업의 고용효과를 의미한다.

한편, 유발고용효과란 관광지의 주민들이 관광객이 소비한 비용으로 소득을 얻어 그 소득을 다시 소비하면서 생겨나는 관광승수효과로부터 생겨나는 추가적인 고용효과를 말한다.

관광객의 소비는 지역 내 혹은 국가 내의 여러 경제활동에 자극을 주어 국민총생산이 증대되고 이러한 국민총생산의 증대는 결국 개인의 소득증대로 이어지게 된다.

(2) 부정적 효과

관광사업의 경제적 효과 중 부정적 효과로는 관광개발이익의 누출, 물가상승, 고용의 불안정성 등을 들 수 있다. 먼저, 관광개발이익의 누출은 관광개발 이후 급증하는 관광수요를 지역 내에서 자체적으로 충당하는 것이 어렵기 때문에 외부의 재화나 서비스가 유입되면서 발생하게 된다. 특히, 후진국이나 개발도상국의 경우 관광개발로 인해 많은 외국자본과 기업들이 관광개발에 참여하게 되고 이렇게 유입된 외국자본과 기업은 이윤을 창출한 후 그 이윤을 다시 자국으로 유출시킬 확률이 높기 때문에 관광개발이익의 누출현상이 일어나게 된다. 관광산업의 경제적 효과 중 물가상승과 관련된 내용은 관광산업이 워낙 성수기와 비수기가 뚜렷한 산업이기 때문에, 특히 성수기에 관광수요가 급격히 유입되면 그 지역의 물가가 상승하게 되며, 이러한 물가상승은 그 지역 경제의 전반적인 인플레이션으로 이어질 뿐만 아니라 지가상승으로도 연결될 가능성이 높다고 할 수 있다.

위에서 언급한 대로 관광산업은 성수기와 비수기가 뚜렷한 산업이기 때문에 일반적으로 계절성을 띠게 되고 이러한 현상은 고용의 불안정성으로 연결되게 된다.

2) 사회 · 문화적 효과

(1) 긍정적 효과

관광산업의 사회 · 문화적 효과에서 긍정적인 측면의 효과들로는 인구구조의 변화, 여성지위의 향상, 문화시설과 교육시설의 개선, 전통문화의 보존과 발전 등을 들 수 있다. 첫째, 인구구조의 변화는 관광산업이 발전하게 되면 전반적으로 지역산업의 발전을 가져오기 때문에 고용기회가 늘어나게 되는데, 이러한 고용기회의 증대는 관광지 내 경제인구의 유출을 막고 외부인구의 유입을 증가시킨다. 이러한 인구구조의 변화로 인해서 지역 내 여성인구의 증가와 경제활동이 가능한 젊은 층의 인구증가를 가져오게 된다.

둘째, 고용기회의 증대로 인해서 여성의 고용기회가 늘어나면서 여성들이 경제적 능력도 보유하면서 사회적 지위도 향상되고 가족구성원으로서의 역할과 영향력도 커지게 된다.

또한, 관광산업의 발전은 지역 내뿐만 아니라 외부지역과도 연결되는 도로망, 통신시설, 휴식시설, 인구증가로 인한 교육시설 등과 같은 인프라의 구축도 수반되게 된다. 이러한 인프라의 구축으로 관광지 내에 필요한 물품의 신속한 조달, 외부지역과의 신속한 정보교류, 교육환경의 개선 등 지역 주민들의 문화와 생활환경의 질에 긍정적으로 영향을 미치게 된다. 문화적인 측면에서 관광지역주민들은 관광객들로 인해서 자신들의 문화에 대해 새롭게 인식하고 문화의 가치를 재발견할 수 있는 기회가 되기 때문에 긍정적인 영향을 미칠 수 있다.

(2) 부정적 효과

관광산업으로 인한 사회·문화적 효과 중 부정적인 측면은 사회적 일탈의 증가, 가족 및 인구구조의 변화, 지역 고유문화의 파괴, 과소비 등이 있다.

관광은 많은 문화적 교류를 위한 기회를 제공하기도 하지만, 매춘, 도박, 마약 등의 사회적 문제를 야기시키기도 한다. 가족 및 인구구조의 변화의 관점에서는 고용기회의 증대로 인해서 여성의 경제적·사회적 지위향상을 가져오기도 하지만, 이로 인해 가장의 권위가 약해짐으로써 가족구조에 부정적으로 작용할 소지도 있을 뿐만 아니라 가족구성원 간의 유대감 약화를 가져올 수 있다. 인구구조의 변화를 살펴보면, 너무 많은 여성과 젊은 층의 인구유입은 인구구조를 왜곡시킬 수도 있고 지역민들이 관광개발로 인한 토지전용, 산업구조의 변화로 인한 실직 등의 이유로 지역을 떠나기 때문에 외부에서 유입되는 인구의 증가로 인한 주거환경의 혼란과 불안정의 원인제공도 있을 수 있다.

문화적인 측면에서 관광은 지역 고유문화의 파괴를 가져오기도 하는데, 외래문화의 잘못된 유입은 지역사회의 고유문화를 파괴하거나 변질시킬 수 있다.

또한, 지역주민들이 외래관광객들과 접촉하는 빈도가 늘어나면서 그들의 소비패턴을 부러워하며 가치관의 변화를 일으켜 일상생활에서 과소비를 추구할 여지도 있다.

Ⅱ. 관광사업의 특성 및 발전요인

1. 관광사업의 특성

1) 복합성

관광사업의 특성 중 복합성은 사업주체의 복합성과 사업내용의 복합성으로 나눌 수 있다. 사업주체의 복합성이란 관광사업은 그 주체가 공적기관 및 민간기업 등으로 다양하다는 것을 의미한다. 또한, 다른 산업과 비교할 때 공적기관과 민간기업이 서로 역할을 분담하여 추진하는 부분이 더 많다는 것을 의미한다. 일반적으로 관광지의 유지 및 관리는 공공기관이 담당하고 관광지의 숙박 및 여행관련 사업은 민간기업이 담당한다.

사업내용의 복합성이란 관광사업의 내용이 여러 부분으로 나누어진 것을 의미하는데, 여러 관련 업종이 모여 하나의 관광사업을 형성하고 있다는 의미이다. 즉 숙박업, 여행업, 음식업, 교통업, 기념품업 등등 여러 사업이 모여서 하나의 관광사업을 성립시키고 있다고 할 수 있다.

2) 입지의존성

관광사업은 관광자원에 대한 입지의존도가 절대적이기 때문에 입지의존성이 높은 산업이라고 할 수 있다. 그렇기 때문에 모든 관광지는 유형과 무형의 관광자원을 소재로 각기 특색있는 관광지를 형성하고 있지만, 관광지의 유형, 기후조건, 관광자원의 우열, 개발추진상황, 접근의 용이성 등과 같은 입지적 요인과 관광시장의 규모와 체제 여부 등과 같은 경영적 환경, 관광객들의 소비성향 및 계층 등과 같은 수요의 질에 의해서 많은 영향을 받는다고 할 수 있다.

특히, 관광사업은 경영적, 산업적 성격이 불연속 생산활동형, 생산과 소비의 동시완결형, 노동장비율의 상승이라는 특성을 가지고 있기 때문에 입지의존성은 더욱 높아진다고 할 수 있다.

(1) 불연속 생산활동형

관광사업에 있어 관광객의 소비활동은 계절별, 월별, 주별, 시간별 등에 따라 변동의 차이가 클 뿐 아니라 경기변동, 기후, 관광객의 임의적인 행동에 따라 불연속적인 생산활동이 불가피하기 때문에 불연속 생산활동형이라고 할 수 있다.

(2) 생산과 소비의 동시완결형

관광사업은 관광상품의 저장이 불가능하기 때문에 생산과 소비가 동시에 이루어지는 생산과 소비의 동시완결형이라고 할 수 있다. 즉 경영상의 탄력성이 없는 사업이라고 할 수 있다.

(3) 노동장비율의 상승

관광사업은 소비자들의 다양한 욕구에 부응하기 위해서 관광사업체의 규모가 커지고 고급화되면서 노동장비율이 상승하는 추세를 보인다고 할 수 있다.

3) 서비스성

관광사업은 관광객을 위하여 운송 · 숙박 · 식사 · 운동 · 오락 · 휴양 또는 용역을 제공하거나 기타 관광에 부수되는 시설을 갖추어 이를 이용하게 하는 업을 말하는데, 관광사업에서 편리하고 안락한 시설과 더불어 가장 중요한 부분 중 하나는 관광사업 종사원들이 수준 높은 서비스를 제공하는 것이다.

4) 공익성

관광사업의 특성 중 공익성은 관광사업이 공적·사적 여러 관련사업으로 이루어진 복합체라는 관점에서 볼 때 민간기업들도 이윤추구만을 목적으로 할 것이 아니라, 수익성과 공익성을 공동으로 추구할 것을 요구하고 있다는 것을 의미한다.

관광사업의 공익성은 사회·문화적인 측면과 경제적인 측면으로 나누어볼 수 있다. 먼저, 사회·문화적인 측면을 살펴보면 국위선양, 국제친선증진, 국제문화교류, 세계평화에의 기여 등 국제관광부문과 국민보건향상, 근로의욕고취, 교양의 향상 등과 같은 국민관광부문적인 측면이 있을 수 있다. 경제적인 측면을 살펴보면 외화획득, 경제발전, 기술협력과 국제무역증진효과 등의 국민경제적인 측면과 소득효과, 고용효과, 산업기반시설 정비효과, 지역개발효과 등의 지역경제적인 측면을 들 수 있다.

5) 변동성

관광욕구가 생활에 있어 필수적이라기보다는 임의적인 성격을 가지고 있기 때문에 관광사업은 외부환경의 변화에 민감하게 반응한다고 할 수 있다.

관광사업의 변동성은 사회적·경제적·자연적 요인으로 나눌 수 있다.

사회적 요인은 사회정세의 변화, 국제정세의 변화, 정치불안, 폭동, 질병발생 등과 같이 신변의 안전에 불안을 주는 요인들이다. 경제적 요인은 경제불황, 소득상황, 환율의 등락, 운임의 변동, 외화사용제한조치 등의 요인을 말한다. 자연적 요인에는 기후변화, 지진, 태풍, 해일, 혹서, 혹한 등이 있다.

2. 관광사업의 발전요인

1) 가처분소득의 증대

산업기술의 발달로 대량생산, 대량소비가 이루어지면서 세계 여러 나라의 경제가 성장하였다. 이러한 경제적 성장으로 인하여 세계 여러 나라의 국민소득이 향상되었으며 개인의 가처분소득(disposal income)도 증가하게 되었다. 이러한 개인 가처분소득의 증가는 전반적인 생활수준의 향상과 관광산업을 포함한 문화관련 비용의 증가로 이어지게 되었으며, 이러한 영향으로 관광산업은 더욱더 발전하고 있으며, 향후 현재보다 더 높은 성장률을 보일 것으로 예측되고 있다.

2) 여가시간의 증대

인터넷을 중심으로 한 정보통신기술과 다른 산업기술의 발달로 모든 산업에 있어 업무자동화의 비율이 증가하고 있다. 이러한 업무의 자동화는 근로자들의 근로시간 단축으로 이어지게 되었다. 또한, 대부분의 선진국들이 실시하고 있는 주5일제의 영향으로 여가시간은 더욱 증가하고 있다. 이렇게 늘어나는 여가시간은 자연스럽게 관광산업을 발전시키는 요인으로 작용하고 있다.

3) 교통수단의 발달

교통수단의 발달 또한 관광사업의 주요한 발전요인 중 하나라고 할 수 있다. 특히, 항공산업의 발달이 관광사업의 발전에 있어서 가장 결정적으로 많은 기여를 했다고 할 수 있는데, 제2차 세계대전 이후 항공산업은 기술적으로 고속성, 안정성, 쾌적성, 경제성의 향상과 대량 운송능력을 보유하게 되었다. 또한, 항공사들은 기내 서비스 및 다양한 촉진전략에도 고객들을 세심하게 배려함으로써 고객들의 해외여행욕구를 증가시켜 관광사업발전에 기여하고 있다.

4) 라이프스타일의 변화

라이프스타일이란 개인의 가치관 · 행동 · 관심 · 의견 등을 표현하는 생활패턴을 의미하는 것인데, 최근 현대인들이 추구하는 가치관이 삶의 질(quality of life) 향상에 많은 비중을 두고 있다고 할 수 있다. 이렇게 삶의 질 향상을 추구하는 가치관을 지닌 개인의 증가는 다른 국가를 여행하여 지식과 견문을 넓혀서 자기발전을 꾀하려는 욕구의 증대로 이어진다. 이러한 개인들의 라이프스타일의 변화로 인해 관광산업은 더욱 발전하고 있고 향후에 이러한 추세는 더욱 가속화될 것으로 예측된다.

5) 글로벌화의 가속화

글로벌화(globalization) 또는 우리말로 세계화에 대한 정의는 다양하지만, 일반적으로 기업이 개별국가시장에 대해 각각 다른 전략을 취하기보다는 전 세계시장을 하나의 시장으로 보고 통합된 전략을 수립하는 것을 의미한다. 이러한 글로벌화의 영향으로 국가별로 나누어졌던 국경의 의미가 약해지고 제품 · 기술 · 서비스 등이 세계 각국으로 자유롭게 이동하게 된다. 또한, 이러한 글로벌화로 인하여 인적자원과 자본의 이동도 자유로워지고 이러한 현상을 자연스럽게 국제관광도 촉진하게 되며, 이로 인해 국제관광을 중심으로 관광산업은 더욱더 발전하게 될 것이다.

3. 향후 관광시장 전망 및 우리의 정책과제

관광산업은 자동차산업, 석유산업과 함께 그 규모가 가장 큰 산업 중 하나로 2003년 전 세계 GDP의 12%를 차지하였으며, 2008년에는 전 세계 GDP의 약 20%를 차지하였다.

또한, 관광산업은 다른 산업과 비교할 때, 높은 고용창출과 소득증대의 효과를 거두기 때문에 성장잠재력이 높아서 우리나라와 같이 천연자원이 부족한 국가에서는 전략적으로 발전시키는 것이 필요한 산업이라고 할 수 있다.

하지만 현실적으로 우리나라는 특출한 관광상품의 부족, 관광기반시설의 취약, 지속적인 국제관광수지의 적자 등으로 인하여 국제관광시장에서 경쟁력이 매우 취약한 상태이다.

특히, 우리나라가 관광산업의 중요성을 인식하고 앞으로 관광산업의 발전방안을 연구해야만 하는 이유는 관광산업이 앞으로 단일산업으로는 가장 규모가 커지고 성장 잠재력이 높은 산업일 뿐만 아니라 지역적으로 동북아시아의 관광시장 예측 성장률이 다른 지역에 비해 거의 2배 이상 높기 때문이다. 삼성경제연구소의 자료에 의하면, 2010년까지 국제관광산업의 성장률은 4%인 데 반해 동북아시아 지역 관광산업의 예측 성장률은 그 2배인 7.8%에 이르고 있다.

이렇게 동북아시아 지역의 관광산업이 세계 평균성장률에 비해 배 이상 높게 예측되는 이유는 중국의 급속한 성장이라고 할 수 있는데 UNWTO(UN World Tourism Organization : 세계관광기구)의 자료에 의하면, 중국에서 해외관광을 즐기는 관광객의 숫자는 중국경제의 급속한 성장과 중국정부의 개방정책의 영향으로 인해 2004년 2,900만 명에 달했으며, 2020년에는 1억 명이 초과할 것으로 예측되고 있다.

위에서 언급한 대로 우리나라가 국제관광시장에서 경쟁력이 취약한 이유는 3가지로 요약될 수 있는데, 그중에서도 국제관광수지의 적자가 2004년 38억 달러를 기록하였다.

이렇게 위기에 놓인 한국관광시장을 촉진시키기 위한 방법으로는 영종도, 인천, 태안, 새만금, 군산, 해남, 영암 등 서남해안을 개발시키는 프로젝트를 중앙정부와 지방자치단체가 협력해서 개발시키는 것이 있다.

궁극적으로 중국, 일본, 홍콩, 마카오 등 동북아시아 국가들이 관광시장에 있어서 우리의 경쟁자들이라고 할 수 있는데, 이들 국가들은 관광산업의 중요성을 깨닫고 각각 자국의 관광산업 경쟁력을 증대시키기 위하여 많은 노력을 기울이고 있다.

먼저, 중국은 2008년 베이징올림픽을 개최하였고, 2010년 상하이 세계박람회에 대비하여 많은 호텔을 건축하였다.

홍콩은 정부차원에서 2001년 이후 23억 달러를 투자하여 관광인프라를 구축하고 있는데 쇼핑으로 많이 알려진 홍콩의 관광패턴을 디즈니랜드 건설, 수상스포츠와 리조트 건설 등의 레저 쪽으로 인식시키기 위하여 노력하고 있다.

마카오는 도박에 의존하던 기존의 관광산업에서 벗어나기 위한 일환으로 '꿈의 도시(Dream City)' 프로젝트를 개발하기 위하여 2008년까지 1억 달러를 투자하여 해저호텔과 카지노 건립을 추진하였다.

또한, 포르투갈 식민지 당시의 문화와 기존의 동양적인 문화를 융합시킨 새로운 문화유산을 관광상품화하고 있기도 하다.

마지막으로 일본은 위에서 언급된 나라와는 달리 실속 있는 관광산업을 운영하려 애쓰고 있다. 일본은 1987년 새로운 리조트건설법이 통과된 후 1987년부터 1991년 사이에 정부에서 대규모 리조트 개발 프로젝트 35개를 허가하여 줌으로써 수요와 공급의 불균형으로 많은 대규모 리조트들이 문을 닫았기 때문에 지금은 소규모의 실속 있는 지역 관광상품들을 개발하기 위해 주력하고 있다.

한국관광산업을 발전시키기 위해서는 위에서 언급한 서남해안개발프로젝트와 더불어 소프트웨어적인 관광자원의 개발이 필요하며, 가까운 미래에 우리나라를 방문하는 관광객 중 가장 많은 관광객은 중국 관광객이 될 것으로 예측하고 있기 때문에, 중국 관광객들을 위해 저가의 관광상품보다는 고급관광상품을 개발하는 것이 시급한 과제라고 할 수 있다.

마지막으로 정부에서는 관광산업이 국가발전을 위해서 중요한 산업이라는 인식을 가지고 관광기업에 대한 세제지원 및 규제완화 등 바람직한 관광기업운영을 위한 지원이 필요하다고 할 수 있다(강신겸, 2005, pp. 13-20 참조).

4. 국제관광의 이해

1) 국제관광의 개념

국제관광에 대한 여러 가지 정의들이 있지만, 일반적으로 국제관광(international tourism)이란 관광객이 자기 나라를 떠나 다시 돌아올 예정으로 다른 나라의 문물 · 제도 · 경관 등을 감상 · 유람할 목적으로 여행하는 것을 말한다. 이에 대한 많은 학자들과 국제관광기구들의 정의를 살펴보면, UNWTO(UN World Tourism Organization : 세계관광기구)는 국제관광을 "즐거움 · 위락 · 휴가 · 스포츠 · 사업 · 친지 · 업무 · 회의 · 건강 · 연구 · 종교 등을 목적으로 방문국에서 최소한 24시간 이상 1년 이하 체류하는 행위"로 정의하고 있다.

또한 OECD(Organization for Economic Cooperation and Development : 경제개발협력기구)는 국제관광을 "인종 · 성별 · 언어 · 종교 등에 관계없이 외국의 영토에서 24시간 이상 6개월 이내로 체류하는 것"으로 정의하고 있다. 국내학자들 중 김진섭은 국제관광을 "인간이 자국의 국경을 넘어 다시 자국으로 돌아올 목적으로 외국의 문물 · 제도 · 관습 · 산업 등을 관람 · 시찰하거나 풍경 등의 감상 · 유람을 목적으로 여행하는 것"이라고 정의하였다(김진섭, 1996, p. 163).

위의 여러 국제관광기구와 학자들의 정의와 같이 국제관광은 한마디로 말해서 국경을 넘어서 일어나는 관광행위로 국내관광과는 구별된다고 할 수 있다.

2) 국제관광의 범위

(1) 인적 범위

국제관광에 관련한 최초의 공식적 정의는 1937년 "국제연맹 통계전문가위원회"에서 내린 것으로, 국제관광객이란 "적어도 24시간 이상 동안 자신의 일상거주지를 떠나 다른 나라를 방문하는 사람"으로 다음과 같은 목적으로 여행하는 사람을 국제관광객의 범주에 포함시키고 있다(최승이 · 이미혜, 2001, p. 28).

① 즐거움 · 가족 · 건강 등을 위해 여행하는 사람
② 회의 또는 과학 · 행정 · 외교 · 종교 · 운동 등의 대표자격으로 여행하는 사람
③ 사업상의 이유로 여행하는 사람
④ 24시간 미만 체재하는 사람이라도 해양선박으로 여행 중에 도착한 사람

한편, 다음의 목적으로 여행하는 사람은 관광객의 범주에서 제외시키고 있다.

① 직업을 얻기 위해 또는 그 나라에서 어떤 사업활동에 종사하기 위해 도착한 사람
② 그 나라에 거주지를 마련하기 위해 도착한 사람
③ 유학생 또는 단기연수생
④ 국경지역 주민 또는 인접지역에 거주하면서 국경을 넘어 통근하는 사람

한편, UN은 1977년 국제관광객을 “일상거주지 외의 나라에 보수를 받는 이외의 목적으로 방문하여 1박 이상 1년 미만 동안 육상의 숙박시설에서 체재하는 사람”으로 정의하였다. 또한 방문자를 국제관광객(또는 체재방문자)과 당일방문자로 구분하였는데, 국제관광객(또는 체재방문자)은 육상의 숙박시설에서 최소한 1박 이상 체재하는 사람을 의미하고, 당일방문자는 선박여행 방문자와 육상의 숙박시설을 이용하지 않고 육상 · 항공교통을 이용하여 입국하는 기타 당일방문자를 의미한다. 한편, WTO는 1984년 발표한 보고서에서 국제관광객을 정의하였는데, 대체로 위에서 언급한 UN의 정의를 따르고 있으며, 다만 여행자를 상위개념으로 설정하여 관광객과 당일방문자로 구분하였다.

또한 국제관광객의 범주를 출 · 입국으로 분류한 후 다시 거주자와 비거주자로 구분하였다.

아래에서 언급된 여러 가지 기준으로 살펴볼 때, 국제관광객이란 취업이나 이주 이외의 목적으로 자기 나라를 떠나 24시간 이상 1년 이내의 기간 동안 다른 나라의 관광지를 방문하거나 체재하는 사람이라고 정의할 수 있다.

(2) 공간적 범위

국제관광의 공간적 범위는 자국민이 외국을 방문하는 행위와 자국의 영토 내에서 이루어지는 외국인의 관광행위뿐만 아니라 이국인이 다른 나라를 방문하는 행위도 포함된다. UNWTO는 국제관광을 지역별로 구분하기 위해 세계를 동아시아와 태평양 국가, 유럽, 아메리카, 남아시아, 중동, 아프리카 등의 6개 지역(region)으로 나누고, 이를 다시 동아프리카, 중앙아프리카, 북아프리카, 남아프리카, 서아프리카, 카리브해, 중앙아메리카, 북아메리카, 남아메리카, 동아시아, 중앙아시아, 동남아시아, 서남아시아, 남아시아, 서아시아, 동유럽, 북유럽, 남유럽, 서유럽, 오스트레일리아와 뉴질랜드, 폴리네시아 등의 21개 소지역(sub-region)으로 세분하고 있다(한국관광공사, 1989, pp. 32-34; 최승이 · 이미혜, 2001, p. 36 재인용).

3) 국제관광의 발전요인

(1) 경제적 요인

세계경제동향이 국제관광에 미치는 영향은 대단히 크다고 할 수 있다. 세계경제동향이 침체되면 관광소비자들의 구매심리 위축과 유효수요 부족으로 국제관광시장도 침체되고, 세계경제동향이 활발하면 국제관광도 발전하게 된다.

(2) 사회 · 문화적 요인

국제관광 발전요인 중 사회 · 문화적 요인은 인구통계적 요인, 기술적 요인, 교통수단의 발달, 여가시간의 증대 등을 꼽을 수 있다. 인구통계적 요인이란 인구규모의 증대와 평균수명의 증가 등을 의미한다. 인구규모의 증대와 평균수명의 증가는 관광총량의 증가로 이어진다. 기술적 요인이란 기술의 발전이 국제관광에 미치는 영향을 의미하는데, 예를 들면 CRS(Computer Reservation System)와 인터넷의 일반화로 인해 소비자들은 신속하고 정확한 정보를 제공받을 수 있다. 기술의 발전은 여가시간의 증대와 밀접한 관계가 있는데, 기술의 발전은 생산성 향상으로 이어진다. 이로 인해 노동자들은 노동시간이 감소되고, 노동자들의 노동시간 감소는 여가시간의 증대로 이어져 국제관광을 촉진시키는 역할을 하게 된다.

또한 항공산업을 중심으로 급속하게 발전한 교통수단도 국제관광의 가장 중요한 발전요인 중 하나가 되었다.

4) 국제관광의 장애요인

OECD(Organization for Economic Cooperation and Development : 경제협력개발기구)의 관광위원회는 국제관광의 발전을 위해 다음과 같은 장애요인들을 제거할 것을 권고하고 있다. OECD의 권고에 따르면 국제관광을 저해하는 요인을 크게 관광객 개인에게 영향을 주는 장애요인, 여행사에 대한 장애요인, 교통사업에 대한 장애요인, 숙박업체에 대한 장애요인, 기타 장애요인으로 분류하고 이를 다음과 같이 41개 항목으로 세분화하였다.

(1) 관광객 개인에게 영향을 주는 장애요인

① 자국에서의 제약

ⓐ 국외관광객에 대한 통화소지 제약

ⓑ 관광서류 발급상의 조건과 절차의 복잡성과 까다로움(여권 · 비자 발급의 제한)

ⓒ 귀국하는 관광객에 대한 세관의 허용량 규제

ⓓ 국외관광에 대한 제한(목적, 연령, 횟수, 방문국가의 정치이념)

② 관광수용국에서의 제약

ⓐ 외래관광객에 대한 통화소지 제한

ⓑ 입국사증 · 서류심사 · 체류기간의 제한

ⓒ 자동차 · 유람선, 기타 교통기관으로 입국하는 경우 공식적인 절차의 복잡성

ⓓ 국제운전면허증·자동차보험 등의 통용가능성에 대한 공식적인 제한절차
ⓔ 자국민이 아닌 자의 국내재산에 대한 제한
ⓕ 외래관광객에게 부과하는 세금

(2) 여행사에 대한 장애요인

③ 외국인 투자나 공동참여상의 제한
④ 외국인회사의 자국지사나 자회사 설립에 대한 제한
⑤ 여행전문업 운영에 있어서 외국인에게 차등이나 직접 운영하기 곤란하도록 만든 자격기준의 적용
⑥ 외국인 임원과 외국인의 고용에 대한 제약
⑦ 경영자격 획득의 곤란
⑧ 자금의 국내유입 및 국외유출에 따른 자금전환과 관련된 사항
⑨ 비설립외국인회사나 자국 내에서 설립된 중간매개회사를 통하지 않고 고객에게 직접 광고나 판촉 또는 판매하는 행위에 대한 제한
⑩ 위와 같은 항목에 대하여 EU국가에서의 EU국가와 비EU국가 간의 차별

(3) 교통사업에 대한 장애요인

⑪~①은 여행사에 대한 장애요인의 ③~⑩과 같음
⑫ 자국소유가 아닌 항공사·자동차·철도·크루즈선박에 대한 제한
⑬ 자국방문자의 외국항공사나 선박 이용에 대한 제한
⑭ 항공기 이착륙수수료, 세금 또는 공항세에 있어서의 제한
⑮ 상대방 자격에 대한 상호 인식부족
⑯ 자국항공사나 페리 서비스종사원 자격에 대한 정부의 요구
⑰ 자국항공사나 철도회사에 적용하는 특별운송조건과의 차별대우
⑱ 예약시스템으로의 접근 규제

(4) 숙박업체에 대한 장애요인

⑲~①은 여행사에 대한 장애요인의 ③~⑩과 동일

⑳ 필수품 수입상의 제약

㉑ 자국회사의 계약상의 요구조건

㉒ 외국참여회사에 대한 세금제도의 차별대우

㉓ 외국인에 대한 소유제한과 외국인의 자본보유나 자본분배에 따르는 증권에 관계된 문제들의 제한

㉔ 예약 시스템으로의 접근상의 규제

(5) 기타 장애요인

㉕ 건강진단과 소비자보호 등의 규정에 대한 차별대우

㉖ 중앙정부나 지방자치조직 또는 중개인을 이용할 의무

㉗ 기타 장애요인들

국제관광의 발전요인과 장애요인에 대한 연구들 중 최승이 · 이미혜(2001, p. 137)는 국제관광의 발전요인과 장애요인에 대한 연구에 있어서 앞으로의 연구방향은 발전요인과 장애요인을 상호 독립적인 요인으로 분석할 것이 아니라 상호관계와 양면성을 전제로 접근해야 한다고 주장하였다.

5) 국제관광효과

국제관광효과란 국제관광활동으로 인하여 특정한 국가나 지역에서 일어나는 변화라고 말할 수 있는데, 크게 경제적 · 사회적 · 문화적 효과의 3가지로 나누어볼 수 있다.

(1) 경제적 효과

국제관광의 경제적 효과(economic effect)란 국가 간 관광자의 이동에 따라 관광송출국과 관광수용국의 경제현상에 미치는 여러 가지 영향이라고 할 수 있다.

경제적 효과는 직접효과 · 간접효과 · 유발효과로 나누어볼 수 있다.

먼저 직접효과는 관광객이 최초로 지출한 비용이 관광송출국과 관광수용국의 국민경제에서 직접적으로 관광산업부문에 창출하는 경제적 효과를 의미한다.

예를 들어 국제관광객의 최초의 지출은 항공사 · 호텔 · 여행사 등 관광산업부문을 통해서 이루어지게 되는데, 이렇게 관광산업부문을 통해서 직접적으로 이루어지는 경제적 결과를 직접효과라고 한다.

간접효과는 국제관광객의 지출로 인해서 간접적으로 영향을 받는 산업부문에서 소득과 고용이 창출되는 것을 의미한다. 예를 들어 국제관광객이 항공사에 지출한 비용 중 일부를 항공사는 연료비로 정유사에 지급하게 되는데, 항공사와 정유사 사이에는 직접적인 관계가 형성되지만, 국제관광객과 정유사의 관계는 간접적인 관계가 형성된다. 이와 같이 국제관광객의 지출로 인해 간접적으로 영향을 받는 산업부문에서 소득과 고용이 창출되는 것이 간접효과이다.

한편, 유발효과란 국제관광객의 지출증가로 인한 관광목적지의 수입증가로 가계부문의 소득이 증가함에 따라 소비지출의 규모가 증가하게 되고, 이러한 소비지출 증가가 한 국가 또는 지역의 다른 산업의 매출액 증가와 고용기회의 창출 등 지역경제를 활성화시키는 것을 의미한다(최승이 · 이미혜, 2004, p. 146). 특히 국제관광은 관광수용국의 국제수지개선에 크게 기여하는 효과를 발생시킨다.

(2) 사회적 효과

국제관광의 사회적 효과는 관광객 간의 국가 간 이동으로 인한 관광수용국 사회구조의 변화를 의미한다. 어떤 지역이 국제관광의 목적지로 발전하게 되면 그 지역 산업구조의 변화를 수반한다. 이러한 산업구조의 변화는 인구구조의 변화를 가져오게 된다. 인구구조의 변화에는 인구이동에 따른 인구의 양적 증감을 나타내는 인구규모의 변화, 성별 · 연령 · 학력 등과 같이 인구의 특성을 나타내는 인구구성의 변화, 인구의 공간적 정주상태를 나타내는 인구분포의 변화 등이 있다.

또한 국제관광은 관광송출국과 관광목적국의 상호작용으로 인해 개인 및 지역사회에서 소비양식의 변화를 가져오게 한다. 외부로부터 새로운 소비양식이 도입되면 단기적으로 갈등을 일으키기도 하지만, 기존의 소비양식과 양립하거나 기존의 소비양식을 변화시킨다.

마지막으로 국제관광은 사회문제를 증가시킬 수 있다. 국제관광에 따른 사회문제란 관광목적지 주민과 관광객 사이의 상호작용으로 사회구조에 미치는 일탈행위를 의미하는데, 여기에는 범죄 · 도박 · 매춘 등이 있다.

(3) 문화적 효과

관광은 현지문화 · 관광객문화 · 수입문화의 3개 문화가 접촉해서 새로운 관광문화로 형성된다. 현지문화란 관광객을 받아들이는 문화, 즉 관광수용국의 독특한 문화를 말한다. 관광객문화란 관광객이 관광도중 행하는 생활방식을 의미하며, 수입문화란 관광객의 자국문화를 의미한다.

국제관광은 이질성이 있는 문화가 상호작용하는 과정이므로, 국제관광으로 인한 문화적 영향은 관광목적지의 문화에 많은 영향을 미친다. 문화의 변동은 문화전파 · 문화접변 등을 통해서 이루어지는데, 먼저 문화전파란 한 문화의 요소나 특성 등 문화가치가 다른 문화로 번져 나가는 것을 의미하며, 문화접변이란 이질적인 문화가 직접적인 접촉을 통하여 하나의 문화 또는 접촉이 이루어진 문화 모두가 변화하는 과정을 의미한다.

참고문헌

강신겸 외, 동북아관광지도와 한국의 선택, 삼성경제연구소, 2005.

고석면 외, 관광정책론, 대왕사, 2001.

김광근 외, 관광학원론, 백산출판사, 2014.

김도희, 관광학개론, 백산출판사, 2017.

김성용, 호텔관광마케팅, 기문사, 2012.

김영규, 여행사실무론, 대왕사, 2003.

김인수, 거시조직이론, 무역경영사, 2005.

김재원, 항공사경영론, 기문사, 2004.

김종의 외, 마케팅, 형설출판사, 2003.

박기홍 외, 디지털경제와 인터넷혁명, 을유문화사, 2000.

박상수, 국제관광원론, 형설출판사, 2004.

박호표, 신관광학의 이해, 학현사, 2004.

박흥수 · 하영원, 신제품마케팅, 학현사, 2004.

변우희 · 최학수 · 노정철, 실전관광사업론, 형설출판사, 2002.

사단법인 한국마케팅연구원, 마케팅 실천성공사례집 II, 2002.

신강현 · 강인숙, 호텔경영학개론, 기문사, 2006.

신혜숙, 호텔 · 관광마케팅, 대왕사, 2004.

안광호 · 김동훈 · 김영찬, 시장지향적 마케팅전략, 학현사, 2005.

양영종 · 김상훈 · 정걸진, 디지털시대 광고론, 형설출판사, 2003.

양창삼, 조직이론, 박영사, 1990.

원융희 · 박충희 · 이창욱, 최신관광인사관리, 백산출판사, 2004.

이명식, 서비스마케팅, 형설출판사, 2004.

이문규 · 안광호 · 김상용, 인터넷마케팅, 법문사, 2004.
이우용 · 정구현 · 이문규, 마케팅원론, 형설출판사, 2003.
이원우 · 서도원 · 이덕로, 경영학원론, 박영사, 2000.
이유재, 서비스마케팅, 학현사, 2019.
이정실, 외식기업경영론, 기문사, 2002.
이정학, 관광마케팅, 기문사, 2003.
이철 · 장대련, 국제마케팅, 학현사, 1999.
임창희, 조직행동, 비앤엠북스, 2018.
장대련 · 한민희, 광고론, 학현사, 2002.
장세진, 경영전략, 박영사, 2020.
장세진, 글로벌경영, 박영사, 2019.
전용욱 외, 국제경영, 문영사, 2003.
정규엽, 호텔 · 외식 · 관광마케팅, CENGAGE, 2019.
조진호 외, 관광법규론, 현학사, 2017.
채서일, 마케팅, 학현사, 2004.
최승이 · 이미혜, 국제관광론, 대왕사, 2001.
최태광, 관광마케팅, 백산출판사, 2002.
한상만 · 하영원 · 장대련, 마케팅전략, 박영사, 2018.
황규대, 전략적 인적자원관리, 박영사, 2008.
황현철 · 김규헌 · 윤정헌, 21세기 여행업경영론, 기문사, 2003.

Aaker, David A., Strategic Market Management, 6th ed., John Wiley, 2001.

American Marketing Association, "AMA Board Approves New Marketing Definition", Marketing News, March 1, 1985.

Bartlett, C.A., and Ghoshal, S., Managing Across Borders, The Transnational Solution, Boston, MA : Harvard Business School Press, 1989.

Berry, Leonard L.A., Parasuraman, and Valarie A. Zeithmal, "Understanding Customer Expectations of Services", Sloan Management Review, 1991.

Birkinshaw, J.M., and Morrison, A.J., "Configurations of strategy and structure in subsidiaries of multinational corporations", Journal of International Business Studies, vol. 26, 1995, pp. 729-754.

Brooke, M.Z., "Centralization and autonomy", A study in organization behavior, London and New York : Holt, Rinehart and Winston, 1984.

Child, J., "Strategies of control and organization behavior", Administrative Science Quarterly, vol. 18(March), 1973, pp. 1-17.

De la Sierra, and M. Cauley, Managing Global Alliance : Key Steps for Successful Collaboration, Addison Wesley, 1995.

Garnier, G., "Context and decision making autonomy in the foreign affiliates of U.S. multinational corporations", Academy of Management Journal, December, 1982, pp. 893-908.

Garvin, David A., "Competing on the Eight Dimensions of Quality", Harvard Business Review, November/December, 1987.

Gates, S.R., and Egelhoff, W.G., "Centralization in headquarters-subsidiary relationships", Journal of International Business Studies, vol. 17, Summer, 1986, pp. 71-92.

Ghoshal, S., and Bartlett, C.A., "Creation, adoption and diffusion of innovations by subsidiaries of multinational corporations", Journal of International Business Studies, vol. 19, 1988, pp. 365-388.

Gong, Yaping, "The impact of subsidiary top management team nationality diversity on subsidiary performance : Knowledge and legitimacy perspectives", Management International Review, vol. 46, 2006, pp. 771-789.

Gupta, A.K., and Govindrajan, V., "Knowledge flows and the structure of control within multinational corporations", Academy of Management Review, 16(4), 1991, pp. 768-792.

Harzing, A.W.K., Managing the multinationals : An international study of control mechanism, Northampton, MA : Edward Elgar, 1999.

Hofstede, Geert, "National Culture in Four Dimensions : A Research Theory of Cultural Differences Among Nations", International Studies of Management and Organization, 13, Spring/Summer, 1983.

Holm, U., and Pedersen, T., The emergence and impact of MNC centers of excellence, Basingstoke, Hampshire : McMillan, 2000.

Jakobsen, and Rusten, "The autonomy of foreign subsidiaries : An Analysis of headquarter-subsidiary relations", Norwegian Journal of Geography, vol. 57, 2003, pp. 20-30.

Jarillo, J.C., and Martinez, J.I., "Different roles for subsidiaries : The case of multinational corporations in Spain", Strategic Management Journal, vol. 11, 1990, pp. 501-512.

Kotler, P., and Armstrong G., Principle of Marketing, 9th ed., Prentice-Hall, Inc., 2001.

Kought, B., and Sing H., "The effect of culture on the choice of entry mode", Journal of International Business Studies, vol. 19, 1988, pp. 411-432.

Kurtz, David L., and Kenneth E. Clow, Service Marketing, John Wiley and Sons, 1998.

Lovelock and Christopher H., "Classifying Services to Gain Strategic Marketing Insight", Journal of Marketing, 47, Summer, 1983.

Martinez, J.I., and Jarillo, J.C., "The evolution of research on coordination mechanism in multinational corporation", Journal of International Business Studies, vol. 20, no. 3, 1989, pp. 489-514.

Miles, R.E., and Snow, C.C., Organizational Strategy, Structure and Process, McGraw-Hill,

1978.

O'Donnell, S.W., "Managing foreign subsidiaries : Agents of headquarters, or an interdependent network?" Strategic Management Journal, 21, 2000, pp. 525-548.

Parasuraman, A., Valarie A. Zeithmal, and Leonard L. Berry, "A Conceptual Mode of Service Quality and Its Implication the Future Research", Journal of Marketing, Fall, 1985.

Porter, Michael, Competition in Global Industries, Harvard Business School Press, 1986.

Robertson, Thomas S., Innovative Behavior and Communication, Holt Rinehart and Winston, Inc., 1971.

Root, Franklin R., Entry Strategies for International Markets, Lexington Books, 1994.

Shostack, G. Lyun, "Breaking free from Product Marketing", The Journal of Marketing, April, 1977.

Subramaniam, and Watson, "How interdependence affects subsidiary performance", Journal of management, 2006.

Taggart, J., "Autonomy and procedural justice : A framework for evaluating subsidiary strategy", Journal of International Business Studies, 28(1), 1997, pp. 51-76.

Taggart, J., and Hood, N., "Determinants of autonomy in multinational corporation subsidiary", European Management Journal, 17, 1999, pp. 226-236.

Terpstra, V., International Marketing, 3rd ed., Hinsdale, Dryden Press, 1988.

Woodcock, C.P., Beamish, P., and Makino, S., "Ownership-based mode strategies and international performance", Journal of International Business Studies, vol. 25, no. 2, 1994, pp. 253-273.

Young, S., and Tavares, A.T., "Centralization and autonomy : Back to the future", International Business Review, 13, 2004, pp. 215-237.

Zeithmal, Valarie A., and Mary Jo Bitner, Service Marketing, McGraw-Hill Co., 1996.

저자 : 김 성 용

- George Washington University 테크노경영학(석사)
- 홍익대학교 대학원 경영학과(경영학박사)
- 현, 한국관광대학교 호텔경영과 교수

[저서 및 논문]
- 『호텔관광마케팅』(2012)
- 『글로벌호텔경영전략』(2018)
- 「다국적기업 해외자회사 자율성 결정요인에 관한 연구」(2008) 외 다수

호텔관광인적자원관리

2010년 2월 20일 초 판 1쇄 발행
2022년 7월 30일 개정판 2쇄 발행

지은이 김성용
펴낸이 진욱상
펴낸곳 백산출판사
교 정 조진호
본문디자인 오행복
표지디자인 오정은

저자와의 합의하에 인지첩부 생략

등 록 1974년 1월 9일 제406-1974-000001호
주 소 경기도 파주시 회동길 370(백산빌딩 3층)
전 화 02-914-1621(代)
팩 스 031-955-9911
이메일 edit@ibaeksan.kr
홈페이지 www.ibaeksan.kr

ISBN 979-11-6639-168-2 93980
값 18,000원